THÉS

Olivier Scala et Marie Grézard

Photographies Patrick Aufauvre
Stylisme des recettes Wei-Jen Liu

8

UNE AVENTURE MILLÉNAIRE

20

DE JARDIN EN JARDIN

34

DE LA FEUILLE À LA TASSE

48

LA PRÉPARATION DU THÉ

60 LE TEMPS DU THÉ

72 FICHES DE DÉGUSTATION

138 RECETTES AUTOUR DU THÉ

186 ANNEXES

" Je suis tombé amoureux du thé. C'est un produit noble, tellement divers, selon les jardins, les saisons. Il en est de si bons que j'ai envie de me mettre à genoux devant. Quand je fais une dégustation et que je trouve des thés exceptionnels, je ne peux m'empêcher d'appeler quelqu'un pour partager ce plaisir avec moi, comme si je voyais un très beau tableau. Il m'arrive aussi de dire à mon fils : «Préparons-nous une vingtaine de bons thés. Pour le plaisir…» "

Raymond Scala (*Le Monde*, 29 mars 1981), mon père, à qui je dédie ce livre, ainsi qu'à ma mère et mon entourage, à la présence si éclatante à l'ombre des thés.

SUR LA VOIE DU THÉ

J'ai parcouru le monde entier en souhaitant atteindre « la paix en partageant un bol de thé ».

Si vous prenez un bol de thé vert entre vos mains et le buvez, vous sentirez que vous ne faites plus qu'un avec la nature, et là se trouve la paix. Si vous offrez un bol de thé à quelqu'un, vous pourrez répandre cette paix.

Sen Sôshitsu, *Vie du thé, Esprit du thé*

Symbole d'amitié, d'accueil, d'hospitalité et de générosité, le thé est aussi la boisson la plus simple et la plus répandue au monde après l'eau… Il se boit en effet quelque 55 000 tasses de thé à la seconde dans le monde.

Symbole de santé, de bien-être, de goût, d'universalité, le thé va au-delà de ses qualités intrinsèques ; boisson « assise », il est parfois pris dans l'urgence de l'instant… mais reste incomparable s'il peut être dégusté tranquillement, sans précipitation, en contrepoint harmonieux d'une société condamnée par ses rythmes de vie trépidants et incontrôlés, où homme et nature ne sont plus respectés. Prendre du thé, c'est prendre son temps ; pouvoir, savoir prendre du temps, du recul, pousse à la réflexion, peut amener à la méditation, à la paix avec soi-même et donc avec les autres.

Symbole de nature, de paix, le thé a surmonté la période amère de son histoire ; l'art a repris place autour de lui et chacun adopte tour à tour le thé, tant pour ses qualités propres (boisson saine, naturelle, désaltérante) que pour tout ce qui l'entoure (histoire, poésie, rêve, philosophie, art de vivre) ; boisson de partage, d'échange, il pénètre toutes couches de civilisation et de société, tous milieux.

Approchez, ô approchez/Vous qui êtes assoiffés de thé/Et fébriles,/La bouilloire est sur le feu/Elle chante et gronde/Mélodieusement. (poème de Rabindranath Tagore)

Le thé est bientôt prêt !…

Négociant et dégustateur de thé, je suis né dans l'ambiance du thé (quatre générations m'ont précédé), et en ai fait mon métier depuis près de trente ans ; dans le sillage de mon père, j'ai été initié à la dégustation, comprenant et ressentant sa passion ; avec lui, puis à sa suite, j'ai été amené à tester des centaines de thés par semaine, à sélectionner les meilleures qualités dans chaque origine, à imaginer des assemblages, à créer des mélanges…

Grâce à mes nombreux séjours dans les pays producteurs (Inde, Chine et Taiwan, Japon, Sri Lanka, Afrique…), j'ai eu le privilège et le plaisir de rencontrer dans les champs de thé les plus grands professionnels et l'occasion de déguster avec eux toutes sortes de thés, du plus modeste à « la » merveille unique (mais souvent inaccessible). Il m'a semblé intéressant avec la complicité et le talent de Marie Grézard et de Patrick Aufauvre de faire partager cette expérience, ces rencontres, ces découvertes…

Le thé, c'est d'abord une histoire millénaire, accompagnée de légendes ; c'est ensuite une implantation, de jardin en jardin, une transformation qui mène de la feuille à la tasse et induira des modes de préparation et de dégustation différents, selon les siècles, les peuples, les origines ; c'est aussi une invitation à un voyage au cœur des familles de thés, à travers des fiches de dégustation où se dévoile un cousinage réel avec le vin (vocabulaire, notions de crus, de terroirs…) ; c'est enfin un rendez-vous gourmand où les saveurs de thé sont délicatement mises en relief par des recettes de chefs.

Simple artisan et lien entre l'art du producteur et les goûts d'amateurs de thé de plus en plus avertis, je vous propose de suivre cette voie du thé, de vous initier à cet art simple et aussi ancien que l'homme, d'ouvrir vos sens au thé.

Boisson modeste, boisson noble, boisson du cœur, des sens et de l'esprit, à toute heure, à tout instant, un thé vous conviendra, vous séduira ; seul ou dans le plus charmant des tête-à-tête. – « *Ils étaient assis autour d'une table et buvaient un thé en parlant d'amour…* » (H. Heine) –. Laissez-vous entraîner par le spectacle des volutes de thé au-dessus d'une tasse ou par le ballet de feuilles dansant sur une scène transparente une chorégraphie étrange. Abandonnez-vous alors à la douceur de ce nectar des dieux !

Olivier Scala

L'origine incertaine du thé, aux confins de la Chine, de la Birmanie et du Laos, à moins que ce ne soit en Inde, se perd dans la nuit des temps et surtout dans des légendes fondatrices qui le placent d'emblée comme une boisson d'exception aux vertus médicinales et spirituelles, participant d'une essence divine.

UNE AVENTURE MILLÉNAIRE

Théière chinoise représentant un mandarin sur fond incrusté d'émaux. Page de gauche : vue de Darjeeling depuis le sommet du jardin de Gopaldhara, vallée du Mirik.

En Chine, tout aurait commencé grâce à Shen Nong, le troisième et dernier des Trois Augustes, empereurs mythiques de l'empire, qui régna de 2737 à 2697 avant Jésus-Christ. Brillant médecin, donc fin botaniste, père de l'agriculture – on le surnommait le « divin moissonneur » –, cet esprit curieux préconisa à son peuple de faire bouillir de l'eau pour contrer maintes épidémies. Un jour où il se reposait au pied d'un arbre, il se fit préparer un bol d'eau chaude. Quelques feuilles virevoltèrent doucement avant d'atterrir dans le bol, teintant délicatement l'eau cristalline et développant une saveur aussi inconnue que délicieuse. Le thé (*cha*) était né.

En Inde, le prince Bodhidharma vécut au VIe siècle de notre ère et s'en alla prêcher par les chemins jusqu'en Chine la doctrine bouddhiste (*chan*). Il fit le vœu de ne pas dormir pendant les neuf ans que durerait son voyage afin de ne jamais relâcher sa mission. Mais au bout de trois ans, il fut tout de même pris de somnolence et, pour rester éveillé, mâchonna par hasard quelques feuilles d'un théier sauvage. L'effet fut bénéfique… assez pour accomplir les six années restantes sans fermer l'œil !

Au Japon, où il poursuivit son apostolat, la version diffère légèrement. Elle symbolise l'accession à la vérité au terme d'une quête spirituelle. Bodhidharma ne résista pas au sommeil. À son réveil, furieux, il se coupa cils et paupières pour garder toujours les yeux ouverts. Là où ils tombèrent,

UNE AVENTURE MILLÉNAIRE

germèrent deux arbres somptueux et inconnus, dont il infusa quelques feuilles. Il ne dormit plus jusqu'à la fin de sa mission, posant les premiers jalons de ce qui deviendra au XIIe siècle la secte zen. Ses fondements, l'harmonie, la pureté, le respect, la sérénité, réserveront une place de choix au thé, instrument de la clairvoyance, notamment à travers la cérémonie japonaise, le *cha no yu*.

DU THÉ BOUILLI AU THÉ INFUSÉ

Au-delà de ces légendes, le thé conquiert la Chine grâce à ses vertus médicinales et entre dans la composition de différents remèdes. Digestion, secret de longévité, cicatrisation, son champ d'application est large, qu'on le boive ou qu'on le réduise en une sorte d'emplâtre. Il ne sort de ces usages qu'au moment de la puissante dynastie Tang (618-907), période d'un raffinement sans précédent où les arts et les lettres trouvent un terreau propice à leur épanouissement. Le thé est alors bouilli, mélangé à des épices, des fleurs ou des légumes, puis compressé en galettes dans des moules aux formes diverses, richement décorés. De médecine, il devient aliment, voyageant au gré des échanges avec les peuples nomades – mongols, tibétains et turcs – qui l'utilisent comme base de robustes soupes. Et surtout, il se répand dans toutes les couches de la population. Sa liqueur est une source d'inspiration pour les poètes et les artistes, tandis que les intellectuels et les moines le codifient et l'inscrivent dans le droit fil de la doctrine taoïste. Les notables mais aussi les paysans en font un élément primordial du quotidien.

Deux siècles plus tard, la dynastie des Song (960-1279) perpétue et développe encore l'art du thé. Celui-ci évolue doublement. Dans l'aristocratie, un degré de raffinement et d'élégance rarement atteint relève de ce que nous appellerions le maniérisme : c'est à cette période que l'empereur Huizhong impose la cueillette impériale effectuée au lever du soleil par des cueilleuses vierges, gantées de blanc, qui ne prélèveront que les plus tendres bourgeons avec des ciseaux d'or. Les notions de grades et de qualité de cueillette apparaissent, tandis que les accessoires et les instruments du thé rivalisent de luxe et de finesse. Dans l'immense majorité du pays, il gagne au contraire en simplicité : innovation majeure, s'il continue à être présenté sous forme de gâteau ou de galette, il est aussi réduit en poudre à l'aide de meules en pierre puis battu dans les bols à l'aide d'un petit fouet de bambou jusqu'à ce qu'une « mousse de jade » apparaisse. L'ancêtre du thé matcha, tel que les Japonais le pratiquent, était né.

LU YU, « LE SAINT DU THÉ » Lu Yu (733-804) fut le premier maître de thé de l'histoire. Saltimbanque, poète, acteur malgré un bégaiement prononcé, il composa en 780 de notre ère, le *Cha Jing* – le *Classique du thé* –, source historique infiniment précieuse autant que véritable manuel pratique, qui fit l'objet de maintes rééditions jusqu'à aujourd'hui. Dans un souci de perfection – c'est à cette période que les taoïstes l'intègrent dans leur religion –, il y aborde toutes les grandes questions relatives au thé, de ses origines à sa cueillette, de sa préparation et à la manière de le boire. Lu Yu fut involontairement à l'origine du tribut sur le thé, impôt en nature prélevé par les empereurs : un notable offrit à son souverain, Taizong, un thé du Zhejiang recommandé par le maître. Il le trouva si délicieux qu'il ordonna immédiatement qu'une trentaine de kilos lui soient fournis chaque année par les paysans, non sans avoir honoré Lu Yu du titre de « saint du thé ».

L'invasion de l'empire par les troupes mongoles de Gengis Khan à la fin du XIIIe siècle marque un coup d'arrêt dans la diffusion du thé. Elle ne reprend qu'à la restauration de la dynastie chinoise des Ming (1368-1644), âge d'or s'il en fut. La préparation du thé subit un changement majeur : un décret de l'empereur Zhu Yuangzhang ordonne la cessation de la fabrication du thé en galette, jugée trop pénible pour les paysans. On commence à l'infuser, ce qui induit des méthodes de transformation nouvelles. Extension naturelle de l'infusion, la théière et les objets du thé, la céramique et la porcelaine, apparaissent avec un grand degré de raffinement.

Au Japon, le thé fait de timides apparitions grâce aux échanges fructueux avec la Chine, mais il ne s'implantera qu'au XIIIe siècle, et d'emblée sera placé sous le signe de la spiritualité bouddhiste.

UNE AVENTURE MILLÉNAIRE

HUIZONG, L'EMPEREUR DU THÉ L'empereur Huizong (1100-1126) s'intéressa plus aux femmes (il en avait 3 912 à son service!), aux arts et aux lettres qu'à l'administration de son royaume. Hédoniste d'une immense culture, peintre et calligraphe inspiré, il rédigea son propre traité du thé, un ouvrage encyclopédique et érudit dans lequel il conseille de le boire «quand on étudie par un jour de beau soleil, dans la chambre nuptiale, pour retenir des invités de choix, pour recevoir des lettrés et de belles femmes, quand on rend visite à des amis après un long voyage». Son programme politique était beaucoup plus flou, ce dont la Cour s'inquiéta. Quand il ouvrit dans l'enceinte même du palais une maison de thé (dont les employées étaient choisies parmi ses concubines!) ainsi que le premier comptoir à thé de l'histoire, les tensions augmentèrent. Mais sa chute sera causée par sa 3 913e femme, Li Xi Xi, aussi belle que dépravée, dit-on. L'empereur n'y résista pas, et commit une faute de trop en hissant une non-vierge au rang de concubine. Il fut contraint à l'exil avec son fils dans un désert tartare. Dure punition. Il en mourut non sans avoir laissé un poème douloureux: « Qu'ils sont donc loin les rêves de ma jeunesse dans ce triste désert de Mongolie! Ah! Où sont les collines de ma terre natale? Je dois supporter la cacophonie des flûtes barbares, qui sifflent, aiguës, dans les fleurs de prunier.» Grandeur et décadence…

À cette époque, le moine Eisai (1142-1215) rapporte de Chine du thé vert en poudre et rédige un traité sur la manière de le fabriquer et de le préparer. Il plante lui-même des théiers à travers le pays, offrant cinq graines (les cinq organes vitaux) à différents temples. Le visiteur peut d'ailleurs se recueillir aujourd'hui devant une stèle qui commémore l'emplacement de certains de ces théiers originels dans la banlieue d'Uji. Sortant des temples, le thé se diffuse aussi bien chez les paysans que chez les seigneurs féodaux. Les samouraïs inaugurent la mode de savants concours de thé, faisant assaut de science mais aussi de fatuité. Ces pratiques sociales superficielles trahissent l'éthique bouddhiste, au grand dam des moines qui codifient alors ce qui deviendra la cérémonie japonaise, dans un environnement d'une extrême simplicité, propre à élever l'âme. Sen no Rikyu (1520-1591) sera l'un des premiers grands maîtres du thé. Vénéré et entouré de nombreux disciples, il eut toutefois bien du mal à faire entendre le message pacifique du thé dans un pays en proie à des combats sanglants. Engagé au service du shogun Hideyoshi, il fut, un jour, prié de disparaître. Après avoir dirigé une ultime cérémonie du thé, il brisa le bol destiné aux convives et s'en fut dans les monts enneigés dominant Kyoto s'y faire hara-kiri. Son héritage considérable trouve encore une entière expression dans les trois grandes écoles japonaises du thé: l'une d'elles, celle d'Urasenke, est d'ailleurs dirigée par son quinzième descendant en ligne directe, Soshitsu Sen.

LA CONQUÊTE DE L'EUROPE

Il existe plusieurs témoignages de voyageurs et de missionnaires signalant l'existence d'une plante appelée «cha», «chia» ou «tay». Mais aucun d'entre eux ne semble y attacher une particulière importance. Marco Polo (1254-1324) signale le désordre des maisons de thé mais rien sur le thé lui-même. Louis Almeida en 1565, le père Jean-Pierre Maffei en 1588 ne sont guère plus inspirés. Le père Matteo Ricci, lui, livre une description plus précise dans son *Histoire de l'expédition chrétienne en Chine* publiée en 1610, dans laquelle il signale que les Japonais utilisent une poudre de feuilles qu'ils fouettent dans de l'eau chaude, tandis que les Chinois font infuser des feuilles entières.

Mais il est vrai que l'Europe a déjà goûté au thé depuis quatre ans! L'arrivée de la première cargaison, dans le sillage des épices, du café et du cacao, date de 1606 à Amsterdam, en Hollande. Vraisemblablement, elle fut le fruit d'un troc, les Hollandais l'ayant échangée contre des plants de sauge dont ils pensaient qu'elle envahirait l'Extrême-

UNE AVENTURE MILLÉNAIRE

Orient. C'est tout le contraire qui se produisit ! En un siècle, le thé, denrée très coûteuse, se répandit dans les salons européens de l'aristocratie qui raffolait de tout ce qui provenait d'Extrême-Orient, en un mouvement où la curiosité le disputait au snobisme.

La France infuse ses premières feuilles en 1636, non sans susciter de vifs débats et des avis très tranchés entre ses partisans qui les dotent d'autant de vertus que ses détracteurs de maux, y compris celui d'altérer la beauté des femmes ! Les plus intrépides ne se laissent pas impressionner : Madame de Sévigné avoue plusieurs fois dans sa correspondance succomber au goût du thé (encore vert à cette époque) qu'elle infuse dans du lait. L'Angleterre connaît le thé plus tardivement. Il a fait, dit-on, une entrée officieuse en 1657 dans le butin d'un amiral anglais parti à l'assaut d'un navire hollandais. Quoi qu'il en soit, la première vente publique a lieu en 1658 dans un *coffee house*, celui de Thomas Garraway, *Tom's Shop*. Ces hauts lieux de la sociabilité londonienne (masculine) deviendront les plus efficaces promoteurs de cette boisson que les Anglais adoptèrent immédiatement, à tel point que Cromwell décrète une taxe sur le thé dès 1660, au même titre que le café ou le chocolat, produits exotiques... Cette mesure porte en elle-même, évidemment, tous les ferments pour générer une active contrebande et des mélanges peu orthodoxes avec d'autres plantes à infuser, voire des feuilles de thé recyclées. Ce trafic auquel paysans, armateurs, négociants, politiciens et même prêtres participeront causera un tort considérable, aussi bien au trésor de l'État qu'aux négociants honnêtes qui subissaient cette déloyale concurrence. Par définition, il est difficile d'évaluer avec précision les volumes frauduleux, mais les historiens les estiment à environ deux tiers de ce qui se consommait ! Il faudra attendre 1784 pour que le gouvernement de William Pitt réduise enfin considérablement la taxe sur le thé par le Commutation Act, faisant passer son taux de 114 % à 12,5 %, assainissant *ipso facto* le marché.

C'est aussi cette pression fiscale trop lourde qui fut directement à l'origine de la fameuse « Tea-Party » de Boston, en 1773. Elle cristallisa surtout le désir d'indépendance des futurs États-Unis d'Amérique vis-à-vis de leur métropole.

Le thé avait bien démarré outre-Atlantique où, en 1647, un Hollandais, un certain Peter Stuyvesant, commerçant prospère, fait connaître la boisson de ses compatriotes. Celle-ci se taille un franc succès alors qu'elle n'en est qu'à ses balbutiements en Angleterre. Comme ailleurs, elle séduit d'abord les classes aisées, avant d'être adoptée par les milieux plus défavorisés. L'Angleterre perçut tout l'intérêt de cet engouement et, par le Townsend Act de 1767, augmenta une nouvelle fois les taxes sur le thé, troisième produit importé aux États-Unis après les textiles et les produits manufacturés. Cette mesure avait déjà suscité un fort mécontentement en Amérique. Elle visait à renflouer des finances mises à mal par la conquête coloniale et la guerre de Sept Ans (dans laquelle la France perdit le Canada, la Louisiane et toutes prétentions sur l'Inde). Mais les colons anglais n'entendaient pas jouer les bailleurs de fonds pour les tortueuses stratégies de la « Vieille Europe ». Les tensions culminèrent au moment de la publication du Tea Act, en 1773, qui accordait à la Compagnie anglaise des Indes orientales le monopole absolu de la vente de thé en Amérique, avec tous les abus qu'une telle hégémonie autorise : le 16 décembre, des indigènes déguisés en indiens se regroupent, accostent trois navires anglais qui s'apprêtent à décharger des caisses de thé – le *Beever*, le *Dartsmouth* et *l'Eleanor* – et, après en avoir maîtrisé les équipages aux cris de « Le port de Boston est une théière ce soir ! », jettent dans le port l'intégralité de la cargaison, soit 342 caisses. Cet incident, le plus grave entre la colonie et la métropole, fut le point de départ de représailles de la part de la couronne britannique qui ne pouvait tolérer ce qui s'apparentait, déjà, à une déclaration de guerre. Commencée autour du thé anglais, celle-ci débouche sur la naissance des tout jeunes États-Unis d'Amérique, fermement soutenus par la France. « Cette destruction du thé est si audacieuse, intrépide, inflexible et de conséquences si graves que je ne peux m'empêcher de la considérer comme un tournant de l'histoire », analysera plus tard John Adams, le sixième président des États-Unis d'Amérique.

LA SUPRÉMATIE ANGLAISE

L'Angleterre comprit si bien l'intérêt économique du thé qu'elle n'aura de cesse de s'en assurer le monopole. La Compagnie des Indes hollandaises, qui possédait au début du XVIIe siècle l'exclusivité des importations, dut plier devant la puissance de la Compagnie des Indes orientales, créée par Élisabeth Ire en 1599. Mais le terrain de la lutte se situait en Chine, seule source d'approvisionnement depuis que le Japon avait décrété, en 1637, un isolement qui devait durer deux siècles. Les différentes tentatives pour faire pousser du thé en Europe s'étant soldées par des échecs, force était de se plier aux exigences de l'Empire chinois qui fixait les prix, vendait les thés de son choix, circonscrivait les Européens au seul port de Canton, moyennant moult contraintes et tracasseries

THOMAS LIPTON, CAPITAINE D'INDUSTRIE Parti de rien, le jeune Thomas Lipton, le fils d'un épicier de Glasgow, allait construire un empire. Après s'être embarqué pour l'Amérique et avoir exercé « ces petits métiers qui honorent le passé des milliardaires mais qui déshonorent le présent des immigrants qui les exercent », selon la jolie formule de Jean Giraudoux, il revint en Angleterre, nourri de méthodes publicitaires dont il avait le génie. À 25 ans, en 1875, il ouvrit une petite épicerie et fit fortune dans la distribution, tandis qu'il franchissait la cinquantaine débonnaire, anobli par la reine Victoria, dans les habits d'un « sir ». Son secret ? Un sens inné du spectacle et de la « reclame » et un flair à toute épreuve, qui le conduisit à Ceylan où il acheta à vil prix des plantations de café ravagées par un champignon. Il les convertit au thé, mécanisant la production et supprimant les intermédiaires, ce qui lui permit de vendre dans ses magasins londoniens des thés en paquets – autre innovation – à des prix défiant toute concurrence. Aujourd'hui, les boîtes jaunes de sachets Lipton Yellow, véritable passeport de la marque, ont fait le tour du monde. Impossible d'échapper, où que l'on soit, à la marque de celui que les Ceylanais surnommaient, avec autant de respect que d'affection, « Tea Tom ».

UNE AVENTURE MILLÉNAIRE

TWININGS, UNE «DYNAS-TEA» Issu d'une famille de drapiers du Gloucestershire, Thomas Twining naquit en 1675. Il acquit les premiers rudiments du commerce auprès d'un marchand de la Compagnie des Indes Orientales. En 1706, il rachète un *coffee house*, le *Tom's Shop*, idéalement situé dans le Strand, auquel il applique sa science toute neuve et son génie des affaires. Pressentant l'immense potentiel du thé, il fonde, en 1717, *Le Lion d'or*, un comptoir qui permettait enfin aux femmes de s'approvisionner sans commettre leur réputation dans les *coffee houses*! Le succès fut immédiat… et durable! À sa mort, en 1714, son fils Daniel prit la suite, poussant la notoriété de la maison au-delà de l'Atlantique, en développant le commerce avec l'Amérique. Il mourut prématurément, mais sa femme Mary mena l'affaire d'une main qui pour en être féminine et inexpérimentée n'en fut pas moins virtuose. En 1771, Richard Twining, autre grande figure de la dynastie, prit la digne succession de sa mère. Influent et dynamique, président des négociants de thé londoniens, c'est sur ses conseils que le Premier ministre William Pitt réduisit enfin les taxes prohibitives qui s'exerçaient sur le thé. C'est aussi lui qui est à l'origine des célèbres lettres à empâtement figurant sur toutes les boîtes. En 1837, consécration pour toute marque anglaise, la reine Victoria accorda à la maison le titre de fournisseur officiel de la Couronne «pourvoyant à son ordinaire», titre reconduit jusqu'à ce jour. C'est un membre de la famille, Samuel Twining, qui préside encore aujourd'hui aux destinées de la maison tricentenaire.

administratives, et enfin refusait tout échange de marchandises, seul le coton trouvant grâce épisodiquement à ses yeux. La situation devint vite intenable pour les Anglais, aussi bien sur le plan diplomatique qu'économique et financier, d'autant que les progrès galopants du thé en Europe mais aussi aux États-Unis rendaient la demande encore plus pressante. Addiction pour addiction, l'opium devint la solution, à l'insu du gouvernement chinois. Le pavot pousse comme du chiendent en Inde et dans le Triangle d'or. La Compagnie des Indes orientales en contrôlait la culture et la «commercialisation», l'écoulant contre de l'argent à des Chinois, par l'intermédiaire de grossistes dans le port de Calcutta. Les sommes récoltées servaient à payer le thé; et plus le prix de celui-ci augmentait, plus les champs de pavot prospéraient: le ver était dans le fruit, et les Chinois réclamaient toujours davantage d'opium, tandis que l'Europe se serait damnée pour une tasse de thé! En 1839, Lin Zexu, fonctionnaire en charge du commerce, décida de verser à la mer 25 000 caisses d'opium… Ce sera le début de la première guerre de l'Opium déclarée

UNE AVENTURE MILLÉNAIRE

LA ROUTE DU THÉ Alors que son commerce provoque violences et difficultés en Europe et en Amérique, le thé s'implante pacifiquement entre la Chine et la Russie : en 1618, l'empereur en offre quelques feuilles au tsar Michel Romanov ; les échanges commerciaux suivront naturellement. Les nomades troquaient des briques ou des galettes de thé contre des soieries, des tissus de laine ou de coton, des bijoux et des fourrures. Il y eut en fait plusieurs routes du thé. Celle du Nord permit aux Mongols de bénéficier de la plante sans en faire commerce. L'autre suivait en grande partie celle de la soie, traversant la Chine d'est en ouest, passant dans le Yunnan, le Sichuan et le Tibet, avant d'arriver sur la « Russie asiatique » et le monde musulman. Cette seconde route fit l'objet d'une intense circulation. À partir de 1817, à Nijni-Novgorod, son point d'aboutissement, la plus grande foire commerciale réunissait annuellement, pendant près de six semaines, au début de l'été, plus de 15 000 marchands. À partir de là, le thé était réexpédié vers d'autres villes de Russie mais exporté aussi vers la Scandinavie. L'âge d'or des caravanes cessera avec les moyens de transports plus performants. Les ports chinois s'ouvriront aux navires russes, et le Transsibérien, construit à la fin du XIXe siècle, permettra de compter en jours et en semaines là où, malgré des conditions très difficiles, on aimait à se laisser bercer des mois entiers par le dodelinement et les pas chaloupés des chameaux.

par l'Angleterre, qui durera deux ans et dont elle sortira victorieuse. La Chine se pliera à l'humiliant traité de Nankin (1842), qui stipulait l'ouverture de quatre nouveaux ports pour les bateaux étrangers (Shanghai, Fuzhou, Amoy et Ningbo), des taxes limitées à 5 % et la concession de Hongkong.

Si un Anglais ne cède jamais, un Chinois, lui, ne perd jamais la face : la seconde guerre de l'Opium commença donc logiquement dès la signature de ce traité... auquel la Chine n'obéira qu'avec une mauvaise volonté évidente. En 1856, les Anglais, soutenus cette fois par les Français, déclarent une seconde guerre (1856-1860), plus violente, plus lourde en pertes humaines, qui se soldera à nouveau par la victoire anglaise, l'ouverture de onze ports et une plus grande liberté de circulation pour les « Barbares », c'est-à-dire les étrangers. Quant à l'opium, il poursuivra ses ravages légalement : 50 000 caisses exportées en 1850, et 2 millions d'intoxiqués ; 200 000 caisses et 120 millions d'opiomanes trente ans plus tard...

DE NOUVEAUX TERRITOIRES

La demande mondiale de thé et le monopole exercé par la Chine rendaient nécessaire une diversification des approvisionnements. Le botaniste suédois Linné (1707-1778) tenta de faire venir du thé de Chine et fut probablement le premier à importer un arbuste vivant en Europe, en 1768. Dans le même temps, les Hollandais réussissaient une plantation à Java, l'une de leurs colonies. Mais les faibles volumes produits ne pouvaient évidemment constituer une solution alternative !

Dans l'Hexagone, un botaniste et médecin, Guillemin, démontra l'originalité française en implantant du thé... dans le Finistère, où l'humidité ambiante pouvait constituer un facteur de développement mais où l'absence chronique de soleil sur longues périodes pouvait se révéler fatale. Ce qui fut rapidement le cas !

Les Anglais, quant à eux, portèrent leurs investigations en Asie, convaincus que le théier ne pouvait pousser que dans des contrées de production habituelles. Surtout, la question de l'Inde était abordée avec de plus en plus d'insistance. Il existait des théiers chinois dans le jardin botanique de Calcutta, mais aucune plantation n'avait été réalisée à grande échelle, et les essais d'acclimatation furent peu concluants. En revanche, en 1823, Robert Bruce, un major écossais, employé de la Compagnie des Indes, mentionna l'existence de théiers sauvages dans la région d'Assam, au nord-est, non loin de la Birmanie, et réussit à convaincre les autorités d'y tenter des plantations.

UNE AVENTURE MILLÉNAIRE

ROBERT FORTUNE OU LES TRIBULATIONS D'UN ANGLAIS EN CHINE En 1848, pendant que les colons peinaient en Assam, le botaniste anglais Robert Fortune embarquait pour la Chine, pour le compte du Comité du thé. Sa mission – qui durera trois ans – devait rester secrète puisqu'il s'agissait purement et simplement de se livrer à de l'espionnage industriel dans le but d'opérer ce que nous appellerions aujourd'hui un transfert de technologie. Or, la Chine punissait très sévèrement tout étranger et ses guides s'aventurant hors des zones portuaires autorisées, et l'intérieur de l'empire restait un mystère jalousement gardé. Robert Fortune consigna le récit passionnant de ses aventures dans un ouvrage paru dès 1852 en Angleterre et édité cinq ans plus tard en France. Avec pour seule couverture un habit chinois, quelques notions de la langue et la devise «Prenez les choses avec calme et ne perdez jamais votre sang-froid», il parcourut le pays en chaise à porteurs, subtilisant au péril de sa vie des graines et des plants de théiers et étudiant les méthodes de culture et de fabrication. Il parvint ainsi à faire expédier 20 000 plants de thé, dont beaucoup iront recouvrir les flancs de l'Himalaya, dans ce qui allait devenir l'un des plus grands crus : Darjeeling.

Des moyens lui furent alloués ainsi que, dix ans plus tard, à son frère Charles Alexandre, chargé plus spécialement du développement et de la mise en culture des théiers autochtones. Pari gagné : en 1838, les premières exportations de thé d'Assam vers l'Angleterre commencèrent... Du thé anglais ! Deux ans plus tard, l'Assam Tea Company, la plus ancienne société de thé indienne, pérennisera ces essais, et elle est encore très active aujourd'hui. Mais pour obtenir ce précieux thé, il fallut défricher la jungle à dos d'éléphant, résister à un climat chaud et humide très éprouvant, aux bêtes féroces, au choléra et à la dysenterie, à la malaria et à la fièvre jaune. Beaucoup de petits colons séduits par l'or vert ne reviendront pas. À ces difficultés, s'ajoutait le traitement infligé aux coolies « importés » de Chine, main-d'œuvre corvéable à merci, travaillant dans des conditions épouvantables. Derrière l'arrivée triomphale du premier thé « anglais » à Londres se cache un drame humain fait de larmes, de sueur, de sang et d'injustice.

Plus aisée, l'implantation du thé à Ceylan, autre colonie britannique, va marquer un nouveau pas dans la diversification des approvisionnements. La végétation luxuriante de l'île, son climat idéal ont tout pour attirer les sujets de sa Gracieuse Majesté qui dédient les terres... au café. En 1860, James Taylor, un Écossais de 26 ans, directeur de la plantation de Loolecondera depuis neuf ans, initie une petite culture de théiers d'Assam qui donne des résultats délicieux. Mais la conversion de Ceylan au thé – avec le succès que l'on connaît – allait venir d'un autre colonisateur : en 1869, le champignon l'*Hemileia vastatrix* ravageant les plantations de café, les planteurs, afin d'éviter un nouveau désastre, marchèrent sur les pas de James Taylor. Celui-ci avait en outre inventé une machine à rouler les feuilles, permettant une plus grande compétitivité et décidant du sort industriel des thés de Ceylan que les plus grandes compagnies occidentales investiront avec des méthodes et des objectifs sans commune mesure avec l'artisanat des pionniers. Le monopole qu'exerçait la Chine était bel et bien révolu.

La concurrence des thés des colonies sera telle qu'elle modifiera durablement le goût de l'Europe : le thé vert, spécialité chinoise que l'on consommait aux XVIIe et XVIIIe siècles, cédera pour longtemps sa place aux thés noirs, avant de regagner un peu de terrain ces dernières années à la suite des études scientifiques louant ses vertus sur la santé. D'autres « nouveaux pays producteurs » suivront à leur tour la voie du thé en Afrique, en Amérique latine et en Océanie. Une culture planétaire pour une boisson universelle.

LA COURSE AU THÉ Acheminer le thé était crucial dans la guerre économique que se livraient les différents pays. La suprématie de leur flotte avait octroyé aux Anglais plusieurs coudées d'avance. Le traité de Nankin, à l'issue de la première guerre de l'Opium qui concédait l'accès à de nouveaux ports en Chine, allait accélérer la révolution maritime. En 1845, les Américains commettent un crime de lèse-majesté en lançant un clipper, véritable lévrier des mers : ce *Rainbow* était capable de faire un aller-retour New York-Canton en huit mois. Consternation dans le camp anglais ! Deux ans plus tard, les Britanniques répliquent avec le *Stornaway*, construit dans les chantiers navals d'Aberdeen, en Écosse : moins de 100 jours de voyage ! Qui dit mieux ? L'*Oriental*, un clipper américain, qui, trois ans plus tard, part de Hongkong pour entrer dans le port de Londres auréolé de la gloire de quelques jours de navigation en moins. Dès lors, la course entre les deux pays est engagée, chaque nouveau clipper rivalisant d'innovations performantes. L'enjeu économique était de taille : le premier arrivé avec les récoltes de l'année, cueillies en mai, pouvait satisfaire la demande pressante d'un marché avide de thé, dès le début de l'automne. Cette lutte économique réelle prit une allure sportive mais fair-play. Des courses sont, en effet, organisées entre les différents clippers. Le 28 mai 1866, 40 vaisseaux vont se livrer une lutte sans merci pendant trois mois. L'arrivée, jugée au finish sur la Tamise, consacre la victoire du *Teaping*, vaisseau anglais, qui facturera sa cargaison au prix fort sous les hourras de la foule ! Au départ comme à l'arrivée, cependant, pas un navire américain : les clippers avaient été construits trop vite, avec un bois vieillissant mal, beaucoup d'entre eux avaient aussi été détruits lors de la guerre de Sécession (1861-1865). En une dizaine d'années, la flotte britannique avait retrouvé sa suprématie. D'autres concurrents, les bateaux à vapeur, sonneront le glas de cette épopée. Leur rapidité et l'ouverture du Canal de Suez permettront d'acheminer le thé de Canton à New York en 40 jours. L'activité des clippers se poursuit mais à la manière des champions vieillissants, en transportant du coton en Australie. Les derniers à faire le voyage furent le *Thermopyle* et le *Cutty Sark*... qui donna son nom à une marque de whisky qui existe toujours.

Le théier est un arbuste à feuilles persistantes de la famille des *Camellia sinensis*, dont il existe une centaine de variétés à travers le monde, à l'image des cépages de la vigne. Son origine reste assez indéterminée, mais tout indique qu'il proviendrait soit du sud de la Chine, dans le Sichuan ou le Yunnan, soit d'une zone s'étendant du Nord-Laos à l'Assam, dans le nord-est de l'Inde.

DE JARDIN EN JARDIN
La production de thé dans le monde

Boîte à thé de voyage (Fin XVIIIe siècle).
Page de gauche : plantation de thé de Sungai Palas Tea Estate, Cameron Highlands, Malaisie.

Beaucoup d'écrits et de témoignages chinois font allusion à cette plante avant que des botanistes européens ne tentent d'en percer les mystères, tâtonnant pendant un bon siècle. Ainsi, le célèbre botaniste suédois Linné distinguait-il deux espèces différentes pour les thés verts et les thés noirs, jusqu'à ce qu'en 1838 Robert Bruce, en poste en Assam, et l'aventurier Robert Fortune, en 1843, ne témoignent de manière irréfutable que seule la transformation différente d'une même plante engendrait des thés différents.

DU THÉIER SAUVAGE AU THÉIER DE CULTURE

À l'état sauvage, le théier est susceptible d'atteindre une trentaine de mètres de haut. Il existe par exemple quelques spécimens millénaires tout à fait impressionnants dans le sud de la province du Yunnan, en Chine. Moins vénérables, ils font fréquemment de 5 à 10 mètres de haut mais leurs feuilles, on s'en doute, n'engendrent rien d'exquis. En effet, un théier destiné à donner du thé demande beaucoup de soins pour être domestiqué. À sa naissance, par bouturage ou par clonage, il s'aguerrira dans le cocon de sa «nursery», le terme utilisé dans les plantations pour désigner une pépinière. Pendant une période de deux à quatre ans, selon la technique de reproduction, on habituera le jeune plant au soleil, aux cycles diurnes/nocturnes, on irriguera ses racines régulièrement et on le taillera sévèrement avant de le laisser affronter le monde extérieur.

Les travaux des champs

L'absence de relief permettra une implantation et un entretien soutenus par des motoculteurs et des engins agricoles rendant la tâche moins pénible. Mais les plantations de montagne grimpant jusqu'à parfois plus de 2 500 mètres d'altitude demandent des notions de funambulisme lorsque les pentes accusent jusqu'à 45° de déclivité. Les Chinois, les Népalais et les Indiens sont passés maîtres dans l'art du terrassement et de la mise en place de réseaux de drainage. Il n'empêche, ce travail ne peut se faire qu'à «mains nues», le relief trop abrupt interdisant toute mécanisation, le manque de moyens souvent aussi… La culture du thé par le labeur des hommes qui l'accomplissent est synonyme de sueur, de sacrifices et de beaucoup d'ingéniosité.

Une fois planté, le théier devra faire l'objet de nombreuses attentions, notamment de savantes opérations de taille, afin de lui donner un tronc important et de nombreuses ramifications. On va également chercher à amplifier sa forme évasée pour que les feuilles profitent au maximum de la lumière et que l'arbuste offre sur le dessus, à 1 ou 1,20 mètre du sol, un véritable tapis vert, sorte de table pour la cueillette.

Il faudra aussi un entretien constant pour irriguer, désherber et conserver une bonne architecture du champ de thé : il est fréquent, en effet, d'implanter d'autres arbres, capables de dispenser de l'ombre et de fixer le précieux azote dans un sol appauvri par la monoculture des *Camellia*. C'est pourquoi on trouve fréquemment au bord des plantations des bananiers ou plants de citronnelle qui produisent un compost naturel rapide et riche.

Enfin, il faudra exercer une vigilance quotidienne contre les grands ennemis des théiers : ses feuilles charnues et luisantes ont tout pour aiguiser l'appétit de nombreux insectes et parasites qui prospèrent dans un milieu chaud et humide. Cochenilles, criquets, fourmis, vers, pucerons, acariens, moustiques, papillons représentent le premier marché des consommateurs de thé ! Il arrive qu'une plantation, en Assam particulièrement, soit détruite en quelques heures, ruinant les espoirs des producteurs. Quand on sait qu'aucune n'est inférieure à 500 hectares, on

THÉIER CHINOIS OU THÉIER D'ASSAM ? Si les botanistes modernes ont fini par se mettre d'accord sur de nombreux points, ils se divisent encore sur la question de savoir si les deux variétés principales, le théier de Chine (*Camellia sinensis*) et le théier d'Assam (*Camellia assamica*) ont un lien formel de parenté ou s'ils constituent deux espèces à part entière.

Le théier de Chine est endurant au froid, supportant les gelées si elles ne sont pas trop intenses, ni trop longues. Il est donc à son aise en altitude, comme à Darjeeling… en Inde! Sa résistance le conduit aussi à vieillir remarquablement bien, puisqu'il atteint le siècle en produisant encore vaillamment les petites feuilles (de 2 à 8 centimètres) qui le caractérisent. Il donne en général une liqueur parfumée, nuancée et subtile.

Son cousin d'Assam réclame davantage de chaleur et d'humidité et répugne à l'ivresse des sommets. Très prolifique, il s'éteint aussi plus rapidement, autour de 50 ans. Ses feuilles d'un vert brillant, plus épaisses et plus grandes, donnent une liqueur robuste, forte et colorée. L'appellation théier de Chine ou d'Assam ne constitue en aucune manière une «appellation d'origine». On trouve en Chine des plants d'Assam et réciproquement en Inde.

En haut : cueillette de thé à Darjeeling, Inde ; en bas : un bourgeon et deux feuilles de thé.

DE JARDIN EN JARDIN

Plantation de thé en Indonésie, Java, Cisarua.

imagine la nécessité de trouver des moyens radicaux pour parer aux attaques. Le principal d'entre eux réside dans les pesticides, les insecticides et autres produits phytosanitaires. Ces derniers ne peuvent pas grand-chose, néanmoins, contre un autre ennemi : les champignons, qui s'attaquent non seulement aux feuilles, détruisant une récolte, mais aussi aux racines et au tronc, sapant alors la pérennité de la plantation. En dehors de l'arrachage du pied et de ceux qui l'entourent, il n'y a guère de remèdes.

La culture biologique

Malgré cela, beaucoup de producteurs n'ont pas attendu que l'Occident s'émeuve des déséquilibres écologiques, conséquences des excès en tout genre, pour mettre en place une politique de bioculture ou d'agriculture raisonnée. Certains l'ont fait par conviction, d'autres y ont perçu un avantage commercial. Le thé connaît le même paradoxe que le vin : des agriculteurs authentiquement bio, de plus en plus nombreux, mais n'entreprenant aucune démarche pour obtenir une certification – elles sont contraignantes et coûteuses –, tandis que d'autres, récupérant parfois des plantations à l'abandon, se réclament d'un label valorisé aujourd'hui mais pas forcément fiable dans des pays où le *bakchich* demeure un sport national. Pour qu'une plantation puisse prétendre au label biologique, elle doit pendant au moins quatre ans n'utiliser que des engrais, des herbicides et des pesticides naturels, les meilleurs étant souvent des insectes comme les coccinelles qui se repaissent de tous les pucerons nocifs. Dans un premier temps,

23

il est symptomatique qu'une plantation récemment convertie accuse une baisse de production avant de retrouver, au bout de huit à dix ans, des rendements... supérieurs à ceux de la culture « classique » ! Les théiers sont plus vigoureux et leurs feuilles se parent de reflets plus brillants.

Si la culture biologique est un indéniable progrès de l'agriculture, son seul véritable enjeu aujourd'hui, il est à noter que, sur le plan de la santé, un thé non biologique ne présente aucun risque pour le consommateur : en effet, insecticides et pesticides, quelles que soient leur nature et leur teneur, ne sont pas solubles dans l'eau et restent sur les feuilles.

LES TRÈS GRANDES ORIGINES DE THÉ

L'adéquation du théier avec le climat mais aussi la nature du sol ou l'exposition au soleil, les techniques culturales, définissent la notion de terroir. La plantation idéale existe-t-elle ? Bien sûr, et c'est elle qui sera gage de qualité ! Elle se situe plutôt en altitude, sur un sol légèrement acide et riche en azote ; sa nature, volcanique comme au Kenya, rocheuse comme à Darjeeling, alluvionnaire comme en Assam, s'y prête remarquablement et favorise un enracinement profond. L'ensoleillement est aussi primordial, mais il ne doit pas être excessif : de 5 à 6 heures par jour et de grands arbres pour prodiguer une ombre partielle et changeante suffisent. Enfin, des ondées vespérales, des pluies nocturnes importantes et une température s'échelonnant entre 0 °C et 35 °C sans écarts brutaux dans une même journée complètent cette panoplie du jardin idéal. Il est donc logique que la culture du thé s'étende dans les zones tropicales ou subtropicales, entre le 42ᵉ degré de latitude Nord et le 31ᵉ degré de latitude Sud.

L'Inde

Avec 900 000 tonnes produites par an, l'Inde assure le tiers de la production mondiale... mais en consomme à elle seule 85 %, presque exclusivement des CTC, thés bon marché infusant rapidement, en vrac ou en sachets. Ainsi, les thés haut de gamme – donc chers – comme Darjeeling sont-ils aussi peu consommés sur le marché intérieur que ne le sont nos grands crus comme la romanée-conti ou château Yquem. Ils sont avant tout dédiés à l'exportation.

Assam, le grenier à thé La première région productrice du monde totalise près de 500 000 tonnes et 2 500 jardins. Ses immenses plantations s'étendent entre le fleuve Brahmapoutre, les contreforts de l'Himalaya au nord, les monts Patkoi et Naga au sud. Si elles produisent surtout des CTC, elles laissent une part belle aux thés « orthodoxes »,

LE BON NUMÉRO Les volumes des récoltes à Darjeeling sont faibles, et chacune d'elles dans un même jardin donne lieu à une numérotation précédée de DJ (pour Darjeeling). Au cours de la saison, chronologiquement, ce jardin va numéroter les lots récoltés, de DJ1 pour la première récolte de l'année à DJXXX pour la dernière. Chaque jardin, suivant sa taille et le climat, produit de 60 à 500 lots par an. Mais ce dispositif de « traçabilité » n'empêche pas les abus puisque 50 000 tonnes sont commercialisées sous le nom de Darjeeling... qui n'en produit que 12 000. Le Tea Board of India, l'instance de réglementation des thés en Inde, a compris la nécessité de réagir en créant un logo pour protéger à la fois l'image de Darjeeling, le travail de ses producteurs et pour aider le consommateur à s'y retrouver. Il n'empêche, certains pays peuvent, en toute légalité, donner une appellation d'origine à un mélange de thés comprenant simplement au moins 50 % de cette origine... Il ne faut donc pas hésiter à regarder les compositions du produit pour les thés préemballés et à questionner son interlocuteur lors d'achats en vrac.

ET AUSSI 🇮🇳 **Sikkim :** ce petit district aux milliers de temples ne possède qu'un seul jardin de thé, Temi, au caractère très proche de ceux de Darjeeling dont il est voisin.
Terai : thés de plaine aux pieds de Darjeeling, les Terai affichent un style rustique, à l'astringence et la force appuyées.
Cachar : proche du Bangladesh, ce district de 150 jardins ne produit que des CTC.
Dooars : niché entre Darjeeling et Assam, il comporte près de 200 immenses jardins de plaine ; les 145 000 tonnes produites sont essentiellement consacrées aux CTC et donnent des thés foncés, épicés, à la force moins marquée qu'en Assam, avec une touche d'astringence.

< Plantation de thé en Indonésie, Java, Patuha.

magnifiques d'opulence, épicés et charpentés, dont les jardins fameux répondent au nom de Mokalbari, Nagrijuli, Doomni, Hattiali, Sockieting, Maud Sankar, etc., les deux derniers étant biologiques, une exploitation courageuse ici, étant donné les conditions particulièrement chaudes et humides. L'année est rythmée par trois grandes récoltes : *first flush*, en mars et avril, *second flush*, de mai à juillet et, enfin, récolte de mousson, en juillet/août : cette dernière livre le plus important tonnage, mais pas la meilleure qualité. Elle se déroule dans des conditions à la limite du supportable : entre les trombes d'eau ravageuses, le soleil apparaît et la récolte continue, le cortège des cueilleuses se mêlant aux serpents, aux insectes et autres bestioles sortant d'une terre surchauffée et trempée. Une récolte anecdotique peut avoir lieu en automne, de septembre à début décembre, mais elle ne donne rien d'extraordinaire.

Darjeeling, l'ivresse des sommets   Le plus prestigieux des thés indiens est situé au nord de l'Inde, sur les contreforts de l'Himalaya, à proximité du Népal et du Tibet. Thé d'altitude (entre 400 et 2 300 mètres), son incomparable élégance lui vaudra très vite le surnom de « Champagne des thés ». Ses 20 000 hectares s'accrochent à des pentes parfois vertigineuses, dans des paysages sublimes, autour de la ville éponyme. Darjeeling, « la cité de la Foudre », était autrefois le lieu de villégiature des colons anglais, mais il apparut vite que cette terre bénie des dieux possédait tous les atouts pour devenir terre de thé. La première récolte eut donc lieu en 1856, à Puttabong Tukvar et à Dooteriah. Aujourd'hui, 83 jardins répartis sur sept grands districts produisent les divines feuilles au cours de cinq récoltes annuelles au goût très différencié. Beaucoup d'entre eux pratiquent une culture biologique – les conditions climatiques s'y prêtent –, mais ne la revendiquent pas forcément.

La *first flush* (FF) est vive et délicate, avec des saveurs de fruits blancs. Elle a lieu de mi-mars à fin avril et représente environ 20 % de la production totale.

La *in-between* (IB) est anecdotique puisqu'elle avoisine 3 % de la production annuelle. Elle s'effectue au début du mois de mai. Moins fraîche que la *first flush*, elle annonce la maturité de la récolte suivante.

La *second flush* (SF), de mi-mai à fin juin, libère des arômes opulents de muscat (« muskatel ») et de fruits mûrs. Elle totalise un quart de la production annuelle.

La *monsoon flush* (MF) s'étale pendant la mousson, de début juillet à fin septembre, et constitue à elle seule presque la moitié de la production annuelle. Elle est moins parfumée.

Enfin, l'*autumnal flush* ou *third flush* (AF) débute en octobre et dure jusqu'à fin novembre, parfois début décembre selon les années. Elle représente environ 7 % de la production annuelle et possède un goût rond.

Nilgiri et Travencore Les thés du sud de l'Inde sont particulièrement liquoreux et ronds en bouche, avec une pointe d'astringence et un certain raffinement. Vignoble d'altitude (de 1 300 à 2 300 mètres), la région de Nilgiri, « les montagnes Bleues », cultive le thé depuis le milieu du XIXe siècle avec le même bonheur que le café, dans des paysages les plus enchanteurs qui se puissent concevoir. Les courbes vertes des collines, ponctuées par la silhouette élancée des cyprès, s'agrémentent de gommiers bleus, d'eucalyptus, de poinsettias géants. L'appellation réunit plus de 30 000 jardins produisant 175 000 tonnes par an. Ces exploitations qui n'excèdent guère 10 hectares récoltent néanmoins du thé en continu, grâce au climat et à la robustesse des théiers d'Assam, ici majoritaires. Les meilleurs et les plus rares sont récoltés au moins de janvier-février, tandis que ceux des quatre derniers mois de l'année sont moins intéressants. Quelques jardins sont remarquables comme : Parkside, Coonor, Hakuval, Thiasola et le fameux Korakundah, dont la plantation (biologique) est, avec celle de Gopaldhara, à Darjeeling, la plus haute du monde. Les thés de Travancore, dont la production atteint 55 000 tonnes par an réparties entre 6 000 jardins, se distinguent de ceux du Nilgiri par une liqueur plus corsée, plus colorée aussi. Ils rappellent déjà ceux de Ceylan, géographiquement proches.

La Chine

« Une vie ne suffit pas pour connaître tous les thés chinois », dit un proverbe. « Le pays aux 10 000 thés » produit 750 000 tonnes par an, sur 19 provinces.

Le Sichuan Proche du Tibet et du Yunnan, le Sichuan a peut-être été la première province de Chine où germa un théier. Il produit 70 000 tonnes de thé par an, parmi les meilleurs, aussi bien verts, noirs, que wu-long ou thés en briques. Mais le plus fameux d'entre eux est un thé jaune : le Meng Ding Huang Ya (« Pic masqué »). Une légende indique que les rares théiers de cette montagne (sept seulement) produisaient très peu de feuilles… 90 par an en tout et pour tout ! Les immortels, bienveillants, les protègent des convoitises en les drapant de brumes épaisses pour éviter que des voleurs ne viennent se les approprier ; les précieuses feuilles étaient surveillées en permanence par un moine surnommé « Douce rosée ».

Le Yunnan La province produit 80 000 tonnes par an de thés de très haute qualité. Elle est célèbre

LES PU'ER Initialement cultivés et consommés dans la seule province du Yunnan, les Pu'er (anciennement Pu Erh) ont attiré l'attention de l'empereur mongol Kubilaï Khan, qui observa que les autochtones faisaient bouillir certaines feuilles pour en faire une soupe aux multiples vertus curatives.

Ces thés avaient tous des noms particuliers, évocateurs ou poétiques, que l'on trouve difficilement aujourd'hui : Le « Yang des concubines enivrées » évoque, par ses feuilles noires aux reflets rouge-gorge, les lèvres des grandes beautés qui rendaient les gens ivres de bonheur. Le « Saute chaque nuit » serait un puissant aphrodisiaque. Le « Fond de pantalon » s'explique par les manœuvres des jeunes cueilleuses qui cachaient dans leurs pantalons bouffants une partie de ce qu'elles récoltaient pour la revendre à leur compte. Les Pu'er sont récoltés quatre fois dans l'année. Après avoir été roulées, les feuilles sont séchées à l'air libre, puis vaporisées d'eau jusqu'à ce qu'elles s'assouplissent à nouveau. Après quoi, elles sont compressées dans des moules aux formes diverses dans lesquels elles fermenteront lentement en cave. Les thés compressés (bian kiao cha, c'est-à-dire littéralement « thés pour au-delà de nos frontières » puisqu'ils servaient de monnaie d'échange avec les caravaniers tibétains et mongols) sont très appréciés en Chine et peu exportés ; ils représentent près de 20 % de la production des Pu'er.

DE JARDIN EN JARDIN

pour ses théiers sauvages, qui méritent le recueillement : les plus anciens sont vieux de 1 700 ans et atteignent plus de 30 mètres de haut. S'ils ne sont pas cultivés, il arrive encore (spécialement pour les thés noirs Pu'er) que l'on cueille des feuilles longues et larges sur des théiers de plus d'un siècle. Le climat idéal (Kunming, la capitale, est appelée la cité des quatre printemps), le relief bien irrigué (la plupart des théiers poussent entre 1 000 et 2 000 mètres d'altitude) et un savoir-faire éprouvé depuis plusieurs siècles, voilà les principaux facteurs de l'immense valeur des thés du Yunnan, grands seigneurs de la Chine. Pour les thés verts et blancs, on peut retenir les noms de Silver Hill et de Yu Yu Cha, thés suaves, subtils et désaltérants. Pour le thé rouge/noir, le Golden Xian, le Shen Xian, le Golden Dian Hong se caractérisent par leur puissance camouflée sous de délicieuses rondeurs. Parmi les Pu'er, ces thés noirs postfermentés, ceux de la région de Jingmei sont les plus réputés.

Le Fujian C'est l'une des plus prolifiques provinces de Chine (elle produit 140 000 tonnes de thé par an, soit environ 20 % du tonnage annuel chinois) avec une gamme des plus variée : outre les thés rouges/noirs, fumés, blancs et parfumés, la région est aussi et surtout la terre d'origine des wu-long, ces thés bleu-vert en voie de fermentation. Parmi les principaux crus, citons, pour les thés blancs,

le Bai Mu Tan et le Xue Long, tendres et fleuris, l'exceptionnel Yin Zhen « Aiguilles d'argent ». Pour les thés rouges/noirs, le Panyong et le Jin Hou, ronds et parfumés. Pour les thés wu-long, l'emblématique Tie Guan Yin (de la région d'Anxi), les rarissimes Da Hong Pao, Rou Gui, Bai Xian, etc., de la région montagneuse de Wu Yi où les théiers presque inaccessibles poussent dans les anfractuosités des roches. Pour les thés fumés, le Lapsang-Souchong (ou Zheng Shan Xiao Zhong). Enfin, les thés parfumés au jasmin sont une grande tradition de la région, et ils atteignent une grande pureté d'arômes.

L'Anhui Avec ses 50 000 tonnes annuelles, la province ne figure pas dans le peloton de tête des thés chinois, mais ce berceau de thés noirs et verts de grande qualité tire partie de sa situation géographique et climatique exceptionnelle. La chaîne du Huang shan (la montagne Jaune) déroule sur ses versants brumeux et abrupts un tapis de théiers qu'un climat tempéré, des brumes, des précipitations régulières et un sol un peu acide, riche en humus et en fer, prédisposent à la constance dans la qualité et à la production de quelques crus extraordinaires. De plus, l'altitude et la qualité de l'air ont largement contribué à un « label bio » quasiment généralisé, déclaré ou non.

Parmi les thés noirs, le Qimen (ou Keemun) se caractérise par une saveur très fine et une grande

< Plantation de thé en Chine, Hangzhou.

douceur. D'autres thés sont produits dans la province d'Anhui, notamment des thés manufacturés (sculptés) verts ou blancs comme le Tian Hua ou le Yu Lian. Citons quelques thés verts et blancs d'exception comme le Taiping Hou Kui, le Ding Gu Da Fang ou encore le Huang Shan Mao Feng, considérés par les Chinois comme faisant partie des dix meilleurs thés verts de Chine.

Le Hunan Avec une production de 50 000 tonnes par an, les thés de la province se caractérisent par leur qualité dans la diversité avec de beaux thés noirs compressés, des thés jaunes dont le Yin Zhen «Aiguilles d'argent», fameux depuis des millénaires, et de nombreux thés verts, blancs, rouges, parfumés ou sculptés comme le «Cœur de Pekoe».

Le Jiangsu De petite taille, la province a offert à la Chine deux de ses plus belles lettres de noblesse, un thé vert considéré comme l'un des dix meilleurs qui soient, d'une rondeur et d'une douceur exquise, le fameux Bi Lo Chun «Spirale de jade au printemps», et un «contenant» merveilleux, les fameuses théières en terre de Yi Xing (voir chapitre Préparation, p. 49).

Le Zhejiang Cette province possède le privilège de produire «le» thé de légende, objet d'un véritable culte en Chine, le Lung Jing. Les plus recherchés – dont les introuvables et très prestigieux Pei Hou et Shi Feng (qui signifie «Pic du lion») – sont récoltés et transformés juste avant la fête de la Pure Lumière (*Qing ming*), journée consacrée aux morts (5 avril). Ceux de la récolte suivante (appelée *Guyu*, pluie des céréales) du 5 avril à début mai sont de très haute qualité et plus accessibles. Mais, tout comme Darjeeling et sa commercialisation supérieure à sa production, le nom de Lung Jing est de plus en plus galvaudé, d'autant que la Chine a étendu la superficie de production de ce thé à plus de 50 kilomètres à la ronde, laissant la quasi-totalité des provinces productrices utiliser le nom de façon intempestive... La plupart des thés du marché sont bien des Lung Jing, mais très peu proviennent de la zone originelle, celle du lac de l'Ouest ou des environs de Hangzhou.

En dehors de ce thé légendaire, on trouve deux autres très grands thés verts : le Kai Hua Long Ding, cultivé en avril seulement, donne une infusion très claire et délivre beaucoup de fraîcheur et de notes fleuries à la dégustation. Le Tian Mu Qing Ding, restauré «à l'ancienne» par les paysans après le conflit sino-japonais, bénéficie d'une agriculture biologique et des méthodes artisanales éprouvées. Un thé soyeux, rafraîchissant et rare.

Formose (Taiwan)

L'île produit environ 20 000 tonnes par an. La culture des thés wu-long de Formose/Taiwan s'échelonne de 400 à 2 000 mètres d'altitude, avec un pic à près de 2 300/2 400 mètres. Les qualités sont variées et si riches que la plupart des spécialistes considèrent que Formose produit les wu-long les plus remarquables. Au nord de l'île sont cultivés le Bao Zhong (ou Pouchong), à peine fermenté, qui se rapproche du caractère d'un thé vert, et le Bai Hao Wu Long, le célèbre «Beauté orientale», dragon noir beaucoup plus fermenté, plein, rond, très élégant. Le Centre-Ouest est la terre d'élection des Dong Ding, du nom de la montagne du même nom, signifiant «Brume glacée des sommets», d'une très grande délicatesse. Enfin, Formose produit également quelques thés verts (sencha, Gunpowder, Lung Jing, Bi Lo Chun) et noirs (Tarry Lapsang-Souchong).

Ceylan (Sri Lanka)

Régulièrement au premier rang mondial, avec plus de 300 000 tonnes annuelles produites et exportées à 95 %, l'île de Ceylan (Sri Lanka) offre des thés au parfum rond et régulier, de grands classiques, très appréciés en France, où ils partagent désormais la première place au niveau des importations avec ceux de Chine, après avoir été leaders pendant des décennies.

Il existe trois types de plantations – *high grown* (thé d'altitude entre 1 200 et 2 200 mètres), *medium*

DE JARDIN EN JARDIN

grown (de 600 à 1 200 mètres) et *low grown* (thés de plaine) – et six grandes régions productrices dont les plus réputées sont **Nuwara Eliya**, qui peut s'enorgueillir de belles plantations comme Court Lodge ou Pedro, **Uva**, aux thés d'altitude d'une vigueur et d'une saveur remarquables comme ceux du jardin d'Attempettia. Enfin, la région de **Dimbula** donne des infusions structurées et limpides de très grande qualité durant la saison sèche, de décembre à mars. Parmi ses jardins les plus connus, citons Clarendon, Torrington ou Kenilworth. Les Ceylan se dégustent normalement purs, mais certains amateurs apprécient d'y ajouter le fameux nuage de lait.

Le Japon

La production japonaise est importante puisqu'elle totalise 90 000 tonnes environ. Elle concerne essentiellement des thés verts consommés sur le marché intérieur, la part des exportations atteignant au plus 3 %. Comme en Chine, la notion de jardin est absente : on parle plutôt de types de thé, chacun étant plus ou moins la spécialité d'un district et répondant à des qualités variables. Les récoltes les plus importantes ont lieu dans les régions du mont Fuji, mais celles qui donnent les thés les plus fantastiques proviennent plutôt de la région d'Uji, près de l'ancienne capitale Kyoto. Les champs de thé japonais sont très différents de ceux des autres pays : pour faciliter la cueillette mécanique, généralisée ici mais bien maîtrisée, les arbustes taillés en arrondi s'alignent en rangs serrés, évoquant une mer aux vagues régulières. Il y a quatre récoltes principales dans l'année, la *first flush* se déroulant d'avril à mi-mai, la seconde, fin juin. La troisième est à cheval sur juillet et août, tandis que la dernière débute mi-septembre. Comme tous les thés verts, ceux du Japon sont particulièrement recommandés pour leurs vertus : riches en zinc, fluor, magnésium et en vitamines (surtout C et E), ce sont d'efficaces antioxydants.

Le bancha est considéré comme le plus commun. Ses feuilles sont assez grandes, épaisses, et donnent un thé nourrissant mais un peu grossier. Il sert également de base à un autre thé lorsqu'on le grille, le Hojicha, dont l'infusion brune, le goût léger et la faible teneur en théine peuvent toutefois agrémenter agréablement un repas.

Le sencha est le plus courant et le plus populaire : à lui seul, il totalise 75 % de la production et donne différentes qualités selon le type de cueillette et de transformation des feuilles. Son infusion légèrement amère et claire accompagne le quotidien des Japonais.

Le tencha pourrait être assimilé à un sencha mais de haute qualité. C'est comme le Gyokuru, un thé

◁ Plantation de thé au Sri Lanka, Nuwara Eliya.

« ombré », c'est-à-dire dont les plants auront été recouverts de nattes de bambou trois semaines avant la récolte pour en concentrer les constituants. Il demande de nombreux soins, qui expliquent sa faible production. C'est lui qui servira à fabriquer le matcha, « mousse de jade liquide », le thé en poudre quasi exclusivement réservé à la très codifiée cérémonie japonaise. On choisit en général les plus prestigieux tencha en provenance de la région d'Uji. Il suffit de broyer les feuilles entre des meules de pierre au fur et à mesure de la demande pour obtenir un thé en poudre, fouetté jusqu'à ce qu'une fine mousse verte au goût délicieux se forme à la surface. Tencha et matcha sont des thés élégants, aux saveurs iodées et végétales, dotés d'une pointe d'astringence agréable. Ils sont très stimulants.

Le Gyokuro, l'empereur des thés japonais, fut récolté pour la première fois en 1835, sous la dynastie des Yamamoto. Les plus fines et les plus tendres feuilles des théiers Yabukita ne sont cueillies et entourées de soins jaloux que l'espace de quelques jours par an, à la fin du mois d'avril ou au début du mois de mai, ce qui explique que cette « noble goutte de rosée » distillée en quantités infimes – à peine 500 tonnes par an – soit aussi chère que recherchée. Puissant mais d'une très grande finesse, onctueux, suave et d'une longueur immense en bouche, c'est un thé à réserver pour les grandes occasions. De l'or vert !

Un peu à part, le Genmaïcha est une spécialité japonaise à base de thé vert auquel on ajoute des grains de riz et de maïs soufflés. Son goût original, où les saveurs végétales se mêlent à des notes d'arachide, constitue une curiosité à découvrir.

Le Kenya

Venu tardivement au thé, au début du XXe siècle, le Kenya aura mis peu de temps à se tailler une place de choix, cette denrée constituant avec le café une source de devises conséquente. Dans la foulée de l'indépendance, en 1963, les Kenyans vont créer la KTDA (Kenya Tea Development Association) afin de favoriser son développement, principalement sous forme d'aides aux 20 000 planteurs. Aujourd'hui, fort de ses 275 000 exploitants travaillant sur 150 000 hectares (une centaine de producteurs se partagent les deux tiers à eux seuls), le Kenya peut se vanter d'être depuis dix ans le premier (ou deuxième selon les années) exportateur mondial et le troisième producteur derrière l'Inde et la Chine, avec plus de 300 000 tonnes par an. La majorité des thés sont des CTC, avec une belle présence de pointes dorées qui assurent une tasse dense et charnue. La part des thés verts est faible, environ 10 %, tandis que celle des thés noirs « orthodoxes », à feuilles entières, est infime : guère plus de 1 %, mais des plantations comme Ragati produisent des thés intéressants, denses et ronds. Elles se trouvent toutes à l'ouest du pays, entre le mont Kenya et le lac Victoria. Elles s'épanouissent sur les hauts plateaux ou à flanc de montagne, de 1 500 à 2 500 mètres d'altitude.

LES AUTRES ORIGINES

Aux XIXe-XXe siècles, la culture du thé s'est diffusée sur tous les continents, à partir de son berceau d'origine. Elle s'est implantée aussi bien en Amérique (du Sud mais aussi du Nord !) que dans de nombreux pays d'Afrique, en Océanie (avec l'Australie et la Papouasie), en Indonésie ou en Europe. Vierges d'un savoir-faire traditionnel, ces « nouveaux pays producteurs » ne poursuivent pas tous les mêmes objectifs, certains élaborant des thés dignes de figurer sur les cartes des meilleurs salons de thé, d'autres visant essentiellement une production de masse où rendements et mécanisation priment.

L'Asie

Le Laos Ce pays produit des quantités aussi confidentielles que celles de la Thaïlande. La culture, commencée timidement au début du XXe siècle à partir d'une sélection de plants birmans (*shan*),

DE JARDIN EN JARDIN

adaptés au climat, fut sporadique et régulièrement interrompue par les conflits. Il aura fallu une volonté politique pour qu'enfin au début des années 1990, le gouvernement soutient les planteurs de café et de thé. Rares sont les importateurs à avoir accès à ce marché très restreint, mais la société George Cannon, aidée par un spécialiste du Laos, Francis Benteux, a été l'une des premières à en détecter le potentiel, dès 1998, important un thé à peine fermenté de qualité très prometteuse.

Le Bangladesh La partition de l'Inde et la séparation du Pakistan actuel du Bangladesh ont porté en 1970 un coup à la production du thé ; de nombreux combats ont anéanti la plupart des plantations… Puis le pays s'est relevé. Dans des conditions très précaires, il retrouve les tonnages d'il y a trente ans, soit 55 000 tonnes, en majorité des thés noirs CTC. Près de Chittagong, dans le sud-est du pays, quelques thés orthodoxes sont produits. Un jardin, Kazi, aux confins du Dooars et de l'Assam propose un thé bio de « belle facture ».

La Corée du Sud Peu de thés de Corée sont exportés, leur coût très élevé constituant un obstacle de taille. Mais la production (1 000 tonnes au plus), exclusivité des moines zen jusqu'au début du XXe siècle, a été reprise par des paysans au grand savoir-faire. Les thés, uniquement verts,

< Plantation de thé au Japon.

cultivés en altitude dans le sud du pays, sont de très haute qualité.

Le Vietnam Le pays a dû attendre la fin de l'apocalyptique « passage » américain avant de tenter de vivre et de songer aux plantations de thé, ravagées par les bombes… Petit à petit, la production a repris avec 55 000 tonnes. Les Vietnamiens savent travailler toutes sortes de thés : CTC et orthodoxes, noirs, verts, wu-long et fleuris ; le jasmin et le lotus en sont les plus beaux fleurons. Maintenant qu'il a retrouvé une certaine stabilité, le pays est appelé à devenir un acteur majeur du monde du thé.

L'Indonésie L'Indonésie fait partie des producteurs les plus importants en volume avec 180 000 tonnes par an. À Java, Sumatra, Sulawesi, thés verts et thés noirs sont répartis équitablement, suivant le mouvement de consommation mondiale. Le pourcentage des CTC augmente régulièrement au détriment des thés dits « orthodoxes », encore majoritaires il y a une dizaine d'années. Des jardins comme Kassomalong ou Taloon donnent des thés fleuris, agréables et assez charpentés. Depuis plusieurs années, la production de thés verts s'est fortement accrue, non pas pour la population locale, musulmane en majorité, mais pour une minorité chinoise de plus en plus présente.

31

L'Afrique

Le Cameroun Seul pays africain de la côte Ouest à produire du thé (4 500 tonnes par an), le Cameroun a été l'un des pionniers en la matière. En 1884, les Allemands ont entrepris un vaste programme de plantations dans le pays : café, palmiers, tabac, bananiers et thé ont pris rapidement un bon essor, confirmé après la Première Guerre mondiale. Un choix judicieux puisque le climat dans le sud-ouest du pays s'y prête, avec une pluviosité abondante et des températures de 20 °C à 30 °C toute l'année. Au pied du mont Cameroun, les sols volcaniques sont voués aux thés *low grown*, comme à Ceylan, sous forme de CTC vendus sur le marché local. Mais à la frontière du Nigeria, à Djuttitsa et à N'du, un thé noir orthodoxe de belle facture est produit à 2 100 mètres d'altitude. Il s'exporte de plus en plus en dehors du marché africain.

La Tanzanie Après le Cameroun, les colons allemands ont implanté le thé en Tanzanie dans les années 1900, avant que le pays ne devienne anglais en 1918. Les plus importantes plantations se trouvent au nord du pays, dans les montagnes d'Usambara, entre 1 000 et 2 000 mètres d'altitude, avec le Kilimandjaro pour toile de fond. Elles prospèrent aussi au nord-ouest, près du lac Victoria, et au sud, autour des districts de Mufindi, Njombe, Rungwe. Presque exclusivement CTC, les deux tiers des 28 000 tonnes produites annuellement sont réservés à l'exportation.

Le Malawi Deuxième producteur africain après le Kenya, avec 40 000 tonnes, le Malawi bénéficie de conditions climatiques idéales. Les premiers plants sont arrivés dans les bagages des colons anglais, à la fin du XIXe siècle. Après plusieurs tentatives infructueuses, la culture démarra, et c'est près de la ville de NKhata Bay que l'on trouve quelques-uns des jardins les plus célèbres du pays : Bloomfield, Lujeri et Chombe. Principalement producteur de CTC, le Malawi exporte environ les deux tiers de son thé vers les îles Britanniques.

L'Afrique du Sud

La culture ne débuta qu'en 1877, lorsque des graines de théiers furent importées d'Assam et plantées dans le jardin de Kwazulu, dans l'est du Transvaal. L'Afrique du Sud devint ainsi le premier pays africain à produire du thé et étendit ses plantations à des régions comme le Transkei (300 mètres d'altitude), le Zoulouland et Natal (1 000 à 1 600 mètres d'altitude). La récolte est continue toute l'année, mais la plus qualitative a lieu de novembre à mars. Pays de tradition de thé, l'Afrique du Sud, avec une production annuelle de 12 000 tonnes, exporte peu, sauf le Kwazulu, plus coûteux que les autres crus, et qui jouit d'une bonne réputation.

ET AUSSI EN ASIE... Citons la Malaisie, le Myanmar (Birmanie), le Népal et la Thaïlande.

EN AFRIQUE... Le Rwanda et le Burundi, très éprouvés par la guerre, produisent également du thé mais en infimes quantités. Le premier cultive un thé d'altitude remarquable ; le second donne des thés de qualité honorable aux saveurs boisées assez marquées. L'île Maurice s'est spécialisée dans la grosse cavalerie des fannings, ou CTC, de qualité moyenne. Signalons enfin que l'Éthiopie, le Zaïre, le Mozambique, l'Ouganda et le Zimbabwe complètent, avec 80 000 tonnes par an, la production africaine, dont l'essentiel est destiné au marché local.

LES INSOLITES La Toscane peut s'enorgueillir de la production du docteur Guido Cattolica, fervent adepte du thé : il prodigue, dans les collines de San Andrea di Compito, des soins amoureux aux dizaines de pieds qu'il a plantés, recueillant une récolte ultra-confidentielle, non sans avoir couvert les théiers, comme il est d'usage de le faire pour les grands Gyokuru japonais.
C'est aussi une histoire d'amour qui préside à la production de thé dans les Açores. Sous l'impulsion de la famille Tänger, la production naguère timide s'est développée.
En Amérique du Nord, la crise de la Tea-Party de Boston (voir chapitre 1, p. 13) a naturellement engendré des tentatives pour faire pousser du thé, plus spécialement en Caroline du Nord, mais sans grand succès, faute de soins appropriés. Depuis une dizaine d'années, la production de thés (noirs essentiellement) a repris modestement. Enfin, la France tente de son côté quelques essais dans le Midi, en Bretagne et au Pays basque. Il y a de fortes chances que sa renommée en matière de vins ne souffre jamais de la concurrence de celle de ses thés !

DE JARDIN EN JARDIN

L'Amérique du Sud

Grande productrice de café, de plantes diverses (dont le fameux maté, «le thé des jésuites», boisson nationale en Argentine), l'Amérique du Sud produit des thés, noirs pour l'essentiel, et presque exclusivement à feuilles brisées. Ils sont surtout recherchés pour les «blends» (mélanges). Citons l'Argentine (60 000 tonnes), le Brésil (7 500 tonnes), l'Équateur (1 700 tonnes) et le Pérou (2 800 tonnes).

L'Océanie

L'Australie (1 500 tonnes), la Papouasie-Nouvelle-Guinée (6 300 tonnes) participent modestement au concert de la production mondiale, les plantations de Nouvelle-Guinée comptant parmi les plus belles au monde.

Le Causase

La Turquie 145 000 tonnes sont produites en plaine ou sur de petites collines non loin de la frontière avec la Géorgie, au bord de la mer Noire. Les théiers (chinois pour la plupart) supportent les fortes variations de température et la neige hivernale; les thés, noirs et à feuilles brisées, sont un peu rudes et peu exportés.

La Géorgie La culture du thé ne s'est développée dans le Caucase qu'à la fin du XIXᵉ siècle, connaissant ensuite un essor rapide pour alimenter les besoins de l'URSS, produisant jusqu'à 200 000 tonnes par an. De qualité médiocre, les feuilles géorgiennes donnaient néanmoins des résultats acceptables, grâce à la préparation en samovar. L'éclatement de l'URSS a précipité une production déjà déclinante. Mais le pays tente de refaire surface. La grande richesse du sol, maintenant «débarrassé, selon les autorités, des conséquences de Tchernobyl», a permis aux paysans de redémarrer la culture. Les théiers (chinois uniquement) sont bien entretenus et produisent à nouveau de belles feuilles, transformées en thés noirs, verts, en briques… 6 000 tonnes sont aujourd'hui produites sans aucun pesticide et selon un procédé orthodoxe. Quelques jardins, rares, comme Chakvi-Guria, méritent un coup de chapeau.

L'Azerbaïdjan Cette ancienne république soviétique a produit jusqu'à 50 000 tonnes de thé par an, du côté de Gandgé, dans le Haut-Karabakh, et de Lankoran, au bord de la mer Caspienne. Les plans quinquennaux soviétiques ont eu raison des théiers, qui, perdus en apparence il y a dix ans, trouvent une seconde jeunesse… mais la production de thés noirs et très forts plafonne à 1 700 tonnes.

L'Iran Les révolutions ont moins atteint les plantations que celles de son voisin azéri. La production avoisine les 55 000 tonnes de thés noirs orthodoxes très forts… mais très appréciés des Iraniens.

< Plantation de thé de Boh Tea Estate, Cameron Highlands, Malaisie.

La qualité d'un thé dépend autant du berceau de sa naissance que des soins dont on l'entourera à toutes les étapes de sa transformation. L'exposition la plus favorable et un sol prédestiné à cette culture n'engendreront jamais rien de grand sans une habileté humaine polie par des siècles d'observation.

DE LA FEUILLE À LA TASSE

Cyl.ndre de thé compressé, en provenance du Laos.
Page de gauche : Récolte du thé à Darjeeling, Inde.

Dès la plantation, même si l'arbuste est doté d'une solide constitution, il demandera la présence attentive d'un personnel qualifié, des analyses régulières qui permettront de déceler d'éventuels problèmes phytosanitaires ou de déterminer la date optimale de sa récolte. Son entretien nécessitera une nombreuse main-d'œuvre, essentiellement masculine d'ailleurs. Dévolue aux femmes, la cueillette intervient plusieurs fois dans l'année puisque le théier possède des feuilles persistantes que l'on peut prélever toutes les semaines pour les thés de plaine, deux ou trois fois par mois pour les thés d'altitude comme Darjeeling. Récurrente, elle n'est pas hasardeuse pour autant, et la qualité d'un thé se joue parfois à 24 heures près dans la décision de récolter !

LES DIVERS TYPES DE CUEILLETTE

Ce travail est à la fois crucial et minutieux. Il demande une grande dextérité, ce qui explique qu'il soit encore manuel dans de nombreuses plantations vouées aux thés haut de gamme. La sûreté des gestes, la délicatesse, la patience et l'œil expérimenté des cueilleuses rendent celles-ci irremplaçables, et aucune machine ne peut vraiment se substituer à elles. En dehors de quelques plantations au Japon où les producteurs ont réussi

DE LA FEUILLE À LA TASSE

UNE VIE DE CUEILLETTE Labeur ingrat, difficile et minutieux, la cueillette représente environ la moitié du prix de revient d'un thé… et une somme de travail considérable. Derrière l'éternel sourire des femmes et les notes cristallines mais pesantes des chants qui rythment leur tâche se cachent des épreuves, des absences de perspective, des salaires tout juste suffisants à la subsistance familiale.

On travaille dans les plantations de génération en génération. Dès qu'elles ont terminé leurs études et qu'elles sont en âge de travailler, les filles suivent le sillage de leur mère, le sillon des champs de thé, avec leur hotte sur le dos. Même chose pour les hommes, qui montrent, le moment venu, le chemin de la manufacture à leurs fils. Le directeur de la plantation, qui est aussi souvent le maire du village le plus proche, voit avec satisfaction cette population se consacrer au thé. Avec soulagement aussi, car cette main-d'œuvre est de plus en plus difficile à trouver aujourd'hui. Certes, il a le souci d'apporter à ses employés un encadrement non négligeable dont ne bénéficient pas beaucoup de leurs concitoyens : crèches, dispensaires, écoles, logements… Tout cela n'empêche pourtant pas les rêves d'une vie meilleure, entrevue à travers le prisme des chaînes câblées dont les programmes sont diffusés dans les coins les plus reculés. Ces pays où le niveau de vie reste faible font, eux aussi, de plus en plus appel à une main-d'œuvre étrangère à former, peu qualifiée, déracinée, mais encore moins coûteuse.

à calibrer des champs de thé pour permettre un travail assez fin avec des machines très sophistiquées dotées d'œil électronique et de séparateurs tiges/feuilles, le parti pris de la cueillette totalement mécanisée demeure un désastre aussi bien pour l'image d'un grand thé que pour sa qualité. La récolte manuelle, en revanche, permet une sélection tout en finesse, d'une grande précision. Les cueilleuses sectionnent entre le pouce et l'index la tige sous les feuilles de thé sélectionnées. Puis, elles les jettent par-dessus leur épaule dans la hotte qu'elles portent sur le dos. Ce geste peut être répété jusqu'à 50 000 fois dans la journée pour une cueilleuse particulièrement habile, qui pourra récolter en moyenne entre 5 et 7 kilos de feuilles fraîches par jour, soit de 1 à 1,25 kilo de thé manufacturé, prêt pour la consommation.

À l'extrémité de chaque rameau se trouve un bourgeon (un *pekoe*) de la taille d'un pignon de pin, qui, en poussant, deviendra une feuille mature, avant de céder sa place à un nouveau bourgeon, et ainsi de suite. Plusieurs types de cueillette sont envisagés selon les objectifs du planteur.

La cueillette impériale

« Ah ! qu'il est merveilleux ce thé cueilli avant que la brise aimable ait balayé les perles de glace des feuilles et dont les minuscules bourgeons brillent comme de l'or », s'exclamait déjà Lu Tung, le « fou du thé ». La plus raffinée des récoltes, obligatoirement manuelle, consiste à prélever uniquement le bourgeon terminal, dans les cas les plus rares, ou, plus couramment, celui-ci et la feuille qui le suit immédiatement. Cette cueillette est pratiquée surtout en Chine et pour quelques thés d'exception de Darjeeling. Elle est ainsi appelée parce qu'elle était autrefois réservée à l'empereur et à quelques dignitaires de la Cité interdite. Les feuilles ne pouvaient alors être cueillies que par de jeunes vierges, gantées de blanc et coupant aux ciseaux d'or ces précieuses pousses brillant de tout l'éclat de leur éphémère jeunesse. Elles étaient ensuite délicatement posées, une à une, dans des paniers gainés également de feuilles d'or pour éviter toute souillure ou altération. La nomenclature de la révolution maoïste n'a pas manqué de perpétuer cette tradition élitiste, continuant à se réserver les meilleurs thés du pays.

La cueillette fine

Également manuelle, elle correspond à la plus courante pour les thés de qualité. Elle consiste à cueillir trois feuilles : le bourgeon terminal et les deux feuilles suivantes, les plus jeunes et les plus proches.

La cueillette classique

Elle donne des résultats très proches de ceux de la récolte fine. Le plus souvent manuelle, elle peut aussi, à l'occasion, s'effectuer à l'aide de cisailles dont le résultat, s'il est honorable, va néanmoins engendrer une sélection moins rigoureuse car des *stalks* (morceaux de bois, tiges) et des nervures se mêleront alors aux feuilles.

La cueillette grossière

Il s'agit ici de descendre vers la cinquième, voire la sixième ou la septième feuille dont l'intérêt gustatif est moindre : plus grandes – elles peuvent atteindre 20 centimètres –, moins exposées au soleil, elles contiennent moins d'huiles essentielles et de vitamines que le bourgeon et les premières feuilles qui, eux, en regorgent. Une cueillette manuelle relèverait ici d'un non-sens économique : à ce stade, ce sont évidemment des objectifs de rendement qui prévalent sur ceux de la qualité.

LA TRANSFORMATION DU THÉ

Dès que leur hotte est remplie, les cueilleuses apportent leur récolte au point de ralliement ou à la manufacture. Là, les feuilles sont pesées, contrôlées, ce qui va permettre de fixer le salaire de la journée en fonction des critères de « rendement qualitatif ».

Il est important qu'ensuite ces feuilles soient acheminées le plus rapidement possible à la manufacture pour éviter tout début de fermentation avant leur transformation. Différents procédés détermineront la couleur (le type) du thé, son grade (taille de la feuille) et/ou sa classification.

Les thés rouges/noirs Une anecdote chinoise rapporte que, lors d'une expédition de caisses de thé vert vers l'Angleterre au XVIIe siècle, la cargaison aurait subi quelques avaries. Le thé aurait partiellement moisi, donnant aux feuilles une couleur très sombre. Ainsi serait né le premier thé que les Occidentaux nomment « noir », à l'inverse des Chinois qui, privilégiant la couleur de l'infusion, le disent « rouge ». Cette anecdote contient sans doute une part de vérité, car il est probable que nombre de thés verts exportés de Chine aient connu des transformations involontaires durant leur transport. Mais il est peu vraisemblable qu'un tel accident ait pu donner du thé noir dont le procédé de transformation est assez complexe. La méthode dite « orthodoxe » ne concerne que les thés de qualité et permet d'obtenir toutes les tailles de feuilles. Elle consiste en une succession de cinq, parfois six opérations principales, qui dureront environ 36 heures avant que le thé puisse être consommé ou conservé un long moment.

DE LA FEUILLE À LA TASSE

Le flétrissage

Il a lieu à l'étage supérieur de la fabrique. Le flétrissage (*withering*) consiste à assouplir les feuilles manuellement et à les sécher jusqu'à ce qu'elles perdent de 40 à 50 % de leur eau. Elles sont posées sur de grandes claies sous lesquelles des ventilateurs font circuler un courant d'air à 25 °C. De petites pressions sur les feuilles, un envol léger pour les déplacer méthodiquement, et le rideau s'ouvre sur un ballet permanent de feuilles régi par de nombreuses mains. Après 16 ou 24 heures, les feuilles sont prêtes pour l'étape suivante. Elles ont au passage libéré des composants aromatiques et des acides aminés.

Le roulage

Il s'effectue à la *rolling room* de la fabrique, pendant 30 à 45 minutes dans la relative fraîcheur du petit matin. Les feuilles vont être roulées sur elles-mêmes, dans le sens de la longueur, et subiront une légère pression dans une machine adaptée. Ce stade a pour objectif d'extraire légèrement les sucs et les huiles essentielles de la feuille qui confèrent aux thés noirs leurs saveurs caractéristiques.

Le criblage

Il s'agit en fait d'une opération de tamisage (*dhool*), pas toujours requise. Pendant quelques minutes, elle consiste, si besoin est, à séparer les feuilles brisées des feuilles entières et à rompre les amas éventuels.

La fermentation

Il s'agit ni plus ni moins d'une oxydation qui durera de 2 à 3 heures. Les feuilles reposent sur de larges plateaux d'aluminium ou de verre, dans la *fermenting room*. Elles sont disposées en une couche de 5 à 7 centimètres d'épaisseur et baignent dans une atmosphère de serre tropicale propre à déclencher la réaction : une température constante de 27 °C et une hygrométrie très importante, de l'ordre de 90 à 95 % d'humidité, permettront la transformation des polyphénols des feuilles en théarubigine et en théaflavines qui détermineront l'astringence et la couleur de la liqueur. Cette phase fait l'objet d'une surveillance constante, et c'est le *tea-maker* qui choisira le moment précis et optimal où il deviendra nécessaire d'arrêter le processus. Son savoir-faire, son expérience et son intuition priment sur toute règle scientifique. Un simple dépassement de quelques secondes peut faire perdre au thé une partie de sa saveur et lui donner un goût de brûlé. Trop de précipitation, au contraire, accentuera son amertume naturelle, lui donnant une verdeur désagréable.

LES CTC Initié dans les années 1930 en Assam par un certain Mac Kercher, ce procédé non « orthodoxe » sera très vite adopté par tous les fabricants de sachets. Il signifie *crushing* (ou *cutting*)/*tearing*/*curling*, ce qui signifie broyage/déchiquetage/bouclage. Dans le prolongement de la cueillette mécanique il permet de produire plus rapidement et en grande quantité des feuilles brisées ou broyées uniquement. Après un flétrissage accéléré, les feuilles passent dans un hachoir avant de subir les assauts de cylindres métalliques munis de lames qui les déchiquètent. Enfin, elles sont roulées dans une sorte de tonneau rotatif, avant d'être torréfiées selon la méthode orthodoxe.
Cette technique possède l'avantage de réduire le temps et la main-d'œuvre, d'augmenter la productivité et de donner des thés calibrés faciles à conditionner, à l'infusion ultrarapide et très colorée. L'inconvénient est, comme on peut s'en douter, une qualité dans laquelle la force prend le dessus. Les amateurs de thés raffinés auront du mal à être satisfaits avec ces CTC.

DE LA FEUILLE À LA TASSE

La dessiccation ou torréfaction

C'est une opération tout aussi délicate. Transportées dans la *firing room*, les feuilles vont subir le transfert d'un milieu très humide à un milieu très sec. Disposées sur un tapis roulant en circuit fermé, elles vont passer dans un dessiccateur équipé de souffleurs d'air chaud à 80 °C ou 90 °C. Au bout de 20 minutes, elles ressortiront avec un taux d'humidité de 3 %. Une dessiccation trop forte ou mal dosée peut rendre friables les feuilles et insolubles les substances aromatiques. Cette étape s'opère parfois en plusieurs temps, par paliers, comme dans certaines plantations de Darjeeling, ce qui demande une maîtrise rare. Ceux qui la possèdent sans faille se comptent sur les doigts d'une seule main… Après avoir été étalées en couche mince sur le sol pour qu'elles refroidissent, les feuilles seront triées suivant leur taille. Certaines *factories* sont équipées de tamis mécaniques, mais nombreuses sont celles qui ne disposent encore d'aucun matériel : les femmes que l'on avait quittées à la cueillette et au bord des bacs de flétrissage sont à nouveau là pour un tri manuel.

Le conditionnement et le stockage

Le directeur de la plantation prélève de nombreux échantillons pour les expédier à la maison mère ou à ses clients, après dégustation. Les feuilles seront ensuite emballées dans des cartons doublés de tissu ou dans de grands sacs en papier kraft

39

QUAND L'INDE S'ÉVEILLE AUX WU-LONG... Pendant très longtemps, la production des thés semi-fermentés fut l'apanage de la Chine et de Formose. Mais depuis le milieu des années 1990, un petit nouveau s'est invité à leur table de manière magistrale : Darjeeling. Quelques jardins comme Gopaldhara (voir Les thés fruités, p. 82) ont conclu des essais très fructueux : l'exceptionnelle finesse du wu-long se marie à la saveur particulière des thés d'altitude et du terroir himalayen donnant un résultat d'une merveilleuse distinction. La production de ces thés reste encore très confidentielle et ils font la joie d'amateurs éclairés. Curieusement, leur préparation en *gong fu cha*, la méthode traditionnelle chinoise, ne convient guère. Comme les thés noirs, ils gagneront à être infusés une seule fois en théière.

PAR JOUR, ON CUEILLE AU JAPON
- 10 à 15 kilos de feuilles de thé, avec une cueillette entièrement manuelle.
- 200 kilos de feuilles de thé, avec des cisailles.
- 700 à 1 000 kilos de feuilles de thé, lors d'une cueillette mécanique avec une machine portée par deux personnes.
- 4 000 à 5 000 kilos de feuilles de thé, lors d'une cueillette à l'aide d'une machine entièrement automatique enjambant les arbustes.
- 550 000 familles travaillent sur les 55 000 hectares que représentent les champs de thé.

doublé d'aluminium. Hélas ! l'époque des caisses au bois épais et décoré, avec des feuilles d'étain à l'intérieur, est révolue. Seules subsistent encore, pour les grands thés, des caisses en contreplaqué doublé de feuilles de riz et d'aluminium.

Les thés verts Ces thés ne connaissent pas l'oxydation, ce qui ne signifie pas que leur transformation soit plus simple. Elle nécessite une vigilance au moins aussi rigoureuse que celle qui s'impose pour les thés noirs et un personnel très qualifié. Leur tradition vient de Chine, de Formose (Taiwan), du Japon et de la Corée, et les pays qui ont adopté le thé vert comme le Vietnam, le Laos, l'Indonésie, l'Inde ou le Sri Lanka suivent le même principe. La méthode chinoise, la plus répandue, se perpétue depuis des siècles. Après la cueillette, les feuilles sont mises à sécher au soleil ou à l'air chaud sur de grands plateaux de bambou ronds. Au bout de quelques heures, elles vont être versées en très petites quantités dans des bassines de cuivre ou parfois de fer, puis disposées sur un feu intense et régulier. Elles vont y être « saisies » à 100 °C pendant quelques minutes jusqu'à ce qu'une vapeur d'eau se dégage. Le but de cette opération est de détruire les enzymes qui pourraient engendrer un départ de fermentation. L'étape la plus spectaculaire peut commencer : les feuilles sont desséchées et malaxées à mains nues par pression progressive, aplaties, soulevées, lancées hors de la bassine avant d'y retomber en une superbe pluie de feuilles vertes, durant 10 à 20 minutes. Enfin, elles seront séchées une ultime fois par petites quantités dans des cuves à 65 °C ou 70 °C, avant d'être triées. D'innombrables paysans possèdent un lopin de terre, y cultivent le thé et le transforment avant de le consommer eux-mêmes ou de le commercialiser sur le marché local, car, résultat d'une économie très contrôlée, peu d'entre eux possèdent une licence d'exportation. Il existe cependant de plus en plus de thés verts « de masse », qui ont conduit les Chinois à négocier le virage de la mécanisation : d'immenses champs de plaine, une cueillette mécanique, une transformation dans d'immenses fours... les 750 000 tonnes de thés verts produites par la Chine sont loin de l'être artisanalement.

La méthode japonaise est analogue, mais elle privilégie un séchage différent, caractéristique des thés sencha. Les feuilles sont disposées dans des cuves cylindriques et « saisies » à la vapeur, avant d'être malaxées et séchées plusieurs fois. Dans tous les cas, il s'agit d'éliminer les oxydases contenues dans les feuilles fraîches pour garder au thé sa couleur originelle, le vert.

Les thés blancs La transformation de ces thés exceptionnels et rares reste très traditionnelle. Elle est la plus simple qui soit : après la cueillette, les feuilles sont légèrement flétries avant d'être mises à sécher à l'air, à même le sol, en général sous un soleil voilé. Un travail simple en apparence, mais qui exige une grande minutie dans le geste, notamment au moment du flétrissage. Dans certains cas, une très légère oxydation peut avoir lieu.

Les thés jaunes Tout aussi rares, les thés jaunes ont un traitement un peu à part. Ils se rapprochent des thés verts, mais demandent une étape importante : après leur séchage à la vapeur, ils subissent un traitement à « l'étouffée » par un entassement des feuilles propre à favoriser une courte fermentation. C'est elle qui leur donnera cet aspect argenté, aux reflets parfois dorés, et ce goût incomparable.

Les wu-long À mi-chemin entre verts et noirs, ces thés dits bleu-vert sont partiellement fermentés. Wu-long signifie « dragon noir » en chinois, et leur apparition dans la province du Fujian au XVIIe siècle a alimenté de nombreuses légendes. La méthode diffère un peu selon que l'on se trouve en Chine ou à Formose, où elle a été exportée par les Chinois au XIXe siècle.

Une fois cueillies, les feuilles sont flétries à l'air libre, au soleil si possible, avant d'être brassées dans des corbeilles en bambou, puis dans des pièces de tissu de forme ronde. Ce mouvement suffit à les torsader, mais il demande beaucoup plus de temps quand il s'agit de les rouler. Elles vont ensuite subir une courte fermentation stoppée par un chauffage dans des bassines en fer. Le temps déterminera le degré de fermentation. Certains Pouchong de Formose n'atteignent que 10 %, les célèbres Dong Ding montent à 20 %, tandis que les Fancy ou Bai Hao, l'une des meilleures qualités, peuvent atteindre 70 %. Les wu-long chinois sont en général peu fermentés : par exemple, l'emblématique Tie Guan Yin (voir p. 80) n'atteint que 15 %. Il s'agit là de moyennes, et non de règles intangibles, qui dépendent de l'état de la cueillette ou de la météo.

Les thés fumés Très prisés des Français, les Lapsang-Souchong sont pourtant assez rares en Chine. Le Fujian est presque la seule province à en produire. Les feuilles les plus régulières une fois grossièrement cueillies sont flétries et fermen-

41

LES THÉS FAÇONNÉS ET SCULPTÉS Ils proviennent essentiellement de Chine, avec cet art inimitable du raffinement oriental. Au XVIII siècle, les Chinois commencèrent à assembler et à lier entre elles jusqu'à 100 ou 200 feuilles de thés de récoltes fines, voire impériales, pour leur donner une forme particulière, de fleurs ou de fruits, ajoutant éventuellement en leur cœur quelques pétales. De ces mains habiles est née une multitude de formes, comme les anneaux ou les pyramides, un enchantement pour le regard. Les thés compressés répondaient, eux, à des impératifs plus économiques puisqu'ils servaient de monnaie d'échange. Leur façonnage était laborieux, les feuilles devant être concassées et assemblées dans un mortier avant d'être mélangées à de l'eau de riz ou passées à la vapeur avant d'être compressées dans des moules, dont certains sont de véritables œuvres d'art ou se révèlent des paysages ou d'harmonieuses calligraphies. Au XVIIe siècle, ce travail jugé trop pénible a même été interdit par le dernier empereur des Ming. Il n'empêche! Leur fabrication ne s'est jamais vraiment tarie, et nids, galettes et briques de thé constituent aujourd'hui plus de 15 % de la consommation chinoise.

tées rapidement avant d'être torréfiées en bassine. Elles sont ensuite roulées avant que le processus de fermentation ne soit mené à son terme. Enfin, le séchage se fait dans les volutes d'un feu de branches, racines et feuilles d'épicéa ou de conifères. Les meilleurs de ces thés fumés impliquent une bonne cueillette et un art de la fumaison bien maîtrisé, gage d'une liqueur équilibrée.

Les thés parfumés Leur fabrication remonte aux temps les plus reculés. À la fin de la période Tang déjà, les Chinois mêlaient à leurs thés verts des fleurs de jasmin, de rose ou de chrysanthème pour en diminuer l'âcreté. Sur le chemin des caravanes, les Mongols, les Russes ou les Tibétains ajoutèrent des morceaux de fruits séchés ou frais, des épices ou des graisses comme le beurre de yack, tandis qu'au XIXe siècle l'Afrique du Nord se délectait de thé agrémenté de menthe nanah, la plus douce. Depuis les années 1970, ces thés parfumés jouissent d'une large faveur auprès du public, et ils ont gagné en complexité, sur des bases aussi variées que celles des thés noirs, verts ou des wu-long. Les techniques d'aromatisation varient selon les fabricants, mais il faut retenir que, pour les thés à feuilles brisées ou broyées destinés aux sachets, une poudre aromatique est utilisée, qui se fixera sur les feuilles à l'aide d'une gomme arabique. Pour les thés à feuilles longues, une pulvérisation d'arômes liquides (naturels ou non) reste le procédé le plus répandu. À ces arômes peuvent être adjoints des aromates, des fruits séchés, des pétales de fleurs ou des morceaux d'épices.

LA VENTE

Une fois le thé cueilli, transformé et conditionné, il ne reste plus qu'à le vendre. Des échantillons sont prélevés et testés sur place, avant d'être expédiés dans le monde entier aux distributeurs. Il existe deux circuits de commercialisation. Les ventes de gré à gré s'opèrent directement entre producteurs et négociants. Après dégustation des échantillons, les négociants en évalueront la qualité, le potentiel de longévité et l'adéquation au marché. Après un accord sur le prix, un échantillon de confirmation leur sera envoyé, suivi d'un second au moment de l'expédition, afin de leur permettre de vérifier que la qualité du thé est bien conforme à la commande. Les litiges sont en général très rares. Les ventes aux enchères sont courantes et représentent les trois quarts des échanges. Elles ont lieu dans chaque région de production. Calcutta en Inde, Mombasa ou Nairobi au Kenya ou encore Colombo à Ceylan sont des centres et des rendez-vous importants. Les échantillons sont réunis par des courtiers travaillant soit pour les vendeurs, soit pour les acheteurs, soit les deux à la fois. Les ventes aux enchères se déroulent rapidement, dans une ambiance animée !

Comme les vins, les thés connaissent à la fois la notion de domaine et celle d'appellation, au sens large il est vrai. Les grands thés de jardin correspondent un peu à la mention «château». Ils doivent être vendus en l'état, sans subir d'autre assemblage que celui des parcelles propres de la plantation, à la manière d'un château Yquem ou d'un Petrus. Évidemment, leur production n'est pas extensible. Aussi, les négociants, et c'est tout leur talent, peuvent-ils élaborer des mélanges à l'intérieur d'une même origine, voire d'origines différentes, pour répondre à une demande de grande échelle et affirmer un style. En jouant avec brio sur la taille des feuilles, leur couleur et les goûts variés du thé, ils peuvent ainsi garantir la constance, l'équilibre, la typicité de tel ou tel cru, de telle ou telle région. Ils peuvent aussi élaborer des mélanges dédiés à des goûts ou à des moments particuliers, comme le *morning tea* plus doux qu'un *breakfast tea*, tous deux chers aux Anglais, ou ces thés parfumés que les Français affectionnent. Tout l'art du négociant consistera à jongler avec un grand nombre de possibilités et de choix, certains mélanges pouvant contenir plus de 15 thés différents.

DE LA FEUILLE À LA TASSE

LES GRADES DU THÉ

Ils correspondent à une classification des feuilles en fonction de leur aspect et de leur taille et ils varient selon que l'on a affaire à un thé noir, à un thé vert ou à un wu-long. Ce sont des standards internationaux, repris par tous les pays producteurs et mentionnés sur les emballages.

Trois grades de thés. De haut en bas : feuilles entières, feuilles brisées, feuilles broyées.

LES THÉS NOIRS

Il y a trois types de feuilles et donc trois familles de grades : feuilles entières, feuilles brisées et feuilles broyées.

Grades des feuilles entières

Les FOP (Flowery Orange Pekoe) : contrairement à ce que le terme laisse entendre, il ne s'agit pas d'un thé aromatisé à l'orange ! Cette appellation est un hommage aux princes d'Orange, famille Nassau de Hollande, les premiers à importer du thé en Europe. *Pekoe* désigne le bourgeon à l'extrémité de la tige, *tippy golden* les pointes dorées, et *flowery* l'aspect des feuilles entières.
Cette famille décline par ordre décroissant les grades suivants, très proches les uns des autres.
SFTGFOP1 : Special Finest Tippy Golden Flowery Orange Pekoe One.
SFTGFOP : Special Finest Tippy Golden Flowery Orange Pekoe.
FTGFOP1 : Finest Tippy Golden Flowery Orange Pekoe One.
FTGFOP : Finest Tippy Golden Flowery Orange Pekoe.
TGFOP1 : Tippy Golden Flowery Orange Pekoe One, qui, comme le grade suivant, est un FOP dont toutes les pointes sont dorées.
TGFOP : Tippy Golden Flowery Orange Pekoe.
GFOP : Golden Flowery Orange Pekoe correspond à un FOP qui comprend davantage de *golden tips*, de fines pointes dorées.
FOP : Flowery Orange Pekoe signifie que l'on a cueilli un nombre important de bourgeons non matures avec les deux feuilles suivantes sur le rameau. Les feuilles sont roulées sur elles-mêmes dans le sens de la longueur et mesurent entre 6 et 8 millimètres.
Les OP (Orange Pekoe) : ici, on a cueilli deux feuilles et le bourgeon terminal, arrivé à maturité, c'est-à-dire déjà transformé en petite feuille. Roulées aussi sur elles-mêmes dans le sens de la longueur, elles sont plus grandes que les FOP : entre 10 et 15 millimètres.

Les Souchong : ils correspondent à de grandes feuilles, roulées dans le sens de la longueur. Cette dénomination est surtout utilisée en Chine.
Les Pekoe : cette famille se subdivise en FP (Flowery Pekoe), grade obtenu à partir d'un roulage en boule des feuilles entières et du bourgeon terminal, et en simples Pekoe, qui suivent le même principe mais avec un bourgeon terminal déjà transformé en petite feuille mature, pour un résultat moins subtil.

Grades des feuilles brisées

On retrouve les mêmes subdivisions que pour les feuilles entières. Il suffit de rajouter la lettre B qui précise qu'il s'agit de feuilles brisées (*broken*). Ainsi un FOP devient un FBOP.
TGBOP : Tippy Golden Broken Orange Pekoe correspond à TGFOP.
GFBOP : Golden Flowery Broken Orange Pekoe.
GBOP : Golden Broken Orange Pekoe.
FBOP : Flowery Broken Orange Pekoe.
BOP1 : Broken Orange Pekoe One.
BOP : Broken Orange Pekoe.
BPS : Broken Pekoe Souchong.
BT : Broken Tea.

Grades des feuilles broyées

Ils se subdivisent en Fannings et Dust.
Les Fannings
BOPF : Broken Orange Pekoe Fannings.
FOF : Flowery Orange Fannings.
GOF : Golden Orange Fannings.
PF : Pekoe Fannings.
OF : Orange Fannings.
F : Fannings.
Les Dust (le terme signifie « poussière » ou « poudre »)
OPD : Orange Pekoe Dust.
OCD : Orange Churamani Dust.
GD : Golden Dust.
FD : Flowery Dust.
D : Dust.

44

LES THÉS VERTS

Les variétés sont infinies et la notion de grades, même si elle existe, s'efface au profit d'un classement qui privilégie la forme de la feuille ou sa technique de transformation.

Feuilles roulées en boules : type Gunpowder. Le fameux Gunpowder (*zucha*, en chinois), appelé ainsi en raison de la forme des feuilles rappelant des plombs de chasse, est cultivé près de Pingshui ; il a toujours été très exporté, spécialement aux États-Unis puis vers la France, qui l'a distribué vers ses colonies du Maghreb. En Afrique du Nord, le Gunpowder est le thé vert le plus couramment utilisé pour le thé à la menthe. Ces thés de qualité très courante peuvent avoir aussi les grades de BOP ou de Fannings.
Feuilles roulées dans le sens de la longueur : comme le Chunmee, « sourcil du vieil homme » et le Hyson (Yucha) qui correspondent à des thés courants.
Feuilles entières et plates : Long Jing, sencha, bancha ou Taiping Hou Kui, etc.
Feuilles entières à forme d'aiguilles de pin : type Yu Yu Cha.
Feuilles réduites en poudre : type matcha.
Feuilles torsadées et sculptées : type Tai Mu Long Zhu, Tian Hua.
Feuilles en forme de spirale : Bi Lo Chun.
Feuilles en forme de souci : Wu Yuan Ming Mei.

La diversité des formes est telle que l'on pourrait prolonger la liste à l'infini, les crochets et les perles voisinant avec les fleurs et les langues de moineau.

ET AUSSI Par ailleurs, il existe encore trois catégories correspondant à des types de feuilles que l'on retrouve dans la plupart des provinces chinoises.
Le Mao Feng : Il signifie « Pic de cheveux duveteux », et ce grade correspond à des feuilles jeunes et veloutées. La cueillette ne sélectionne que la première feuille à peine éclose et la première voire les deux qui suivent.
Le Yung Wu : Signifiant poétiquement « Brume de nuage », c'est un Mao Feng de très haute qualité, qui n'admet que le bourgeon et une seule feuille.
Le Mao Jiang : Il se traduit par « Pointe de cheveu », et se situe, à l'inverse, un cran en dessous du Mao Feng, avec un peu moins de bourgeons duveteux et systématiquement trois feuilles récoltées.

LES AUTRES THÉS

Il n'y a qu'une classification assez large pour les wu-long. À Formose, elle distingue un niveau global de qualité, allant de la plus standard (**Fine**) à la plus raffinée (**Top Fancy**), en passant par **Finest**, **Choice**, **Choicest** et **Fancy**. En Chine, où la production des wu-long est issue essentiellement des régions du Guangdong et du Fujian, on ne retient que le nom du thé, comme pour les thés blancs ou jaunes.
Les wu-long très standard peuvent être brisés ou broyés, et porteront alors les grades BOP ou Fannings.

LE CONDITIONNEMENT ET LA CONSERVATION DU THÉ

Les thés en vrac

Quelques règles de bon sens s'imposent pour profiter au mieux de tous les arômes de ces thés, les meilleurs. Il vaut mieux privilégier la qualité plutôt que le prix : certains thés sont très chers, il est vrai, mais outre qu'ils le méritent souvent, ils sont assez économiques dans la mesure où 100 grammes permettent de faire une cinquantaine de tasses, sans compter que chacune d'elles pourra être infusée plusieurs fois s'il s'agit de thés verts ou de wu-long. Le thé doit être gardé à l'abri de la chaleur, de la lumière et de l'humidité. Une boîte métallique hermétique y pourvoit facilement. Comme les feuilles de thé ont la capacité de capter les arômes environnants, il vaut mieux les stocker un peu à l'écart des épices ou des aromates. Dans ces conditions, certains thés comme les Assam, Ceylan ou Darjeeling *second flush* peuvent se conserver au moins deux ou trois ans sans s'altérer.

D'autres comme les *first flush* de Darjeeling ou des thés verts de Chine n'ont, par définition, qu'une durée de vie assez courte, à peine un an, à l'instar de nos vins primeurs. Il est peu judicieux d'en acheter de grandes quantités. Au fil du temps, ils perdent fraîcheur et vivacité. Dans tous les cas, il reste préférable de varier ses achats en multipliant les petites quantités : c'est une excellente manière de musarder sur la voie du thé. C'est aussi la seule pour affiner ses goûts et sa connaissance.

Les thés en sachets

En 1908, le New-Yorkais Thomas Sullivan envoya dans un tissu de soie des échantillons à ses clients, qui crurent, dit-on, qu'il fallait les faire infuser dans leur emballage ! Le sachet de thé était né, mais il resta longtemps marginal. Il fallut l'intervention de fabricants allemands et italiens pour mettre au point une machine capable de produire en série des sachets en papier. Le succès fut immédiat, l'aspect pratique l'emportant sur toute autre considération. Aujourd'hui, le sachet représente plus de la moitié du commerce mondial. Un seul bémol, le papier ne peut conditionner que des thés à feuilles brisées ou broyées. Même si certains peuvent être d'une honnête qualité, ils n'arrivent jamais à la hauteur des thés en vrac. De plus, le papier peut marquer l'infusion d'un goût désagréable. Il est préférable de privilégier au moins la mousseline de coton ou les sachets en Nylon : neutres, ils ont l'avantage, en outre, de pouvoir recueillir des thés à feuilles longues ou semi-longues. On leur appliquera les mêmes règles de conservation que pour les thés en vrac.

L'ART DU *TEA-TASTER* Reconnaître l'origine d'un thé, apprécier sa qualité et son potentiel, imaginer ce qu'il deviendra assemblé à d'autres que lui... Le métier de *tea-taster* est l'un des plus difficiles qui soit, comparable en de nombreux points à celui des dégustateurs de vin. Il nécessite une expérience forgée à coup de longues séances de dégustation, d'entraînements quotidiens et d'une hygiène de vie assez stricte. Des dons incontestables de nez et de palais ne sont qu'un des aspects de ce métier, qui requiert aussi mémoire, faculté de concentration... et endurance. Il n'est pas rare, en effet, que le *tea-taster* soit amené à déguster – et à recracher ! – un millier de thés dans la journée. Lors de chaque dégustation, il procède à un examen en trois temps : évaluation de la feuille sèche, évaluation de la feuille infusée, puis étude proprement dite de la liqueur, d'abord à chaud, puis tiède et enfin froide. Rien ne doit le perturber : ni odeur parasite comme celle d'un parfum ou de la fumée de cigarette, ni nourriture épicée ou forte avant la dégustation qui déformerait son palais. Une école de la patience et de l'humilité !

Table de dégustation.

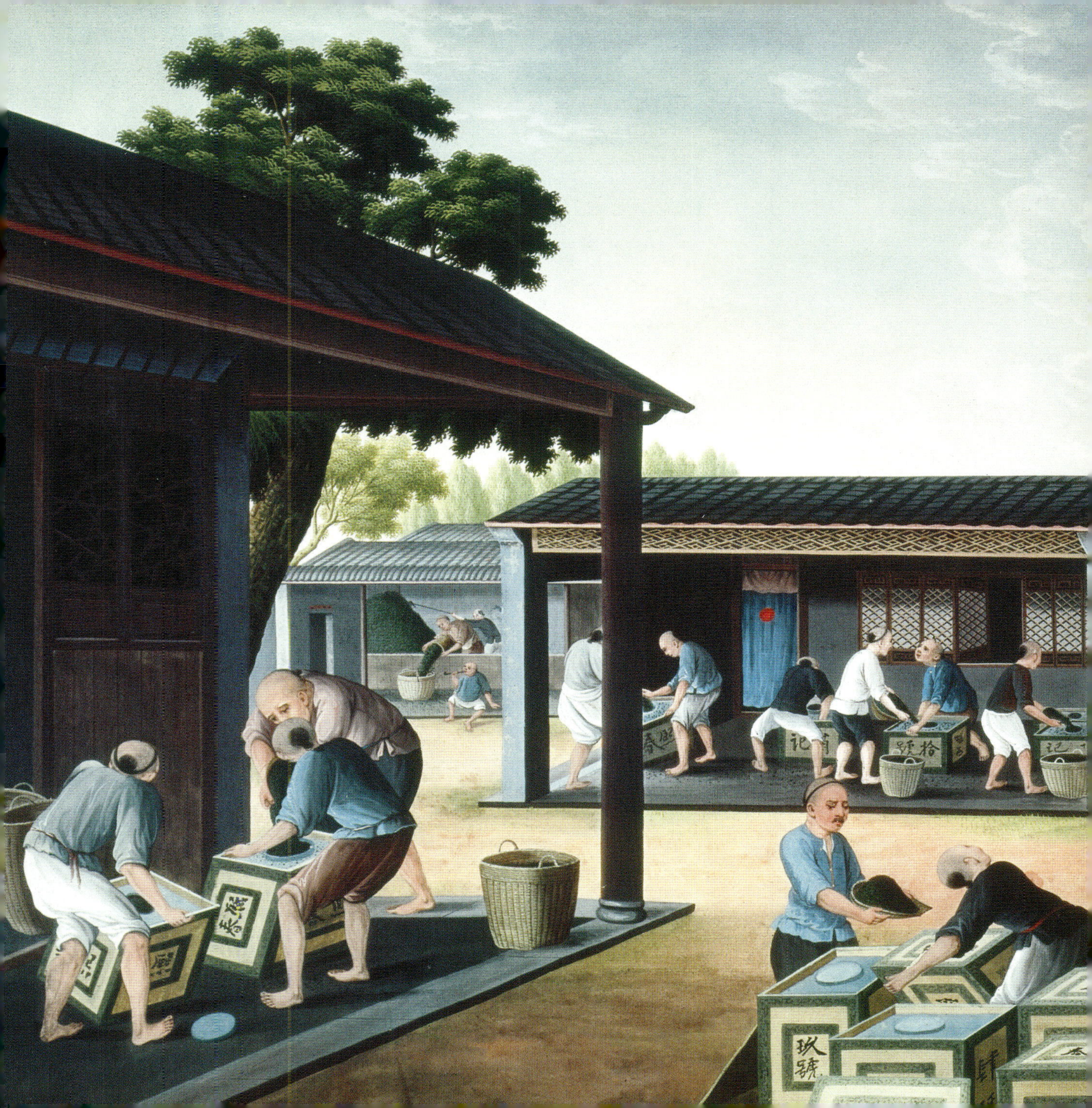

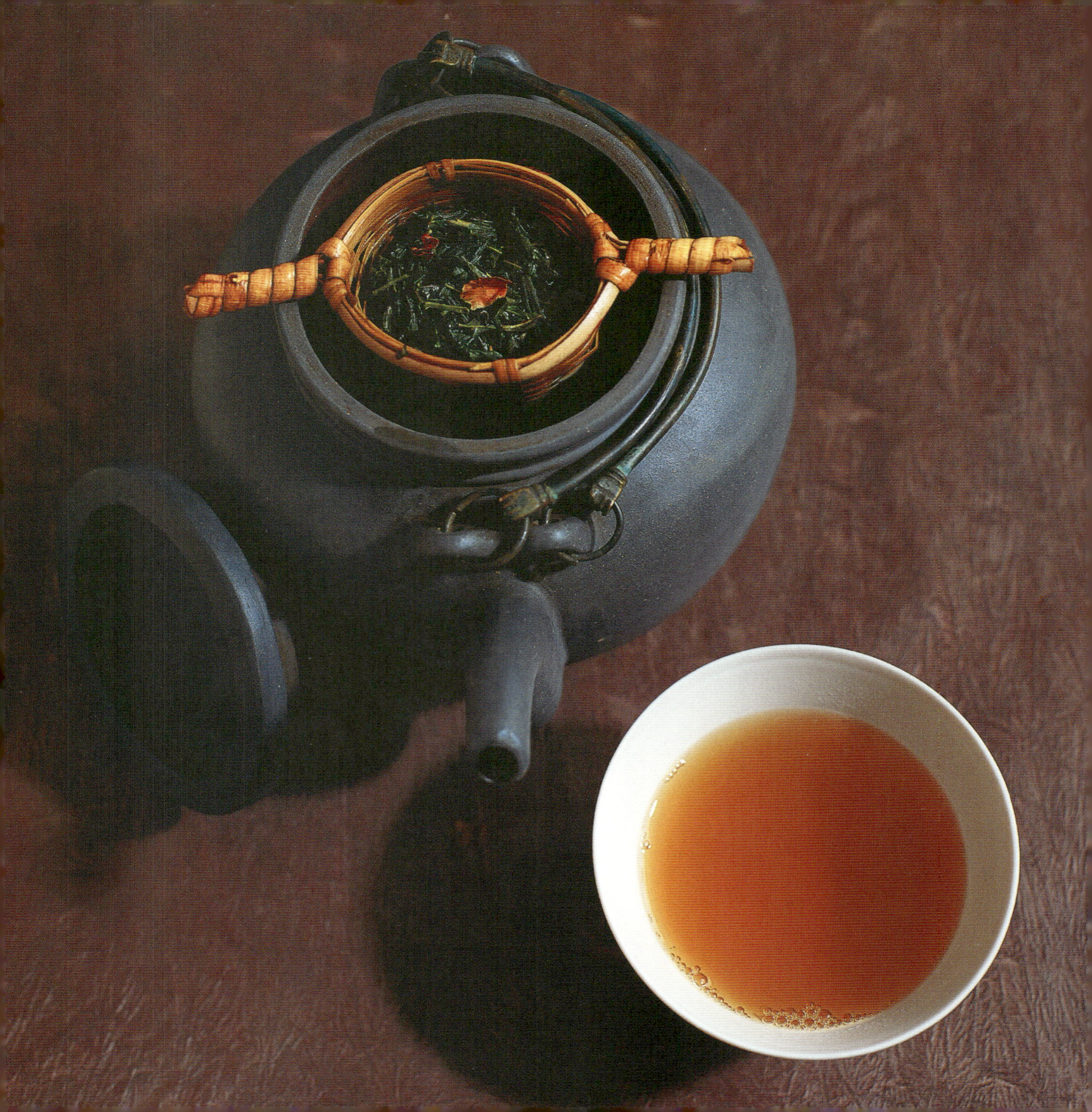

Si préparer un bon thé est un jeu d'enfant... il est tout aussi facile de le rater ! Le meilleur cru, le plus coûteux, le plus rare du monde peut se révéler absolument décevant, faute d'avoir bénéficié d'un minimum d'attentions au moment de l'infuser.

LA PRÉPARATION DU THÉ

Il en va du thé comme d'un grand vin : servi trop chaud ou au contraire trop frais dans un verre inapproprié et sans avoir été correctement décanté, il livrera une piètre version de ce qu'il aurait pu exprimer. En fait, une tasse est le résultat d'une somme de petits détails. Entre l'exécution sommaire d'un sachet que l'on agite une minute dans une chope et la codification millimétrique de la cérémonie japonaise, il y a tout lieu d'observer quelques règles simples et indispensables, qui permettront d'obtenir un thé savoureux et fidèle à son origine.

Boîte à thé traditionnelle utilisée par les négociants. Chine, 1850.

LA RÈGLE DE TROIS

L'eau, une importance primordiale

Comment négliger ce qui constitue à 99,9 % une tasse de thé ! En 780 de notre ère, sous la dynastie Tang, Lu Yu mettait déjà en avant cette importante question dans son *Cha Jing*, le premier traité consacré au thé : « Les meilleures de toutes les eaux sont celles qui s'écoulent des stalactites, celles qui ruissellent doucement sur les lits de roche. » Plus pratique à recueillir, celle du robinet est cependant à déconseiller dans la plupart des régions de France : souvent trop calcaire et surtout chlorée, elle affecte vraiment la pureté du thé et lui donne un faux goût. Il existe des filtres très efficaces qui permettent de pallier cet inconvénient, mais le mieux est encore d'opter pour une bonne eau de source de pH moyen, la plus neutre possible, ni trop dure, ni trop douce. On évitera les eaux minérales, car, comme leur nom l'indique, leur haute teneur en oligoéléments et en sels minéraux est très perceptible à la dégustation : il suffit de tenter l'expérience avec des marques riches en magnésium ou en sodium pour s'apercevoir que leur goût d'origine se retrouve exactement dans la tasse.

À chaque thé, sa température

Chaque type de thé, vert, rouge ou wu-long, demande des températures d'infusion différentes. Pas assez chaude, l'eau n'entraînera qu'une diffusion trop lente et imparfaite des arômes, qui resteront prisonniers des feuilles. À l'inverse, trop chaude, elle cuira ces mêmes feuilles.
Beaucoup d'amateurs se munissent d'un thermomètre. L'avantage de cet instrument est évidemment sa précision car, en fonction de l'altitude, du revêtement de la bouilloire et de la quantité de gaz dissous dans l'eau, les frémissements et l'ébullition n'apparaissent pas au même degré. Mais avec un peu d'entraînement, il est cependant assez facile de se familiariser avec les degrés de l'eau. Il suffit d'être attentif aux stades par lesquels elle passe, de lui prêter une oreille attentive et de surveiller l'aspect de ses bulles.
Lu Yu, encore lui, en avait résumé de manière imagée les principales étapes : quand « l'eau forme des bulles comme des yeux de poisson et produit un son léger, c'est la première ébullition ». Elle a lieu peu de temps après les premiers frémissements et les tout premiers murmures, autour de 80 °C. Puis lorsque les bulles forment « des perles amassées sur le bord de la casserole, c'est la deuxième ébullition ». Enfin, lorsque « les vagues percutent la bouilloire » avec un bruit de bouillonnement, la troisième ébullition est atteinte, à une température de 100 °C. Un court silence précède ce stade ultime. Cette eau-là, à 95 °C, convient à tous les thés rouges, aux thés noirs (les Pu'er) et à de nombreux wu-long. Elle est dite « souriante ». Une eau autour de 60 °C est « embrassée », et convient aux grands thés verts du Japon, comme le Gyokuru ou le matcha, et aux thés blancs les plus rares. Entre 65 °C et 75 °C, elle devient « attisée », et sa température convient à la plupart des thés verts de Chine. Entre 85 °C et 95 °C, l'eau « enthousiaste » donnera aux plus puissants d'entre eux et aussi à de nombreux wu-long toute la plénitude de leurs saveurs.

Une question de temps

Chaque thé possède des caractéristiques, une histoire et un terroir différents et, à ce titre, il existe pour chacun d'eux un temps d'infusion idéal. Il est important d'en connaître les grands principes. À chacun ensuite de les appliquer à la lettre... ou de s'en détacher selon ses goûts ou sa sensibilité ! En effet, le seuil de perception et de tolérance pour certaines saveurs comme l'amertume ou l'acidité varie d'un individu à l'autre. C'est aussi en procédant à plusieurs essais qu'on apprend à bien connaître un thé, qu'on se l'approprie et qu'on affine son goût. En général, tous les thés rouges à feuilles entières et éventuellement les thés noirs courants (Pu'er) doivent être infusés pendant 5 minutes, voire un peu moins. Les feuilles brisées libèrent plus rapidement leurs tanins et leurs arômes : 3 ou 4 minutes suffisent. Les thés à feuilles broyées demandent un temps encore plus court, qui n'excède guère 2 minutes.
Les thés semi-fermentés, les wu-long, nécessitent des temps différents selon la méthode utilisée. En théière, à la mode occidentale, 5 à 6 minutes sont nécessaires, alors que selon la méthode traditionnelle chinoise d'infusions successives, en *gong fu cha* (voir encadré, p. 54), 1 minute pendant trois à sept fois selon la corpulence du thé suffit pour révéler comme par magie toute la complexité subtile de la palette aromatique.
La plupart des thés verts chinois doivent infuser de 2 à 4 minutes, tandis que pour les grands thés verts japonais 30 secondes à 2 minutes suffisent. Enfin, les thés blancs ou jaunes demandent des durées plus longues : 10 voire 20 minutes quand il s'agit de l'un des plus rares et des plus spectaculaires, le Yin Zhen « Aiguilles d'argent ».

LA PRÉPARATION DU THÉ

LES USTENSILES DU THÉ

Du bon usage de la théière

Il existe une infinité de modèles de théières. Toutes, quels que soient le budget ou les goûts de l'amateur de thé, sont son outil le plus précieux. Pendant longtemps, elles furent peu répandues en Chine, au Japon ou en Corée, où elles ne vont réellement apparaître qu'à partir du XVIe siècle, au fil des échanges avec l'Occident.

Tandis que leur fabrication gagne progressivement l'Asie avec la création d'objets aussi fonctionnels qu'artistiques, en Europe, l'idée de créer des modèles en divers matériaux va faire son chemin. Les premières réalisations datent de 1670 à Delft, en Hollande, suivies de la confection de théières anglaises dont les célèbres Wedgwood, ou allemandes, notamment celles de Meissen, en Saxe. Limoges et Sèvres, en France, ne seront pas en reste, avec des modèles de porcelaine, eux aussi de toute beauté, tandis que les théières en argent, étain ou métal argenté font également leur apparition. Le service à thé complet n'apparaîtra qu'au tout début du XIXe siècle, mais il deviendra un thème incontournable pour tous les grands orfèvres, tels Adam, Odiot, Christofle ou encore Desprès.

Mieux qu'un service à thé, l'idéal est de posséder autant de modèles que l'on boit de types de thés : il n'y a rien de pire que de préparer un wu-long dans une théière qui accueille régulièrement un Assam ou un Darjeeling. « La femme et la bouilloire se bonifient avec l'âge », dit un proverbe japonais. La théière idéale est donc d'abord une théière culottée. Sa richesse intérieure proviendra des dépôts de tanins et des arômes qui l'habillent. Moins elle connaîtra l'eau – un rinçage mais jamais de détergent –, plus elle conservera la mémoire de son contenu et en exhalera les arômes. À défaut, si l'on ne doit posséder qu'un seul modèle, il est alors préférable de le choisir en porcelaine. Ce type de théière s'adaptera à tous les thés pour peu qu'on la rince soigneusement et qu'on la fasse sécher à l'air libre, les torchons pouvant déposer des arômes indésirables.

Très en vogue, mais coûteuses, les théières en fonte du Japon sont en passe de devenir des objets cultes en France ! Détournées de leur utilisation première – ce sont à l'origine des bouilloires –, elles se présentent aujourd'hui dans des couleurs toutes plus séduisantes les unes que les autres, et leurs formes épurées conservent l'esprit zen préconisé par Sen no Rikyu, le premier maître de thé du Japon. Elles réunissent beaucoup de qualités : robustesse, finition, capacité à garder le thé longtemps au chaud... Mais elles sont aussi

51

LA PRÉPARATION DU THÉ

THÉ ET SANTÉ Les usages du thé dans la médecine douce sont aussi anciens que la plante. L'empereur Shen nong insistait déjà, dans son traité sur la médecine préventive, sur ses bienfaits. Outre la stimulation et l'éveil qu'il procure, le thé possède, comme toutes les boissons chaudes, des vertus digestives et diurétiques. Bourré de vitamines A, B1, B2, B6, C, E, K, de minéraux et d'oligoéléments (il est très riche en fluor), il possède également la propriété de dissoudre le taux de graisses dans le sang, avec un effet bénéfique sur les artères… et sur la ligne ! En revanche, quand il est bu au cours d'un repas, il inhibe partiellement la fixation des apports de fer dans l'organisme. Il vaut donc mieux ne pas rendre cette habitude systématique. Par ailleurs, des études approfondies publiées au début des années 1990 par des scientifiques japonais, et corroborées depuis par les Occidentaux, ont mis en évidence l'effet du thé sur certains cancers des voies digestives dont ils pourraient ralentir l'évolution. Ces rapports indiqueront surtout que les polyphénols (les tanins) et la catéchine ont une puissante activité antioxydante : ils combattent les radicaux libres, en partie responsables du vieillissement des cellules. Une action somme toute comparable à celle du vin, dont la dose recommandée, de 1 verre quotidien équivaut à 2 tasses de thé. Ces études initialement menées sur les thés verts ont été poussées vers les autres couleurs qui concluent à des effets similaires. Mais si le thé permet probablement de ressentir un bien-être plus intense et peut contribuer à rester en bonne santé, il ne sera jamais un médicament. Il reste avant tout une boisson de plaisir et de partage : « Être un homme ou une femme de thé, c'est être le médecin de son esprit », disait John Blofeld, grand spécialiste des religions orientales.

victimes de leurs succès. Chinois, Taïwanais et Vietnamiens inondent le marché avec des modèles de bien moindre qualité aux fortunes diverses. Ainsi, une chaîne d'hypermarchés a-t-elle dû payer une lourde amende pour avoir importé « des fontes chinoises » avec un intérieur non alimentaire. Une vraie fonte du Japon se reconnaît à sa lourdeur, sa densité et au fait que son bec ou son intérieur ne rouillent pas. Elle convient pour certains thés japonais, ainsi que pour tous les thés aromatisés et la plupart des thés rouges. Toutefois, comme les thés sombres (Pu'er), ils gagneront à être infusés dans une théière de terre cuite, plus particulièrement en *gong fu cha* (voir encadré, p. 54). Légèrement poreuse, elle possède l'avantage de se culotter à merveille et d'être très bon marché, du moins quand elle provient d'une argile standard. Celle de la région de Yixing, à une centaine de kilomètres de Shanghai, est exceptionnelle. Sa finesse et sa forte teneur en oxyde de fer, en mica et en kaolin, permettent une excellente conservation de la chaleur et une bonne absorption des chocs thermiques. Le savoir-faire des artisans transmis au fil des siècles a fait toute la réputation de ces théières, pièces souvent uniques et véritables objets d'art, estampillées du cachet de l'artiste potier ; certaines atteignent des cotes de plusieurs dizaines de milliers d'euros, leur valeur augmentant avec le temps quand elles sont culottées dans les règles de l'art ! Elles sont l'instrument de prédilection de tout amateur de thé… ou collectionneur.

Enfin, les théières en verre, également très décoratives, ou en métal, sont plutôt à réserver aux thés parfumés ou à la menthe.

Quel que soit le modèle choisi, il est important de veiller aux filtres, qui permettent de retirer les feuilles au bon moment, en fin d'infusion, et à leur taille. Une feuille infusée atteint un volume de trois à cinq fois supérieur à celui de la feuille séchée et a besoin de respirer pour libérer toutes ses substances. Il est donc logique qu'à l'exception des thés à feuilles brisées (et pour une tasse, seulement) les boules ou cuillers soient à proscrire. L'idéal sont les filtres contenus dans les théières en porcelaine, en métal ou en terre. Il en existe aussi en papier et, mieux encore, en coton, dont la neutralité ne donne aucun goût malvenu.

Zhong, tasses, *mug*…

Utilisé partout en Chine pour la préparation des thés verts, le *zhong* (ou *gaiwan*) commence heureusement à apparaître en France. Dès 1855, dans son *Voyage en Chine*, Edmond Jurien de la Gravière notait tout l'intérêt de ces « tasses recouvertes dans lesquelles la sensualité des gourmets enferme jusqu'au dernier moment le précieux arôme » Le *zhong* est à la fois un objet pratique, symbolique et incontournable. En terre, mais plus souvent en porcelaine, il est composé de trois éléments qui ne doivent pas être dissociés : la soucoupe représente la terre, d'où vient le thé ; la tasse représente l'eau, donc la vie ; enfin le couvercle symbolise le ciel et l'éternité. Il n'y a rien de mieux pour une préparation individuelle du thé vert. En outre, il est très facile pour chacun de doser son thé et de le nuancer selon ses goûts. Trop amer ? Il suffira de rajouter un peu d'eau chaude. Trop léger ? 1 minute de temps d'infusion supplémentaire, et le tour est joué.

Plus récentes en Chine, les chopes à thé sont une réplique des *zhong* en taille un peu plus grande et sans la coupelle. Leur forme évoque déjà les chopes à bière. D'un maniement aisé, elles se répandent de plus en plus, et l'on en trouve facilement en France, dans les magasins chinois. Elles sont utilisées aussi bien pour la préparation du thé que pour sa dégustation.

Traditionnels en Russie, en Turquie, dans les pays du Moyen-Orient et en Asie centrale, les verres assez hauts se voient de plus en plus sur les plateaux des maisons de thé chinoises. Ils remplacent alors les *zhong* ou les tasses. Ils sont parfaits

Le *zhong*.

pour profiter du lent ballet ascendant puis descendant des feuilles d'un thé jaune. Un spectacle qui durera 20 minutes !

Enfin, les tasses à l'occidentale telles que nous les connaissons sont le prolongement naturel de la théière. Il n'existe pas de règle en la matière, c'est uniquement une question de goût. Disons simplement que, comme pour le vin, il est très frustrant de ne pouvoir apprécier vraiment la robe d'un thé car elle en dévoile déjà toutes les promesses. Il est donc préférable d'opter pour des tasses à fond blanc. Si, faute de place, on ne peut multiplier les services à thé, la meilleure solution consiste à les choisir d'une épaisseur moyenne.

LA PRÉPARATION DU THÉ

Il est désagréable de boire un grand thé dans une tasse trop rustique, au « buvant » épais. C'est un peu comme si l'on dégustait un grand cru dans un verre de cantine. À l'inverse, l'insigne raffinement de la plus délicate des porcelaines chinoises est sans égal, mais sa fragilité est mise à rude épreuve par le quotidien ! À l'épreuve des manipulations brutales, les *mug* (chope) anglo-saxons sont devenus très courants en France. Bon marché, pratiques, réconfortants, ils ont notamment envahi l'espace du bureau, trônant par-dessus les piles de dossiers. Comme les tasses, on ne les remplira pas au-delà des deux tiers afin que les volutes s'évanouissent rapidement et que la liqueur perde assez vite sa forte température. C'est alors que l'on peut savourer le breuvage.

À CHAQUE THÉ, SA PRÉPARATION

Les thés rouges et les thés parfumés

Les Chinois appellent rouges ceux que nous nommons noirs, c'est-à-dire les thés fermentés comme les Darjeeling, Assam, Yunnan, Ceylan, etc. Leur préparation est très simple. Il suffit d'ébouillanter d'abord la théière avant de placer les feuilles dans le filtre. Ainsi, elles commenceront à se préparer lentement à l'infusion. On compte 2 grammes de thé en vrac pour chaque tasse, ce qui correspond à 1 cuillerée à café rase pour les thés à feuilles brisées et 1 cuillerée à café bombée pour ceux à feuilles entières. Puis, après quelques secondes, on verse doucement de l'eau portée à 95 °C sur le thé. Il infusera pendant 5 minutes. Si l'on a préparé de quoi faire plusieurs tasses, il est évidemment impératif de retirer le filtre contenant les feuilles pour arrêter leur infusion.

Les thés sombres

Les Pu'er, thés postfermentés, en vrac ou en galettes, suivent le même mode d'emploi que les thés rouges. Mais pour les plus grands d'entre eux, une préparation au *gong fu cha* (voir encadré, p. 54) exhale une palette impressionnante d'arômes et de goûts différents. Un thé de très bonne qualité libérera toute sa substance jusqu'à sept infusions. Lors du premier Festival international du Pu'er à Kumming, en novembre 2004, l'un des thés primés, vieux de plus de 30 ans, a réussi le tour de force de supporter 22 infusions consécutives avec, à chaque fois, un parfum et une saveur extraordinaires... avant de rendre les armes à la 23e infusion !
Si le procédé du *gong fu cha* peut paraître contraignant, il reste néanmoins indispensable pour ces thés, notamment pour les plus vénérables.

LE *GONG FU CHA* Avant l'apparition des maisons de thé, l'ancienne génération avait coutume de se réunir pour savourer la divine boisson et partager un moment commun de détente. Ce « thé des vieux messieurs » n'est autre que la cérémonie chinoise traditionnelle, le *gong fu cha*, dont la signification, « le thé de l'art », résume on ne peut mieux la philosophie du buveur de thé. Moins codifiée que la cérémonie japonaise, elle est pratiquée couramment, partout et par tout le monde, et a donc connu moult adaptations selon les époques et les régions. Nous en donnons les grandes étapes dans cette version simplifiée qui vise à une préparation pragmatique, sans les règles et les usages raffinés de la politesse chinoise. Cette cérémonie nécessite une bouilloire, un plateau, une cruche ou pot à eau, une petite théière, Yixing de préférence, des petites tasses et des soucoupes, une serviette.

• **Faites bouillir l'eau** puis ébouillantez la théière. Versez ensuite cette eau chaude dans le pot à eau, pour le réchauffer lui aussi. Réchauffez également les tasses avec cette eau, en la versant par petites venues dans chacune d'elles, et en faisant plusieurs trajets pour les remplir aux deux tiers.

• **Placez les feuilles de thé** (2 grammes par tasse) dans la théière. Versez l'eau chaude sur les feuilles (à la température requise par le thé) jusqu'à remplir entièrement la théière puis transvasez-la dans le pot à eau. Le but est de laver les feuilles et de les détendre.

• **Versez à nouveau de l'eau chaude** sur les feuilles et fermez avec le couvercle de la théière. Laissez infuser de 30 secondes à 1 minute selon le type de thé.

• **Pendant ce temps,** versez l'eau chaude du pot à eau (celle qui a servi à laver les feuilles sur la théière), afin de chauffer ses parois extérieures et d'aider à faire sortir le goût et l'arôme complet du thé, puis séchez-la avec la serviette. Versez l'infusion par petites doses dans les tasses que vous aurez tout juste vidées de l'eau qui les gardait au chaud. Remplissez-les les unes après les autres par petites venues, en opérant plusieurs allers et retours. Dégustez.

• **Procédez à la deuxième infusion** de la même manière que la première, avec un temps un peu plus court, puis avec un temps analogue à celui de la première infusion quand vous passerez à la dernière infusion.

LA PRÉPARATION DU THÉ

Le *gong fu cha*.

Les thés verts chinois

Leur goût et leur aspect sont d'une infinie variété. Mais quels qu'ils soient, les feuilles doivent toujours être lavées : on verse sur elles de l'eau à 70 °C, afin d'en retirer en partie l'éventuelle amertume. Quelques secondes après, on peut procéder à leur infusion.

La manière occidentale, avec une eau à 70 °C dans une grande théière, donne de bons résultats. Mais elle est jugée sacrilège par beaucoup de consommateurs initiés et étonne les Chinois qui lui préfèrent, avec raison, la préparation traditionnelle dans un *zhong*, une méthode également valable pour les thés coréens. Après avoir déposé 2 grammes de feuilles au fond de la tasse, on les recouvre d'eau à 70 °C, puis on jette cette eau au bout de quelques secondes, après avoir senti à l'intérieur du couvercle les premiers parfums développés par le thé. Puis l'infusion (2 à 3 minutes, selon les thés) peut commencer une fois que de l'eau à 70 °C a été versée à nouveau, de préférence sur les parois du *zhong* plutôt que sur les feuilles dans le souci de les préserver. Après avoir remué délicatement ces dernières avec le bord du couvercle, on peut enfin savourer le thé, en veillant à ne pas dissocier les trois éléments du *zhong* : on tient la soucoupe entre les doigts ou dans la paume de la main, puis

55

LA PRÉPARATION DU THÉ

COMMENT DÉTHÉINER LE THÉ ? Il y a de trois à quatre fois moins de théine (de la caféine, en fait) dans une tasse de thé que dans un café. Assez faible dans les thés verts (sauf ceux du Japon), elle est plus présente dans les wu-long et encore davantage dans les thés noirs (entre 20 et 50 milligrammes par tasse). Associée aux tanins du thé, qui retardent son assimilation dans l'organisme, elle a des effets plus lissés dans le temps, mais ils varient également en fonction des individus. Aussi les plus sensibles préféreront-ils l'éliminer par une opération très simple : la théine se libérant dès que les feuilles sont en contact avec de l'eau chaude, il suffit de verser celle-ci à la bonne température, de laisser infuser une vingtaine de secondes, puis de jeter ce premier thé avant de renouveler l'infusion. Ce procédé est efficace quel que soit le thé, mais il n'est pas conseillé d'aller au-delà de ce temps sous peine d'en dénaturer le caractère, surtout lorsqu'il s'agit d'un très grand cru ! En général, les thés de Chine contiennent moins de théine que leurs homologues indiens. Mais il faut savoir aussi que l'action de la théine est en partie annihilée par certains tanins de l'infusion : autrement dit, plus un thé est infusé… et moins il est excitant.

on fait glisser le couvercle en le maintenant entrouvert, ce qui retiendra les feuilles. C'est un geste très facile. L'opération peut être renouvelée trois fois, chaque infusion donnant une nuance différente. La première est appelée « réveillante » parce qu'elle contient le plus de théine. La deuxième est la plus « pleine » : elle est gorgée d'acides aminés et de vitamines. La troisième, enfin, peut présenter un intérêt gustatif moindre, sauf quand il s'agit de très grands thés verts. Elle est justifiée dans la mesure où elle étanche la soif… ou met un terme à un entretien ou une invitation !

Les thés verts japonais

Le thé est généralement infusé dans une sorte de théière, récipient en céramique à grand bec verseur. En dehors du thé matcha (en poudre) utilisé pour la cérémonie du thé, le *cha no yu*, les grands thés verts japonais tel le Gyokuru se préparent par courtes infusions successives, jusqu'à trois fois, durant 45 secondes, avec une eau à 55/60 °C. Ils doivent être versés à part égales, par petites venues, dans des tasses étroites et hautes comme le petit doigt… Après avoir bu le thé, il est d'usage de humer l'extraordinaire et persistant parfum qui tapisse encore les parois et le fond de la tasse ! S'il ne faut retenir qu'une règle pour la préparation des thés japonais, c'est que plus ils sont de qualité, moins ils nécessitent une longue infusion, et moins la température de l'eau doit être élevée. Les thés courants, en revanche, supportent bien des infusions allant jusqu'à 2 ou 3 minutes, de préférence en une fois, avec une eau à 70 °C, voire 100 °C quand il s'agit d'un bancha ou d'un bancha Houjicha.

Les thés blancs et jaunes

Leur préparation obéit au même schéma que celui des thés verts. Dans un *zhong* de préférence à une théière, on dépose 2 grammes de feuilles préalablement lavées avec une eau à 60 °C. Mais la température et la durée varient considérablement d'un thé à l'autre. Le plus courant des thés blancs, le Bai Mu Dan (« Pivoine blanche », de la province du Fujian), nécessite une eau à 60 °C et une infusion unique d'une durée de 7 à 20 minutes. Le résultat est remarquable. Pour les thés jaunes, un verre assez haut est requis pour profiter du triple mouvement ascendant et descendant des feuilles, mais le procédé reste le même.

Les thés bleu-vert

On appelle ainsi la vaste catégorie des wu-long, ces thés plus ou moins fermentés.
Une préparation pendant 5 minutes en théière est possible, avec une eau à 95 °C. Elle donne

des résultats corrects, et il est même possible de renouveler l'opération deux ou trois fois. Le Bai Hao de Formose, un thé de très haute qualité (le fameux « Grand Dragon Noir »), développe une saveur exceptionnelle avec la préparation suivante : dès que l'eau commence à frémir, aux alentours de 95 °C, il faut avoir la patience de la verser en un petit filet sur les feuilles posées dans le filtre, pendant 5 minutes si possible. Lorsque la dernière goutte d'eau se fond dans les feuilles, on poursuit encore l'infusion pendant 1 ou 2 minutes. Il n'y a plus qu'à servir le divin breuvage !

Une variante consiste à verser l'eau sur les feuilles, de façon à juste les recouvrir, à attendre 2 ou 3 minutes, puis à verser à nouveau de l'eau jusqu'à remplir la théière en laissant infuser encore 3 minutes, avant de retirer les feuilles et de boire. Ces deux façons de faire exceptées, le mode de préparation le plus répandu (et le seul reconnu) en Chine et à Taiwan est le *gong fu cha* qui autorise, selon la qualité du thé, de trois à sept infusions successives, très courtes.

L'ART DE LA DÉGUSTATION

Boire est une nécessité vitale, mais déguster procure une satisfaction esthétique, qui s'acquiert par l'analyse et l'attention portée aux propriétés d'un thé, à ses qualités ou à ses défauts. Cet exercice met en œuvre des mécanismes compliqués, en sollicitant les sens, chacun d'eux étant une source riche d'enseignements.

Toucher, sentir, goûter...

La vue Elle permet d'apprécier d'abord la finesse d'une récolte, grâce à l'examen des feuilles. Sont-elles régulières et bien formées ? Comportent-elles beaucoup de bourgeons, de pointes dorées ? Leur couleur est-elle profonde ? Les réponses sont au creux de la paume de la main, dans la pincée que l'on y aura déposée, mais pas seulement. Elles résident aussi dans l'aspect des feuilles infusées, qui se déploient plus ou moins harmonieusement, dans celui de la liqueur également : ses degrés de limpidité et d'intensité, la gamme subtile de ses couleurs, n'annoncent pas le même breuvage. Il y a de grandes chances qu'un beau thé soit aussi un bon thé !

Le toucher Les sensations tactiles renseignent sur l'élasticité des feuilles, leur résistance, signe de jeunesse. Elles sont surtout importantes en bouche, quand il s'agit d'apprécier la consistance d'un thé. Sa fluidité ou son onctuosité, la sensation de gras ou au contraire d'astringence qu'il procure, sa chaleur ou sa tiédeur participent pleinement du plaisir de déguster.

LAIT OU CITRON ? «Ni l'un ni l'autre !» répondront en chœur non seulement les puristes mais également beaucoup d'amateurs, avec une salve de solides arguments. Aurait-on l'idée d'adoucir par quelques gouttes de crème les rudes tanins d'un jeune vin de la vallée du Rhône ou de raviver le moelleux d'un sauternes par un trait de jus de citron ? Ce dernier est particulièrement meurtrier. Non seulement, il modifie la couleur originelle du breuvage, la rendant criarde, mais en plus son acidité tue ses saveurs subtiles. Le lait mérite un jugement plus nuancé : il peut à l'occasion convenir — et c'est vraiment une question de goût — à certains thés noirs très tanniques, volontiers rustiques, comme les thés de plaine indiens, les Terai, Dooars, Assam, ou à certains thés du Nilgiri ou de Ceylan, voire du Yunnan. Dans tous les cas, il est évidemment préférable de s'abstenir quand il s'agit d'un thé de très grande qualité, d'où qu'il vienne. Le sucre, enfin, relève aussi d'une appréciation très personnelle. Certains ne peuvent décidément s'en passer, comme dans le café. Il constitue sans aucune hésitation une pure et simple hérésie dans tous les thés verts et, *a fortiori*, blancs ou jaunes, les ravalant au vulgaire rang d'eau chaude. À notre avis, il l'est tout autant pour les thés rouges/noirs, car il détruit leur équilibre, trouble la netteté de leurs arômes et, surtout, alourdit grossièrement la finale, c'est-à-dire la dernière impression que l'on garde d'une gorgée. Une suave exception cependant : le thé à la menthe !

L'odorat Il est évidemment primordial car il rend compte de la complexité d'un thé par la richesse de ses arômes — on y dénombre plus de 700 molécules différentes. Il siège dans la partie supérieure des narines, sous les sinus, où une multitude de récepteurs se combinent pour adresser au cerveau une très grande variété de messages, avec beaucoup de finesse. Notre odorat est en effet capable de détecter des substances en quantité microscopique. Sous-exploité dans la vie courante, il se développe assez vite pour peu que l'on prenne la peine de humer les parfums et les odeurs innombrables qui nous entourent. La voie nasale directe est évidente, mais la rétro-olfaction est tout aussi importante car les récepteurs sont également stimulés par l'air que l'on aspire par la bouche et que l'on expire doucement par le nez. Odorat et saveurs sont alors étroitement liés, ce qui explique qu'un gros rhume supprime toute sapidité aux aliments.

Le goût On admet que le sucré, le seul goût agréable à l'état pur, est perçu le premier. Il est ressenti par le bout de la langue et s'estompe rapidement, comme le salé, situé au milieu. L'acidité, en arrière, sur les côtés proches des joues, et l'amertume, au fond de la gorge, ont une persistance plus importante et ne sont agréables que parce qu'elles s'équilibrent avec les autres. Ces différences expliquent que, pour profiter de l'éventail de toutes les saveurs, il faille garder le liquide en bouche au moins une dizaine de secondes, en le faisant tourner et en aspirant un peu d'air, sans s'étrangler. Toutes ses saveurs apparaissent alors, ce qui demande néanmoins une certaine attention pour les identifier et les analyser. Les Orientaux ajoutent une cinquième saveur élémentaire : l'umami, sorte de mélange des quatre précédentes, serait localisé sur la partie arrière de la langue.

LES CONDITIONS D'UNE BONNE DÉGUSTATION

Se familiariser avec toutes les subtilités d'un thé demande un peu d'entraînement et de concentration pour saisir les sensations au moment où elles apparaissent.

Il est toujours plus facile de percevoir les goûts ou les arômes le matin, quand le palais est reposé. La sensibilité est encore meilleure avant les repas, d'abord parce qu'à ce moment-là la sensation de faim met les papilles en alerte, ensuite parce que des aliments trop épicés peuvent parasiter le goût pendant quelques heures. À l'abri d'odeurs marquantes comme le parfum, la fumée de cigarette, les fumets de cuisine, il faut se ménager une pause en toute tranquillité, un moment dans lequel on se sent décontracté et donc à

LES MOMENTS DU THÉ

Voici une petite sélection de thés à déguster à des moments particuliers de la journée.

Petit déjeuner • Breakfast tea / mélange anglais • Assam • Ceylan feuilles longues ou brisées • Thé du Kenya

Matinée • Thé vert / Chine Lung Jing • Thé noir du Yunnan • Thé parfumé • Thé vert du Japon

Déjeuner • Pu'er du Yunnan • Thé fumé Lapsang-Souchong • Thé au jasmin • Autre thé en accord avec le plat choisi

Pause-thé • Thé jaune Yin Zhen • Thé blanc Bai Mu Dan • Thé Darjeeling *first flush* • Thé vert de Chine – d'Anhui : Huang Shan Mao Feng / Lu An Gua Pian / Ding Gu Da Fang – du Zhejiang : Kai Hua Long Ding / Tian Mu Qin Ding – du Henan : Xin Yang Mao Jian – du Jiangxi : Lu Shan Yun Wu

Après-midi • Thé Darjeeling *second flush* ou *autumnal flush* • Thé wu-long de Chine Tie Guan Yin • Thé wu-long Dragon Noir de Formose • Thé parfumé • Thé de Ceylan à feuilles longues

Sur un après-midi entier • Un thé façonné : une « fleur » de thé / Cœur de Pekoe

Soirée • Thé de Chine Qimen (Keemun) ou du Sichuan • Wu-long Dung Ti de Formose • Wu-long de Chine : un Da Hongpao du Wu Yi Shan ou un Fen Huang Dancong du Guangdong

Au bout de la nuit • Thé jaune Yin Zhen • Thé vert de Chine Taiping Hou Kui • Thé blanc Bai Mu Dan • Thé de Chine Pu'er

Terre de Yi Xing.

l'écoute de ses sensations. Un effet relaxant garanti ! Certains thés sont beaucoup plus difficiles que d'autres à apprécier, en particulier les thés jaunes ou blancs, d'une telle finesse qu'ils peuvent échapper aux palais peu avertis, ce qui serait d'autant plus dommage qu'ils sont coûteux. Il est judicieux – et amusant – de s'aventurer par paliers, en commençant par des thés expressifs et robustes, des thés noirs indiens ou ceylanais, puis chinois, de faire un détour par des thés verts puis d'aborder les wu-long de Chine ou de Formose avant de se lancer avec un Yin Zhen. Il n'en sera que meilleur. Enfin, déguster un thé n'est pas faire une inhalation ! Une température trop élevée ne permet pas de se rendre compte de ses qualités. Il ne commencera à délivrer des informations intéressantes que lorsque les volutes se seront dissipées. Il est toujours instructif de tester différentes températures, de le goûter quand il est tiède puis froid, de humer le fond de la tasse.

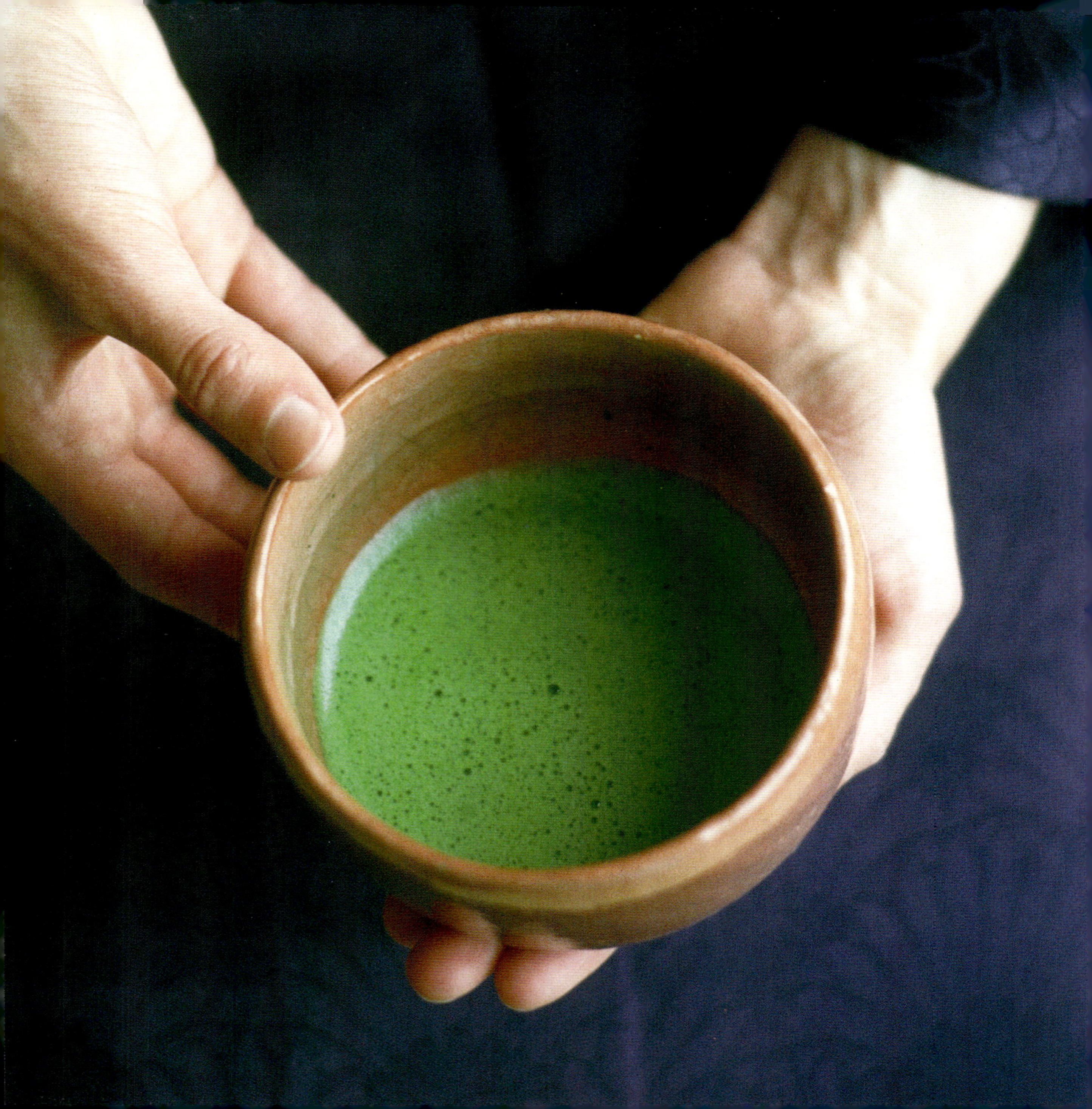

Après l'eau, le thé est la boisson la plus ancienne et la plus consommée au monde. Elle a conquis tous les pays de la planète, et il s'en boirait 1 800 milliards de tasses par an, grâce aux 3 millions de tonnes produites chaque année. N'est-il pas étrange, en tout cas, que de si loin l'humanité se soit rencontrée autour d'une tasse de thé ?

LE TEMPS DU THÉ

Théière en ivoire. Chine, début du XIXe siècle.
Page de gauche : Cérémonie du thé japonaise.

« Voilà le seul cérémonial asiatique qui emporte l'estime universelle. L'homme blanc a raillé notre religion et notre morale, mais il a accepté sans hésitation le breuvage doré. Le thé de l'après-midi est maintenant une fonction importante de la vie dans la société occidentale. Dans le bruit délicat des soucoupes et des tasses, dans le joli gazouillement de l'hospitalité féminine, dans le catéchisme admis partout de la crème et du sucre, nous avons autant de preuves que la religion du thé est maintenant au-dessus de toute contestation », écrivait à la fin du XIXe siècle l'essayiste japonais Kakuso Okakura dans son *Livre du thé*. En effet, bien plus qu'une simple eau chaude dans laquelle on baigne des feuilles, ce breuvage s'est imposé parce qu'il a su s'adapter à toutes les civilisations, autorisant un grand nombre de pratiques sociales. Chaque peuple, sur chaque continent, se l'est bel et bien approprié, développant autant de manières de le préparer et de l'accommoder, révélant par là aussi le meilleur des valeurs humanistes qu'il cultive.

Le thé se boit à la rigueur, mais ne se « siffle », ni ne s'« écluse ». Il se « prend », comme on prend du temps. Mondain ou domestique, en solitaire ou partagé, nomade ou sédentaire, on l'aborde toujours avec liberté mais jamais sans égard.

LA CHINE : L'ORIGINE

Placé d'emblée sous le triple signe de la médecine, de l'éveil spirituel et de la sociabilité, le thé est omniprésent dans l'empire du Milieu, faisant sous la dynastie Tang (618-907) l'objet d'un véritable culte. C'est à cette période d'ailleurs que Lu Yu, le premier, en énonce les règles dans son fameux *Cha Jing*, le *Classique du thé*, amorçant par là une codification de sa préparation et de ses usages. Le thé va accéder alors assez rapidement à un double statut : à la fois boisson populaire partagée par les plus humbles paysans en signe d'amitié, et breuvage de l'élite, célébré par les poètes et les empereurs, il gagne toutes les strates de la société. Sous la dynastie Song (960-1279), les esprits les plus éclairés se livrent à de complexes concours de dégustation et de préparation avec les eaux de source les plus pures, et l'empereur Huizong, au début du XIIe siècle, ne sera pas le dernier à livrer lui aussi dans son *Traité* tous les instrument d'une quête de la perfection et de la pureté. Pour autant, la Chine n'a jamais édifié une cérémonie aussi stricte qu'au Japon. Sous les Ming (1368-1644), l'usage de la théière apparaît, et avec elle la méthode du *gong fu cha*, littéralement le « thé de l'art » (voir encadré, p.54), qui, pour générale qu'elle soit, n'en connaît pas moins de très nombreuses écoles. Dans le même temps, les maisons de thé ouvraient leurs portes. Ces institutions jouent le même rôle que nos cafés, fleurissant dans les grandes villes de l'empire et jusque dans les campagnes les plus reculées, tantôt modestes abris aux bancs de bois, tantôt pagodes somptueusement décorées. On y venait pour y discuter, se détendre, échanger des nouvelles ou des idées. Il n'est donc pas étonnant que la Révolution culturelle ait jugé ces repères de l'oisiveté d'un œil méfiant. Elle ordonnera leur fermeture, mais certaines, comme dans les régions les plus traditionnellement productrices du Sichuan, ne cesseront jamais d'exister. Depuis l'« assouplissement » du régime communiste, les maisons de thé renaissent petit à petit, brassant tous les âges et toutes les conditions. La consommation qui s'était repliée dans l'intimité du domicile familial reprend une dimension publique, entretenue seulement par les marchands de thé ambulants dans la rue. Les comptoirs se développent aussi. Aujourd'hui, il n'est pas une ville, pas un village non plus, sans une échoppe de thé à la gamme très étendue... ceux originaires de la province même y figurent naturellement en bonne place, mais ceux du reste de la Chine aussi. Il n'y a que dans les très grandes villes que des thés importés peuvent être proposées à la vente, à titre très exceptionnel !

Contrairement à ce qu'il est courant de voir dans les restaurants chinois occidentaux, en Chine on ne boit pas de thé pendant les repas. Mais il accompagne tous les autres moments du quotidien. Le matin, chacun part sur son lieu de travail ou vaque à ses occupations sans omettre d'emmener avec lui l'objet le plus répandu dans ce pays : la bouteille Thermos ! L'eau chaude est disponible partout, souvent gratuite, et elle permet aussi de fabriquer du thé n'importe où.

LE JAPON : LA VOIE DU THÉ

Le splendide isolement du Japon en matière de thé est en train de s'effriter ! Pendant des siècles, il a produit du thé vert, dont à peine 10 % était destiné à l'exportation. Pays de grande culture du thé, il a toujours cultivé l'autosuffisance. Mais si les Gyokuru, sencha, matcha restent encore très populaires, le Japon s'est laissé séduire par les thés noirs qu'il ne produit qu'en infime quantité, à peine 10 tonnes par an, dans une seule plantation. Darjeeling en *first flush* (récolte de printemps), Assam en *second flush*, Ceylan BOP de la région d'Uva ont pris une part significative dans la consommation intérieure et sont particulièrement estimés, ainsi que les thés parfumés, dits d'ailleurs français, aujourd'hui à la mode : au commencement était la pomme, mais d'autres arômes ont suivi pour satisfaire cette nouvelle demande. Les fruits, les épices et les fleurs consti-

Au Tibet, femme kongpo offrant du thé.

tuent une gamme variée à côté de celle des crus noirs que le Japon moderne et pressé infuse… dans des sachets en Nylon.

Mais le phénomène le plus marquant reste probablement celui de la consommation du thé glacé, jusqu'alors typiquement américain. Détrônant des marques de *soft drink* célèbres, les Japonais ont mis au point des thés en cannettes ou en bouteilles de toutes sortes : les plus appréciés sont le sencha (thé vert) et un thé appelé à tort wu-long car il correspond, en fait, au bancha Houjicha, un thé vert grillé dont le goût rappelle certains wu-long Choicest de Formose. Peu ou pas de sucre ajouté, un goût de thé incontestable, de la fraîcheur, ces boissons ont tout pour plaire dans un pays où chaleur et humidité se conjuguent au moins six mois par an. Leur effet bienfaisant et désaltérant est immédiat. Face à cette demande massive, le Japon a dû faire appel à un autre pays pouvant produire en quantité des thés assez similaires aux siens : c'est ainsi que la Chine pèse de plus en plus fortement dans la consommation de thé nippone !

LE TEMPS DU THÉ

LE *CHA NO YU* À l'opposé du Japon moderne, la cérémonie du thé pratiquée par 6 millions de Japonais incarne les valeurs poétiques et mystiques de sa civilisation. «Le thé devint chez nous plus qu'une idéalisation de la forme de boire : une religion de l'art de la vie. Ce breuvage devint un prétexte au culte de la pureté et du raffinement, une fonction sacrée où l'hôte et son invité s'unissaient pour réaliser à cette occasion la plus haute béatitude de la vie mondaine. La chambre de thé fut une oasis dans le triste désert de l'existence où les voyageurs fatigués pouvaient se rencontrer et boire à la source commune de l'amour de l'art. La cérémonie fut un drame improvisé, dont le plan fut tramé autour du thé, des fleurs et des soies peintes. Nulle couleur ne venait troubler la tonalité de la pièce, nul bruit ne détruisait le rythme des choses, nul geste ne gênait l'harmonie, tous les mouvements s'accomplissaient simplement et naturellement – tels étaient les buts de la cérémonie du thé.»

Personne n'a mieux résumé que Kakuso Okakura dans son *Livre du thé*, paru en 1906, l'essence de la cérémonie japonaise, le *cha no yu*, littéralement «eau chaude du thé». Prolongement du rituel zen, à l'origine inspiré par des moines bouddhistes, il a été codifié dans ses moindres détails par la lignée des grands maîtres de thé se réclamant tous de Sen no Rikyu, leur père spirituel. Celui-ci posa au XVIe siècle les jalons de la «voie du thé», le *chado*, définissant les canons d'une cérémonie dépouillée, le *wabi*, «satisfaction dans la pauvreté». Bien que les grands seigneurs, avides de faste, l'aient poussé à se faire hara-kiri, son fils Sotan, puis ses trois petits-fils, fonderont les trois grandes écoles qui existent encore aujourd'hui : Urasenke, Omotesenke, Mushanokojisenke. Le maître de thé, celui qui reçoit, mène ses cinq invités (nombre hautement symbolique au Japon) à un pavillon uniquement dédié à cette cérémonie : la «maison du vide». On y accède par une petite porte qui oblige à se courber en signe d'humilité, après avoir longé un sentier dallé dans un jardin soigneusement entretenu où tout n'est que silence et harmonie. Sur le seuil, les invités se rincent la bouche et se lavent les mains en guise de purification, puis chacun s'agenouille sur les tatamis, admirant les calligraphies et la décoration florale soigneusement choisies en fonction du jour, de la saison ou des circonstances. Le maître prépare alors le thé. Il essuie le bol à thé (*chawan*) avec un tissu accroché à la ceinture de son kimono. S'aidant d'une louche en bambou, il prend l'eau de la bouilloire en fonte (*kama*) posée sur un foyer encastré dans le sol afin d'y rincer le bol à thé, l'essuyant à nouveau avant d'y déposer la poudre du précieux matcha, le thé vert traditionnellement utilisé lors de la cérémonie auquel une boîte précieusement laquée sert d'écrin. Il verse l'eau sur le thé et, à l'aide d'un petit fouet en bambou (*chasen*), bat la liqueur à petits coups secs et vigoureux, jusqu'à obtenir une «mousse de jade». Le thé est alors offert au premier invité, qui va le boire en trois gorgées, avant de le passer à son voisin, après des commentaires élogieux. Une fois le thé bu, l'hôte offre des pâtisseries (*kaiseki*) suivies d'un thé plus léger, avant que la cérémonie ne s'achève dans la contemplation du décor et le recueillement. Une cérémonie courte (*chakai*) dure 1 heure, une version longue (*chaji*) prend 4 heures… Une aubaine pour le cinéaste Kenneth Branagh, qui déclarait récemment : «Je rêve de faire un film de 4 heures, sur un type qui boirait du thé !» Cette voie du thé, en apparence simple, vise à atteindre la perfection dans une harmonie complète de l'homme avec l'Univers. Elle nécessite en réalité de longues années d'apprentissage, et est enseignée comme un art en soi. Ce n'est que depuis le début du XXe siècle que les femmes peuvent prétendre au titre de maître de thé.

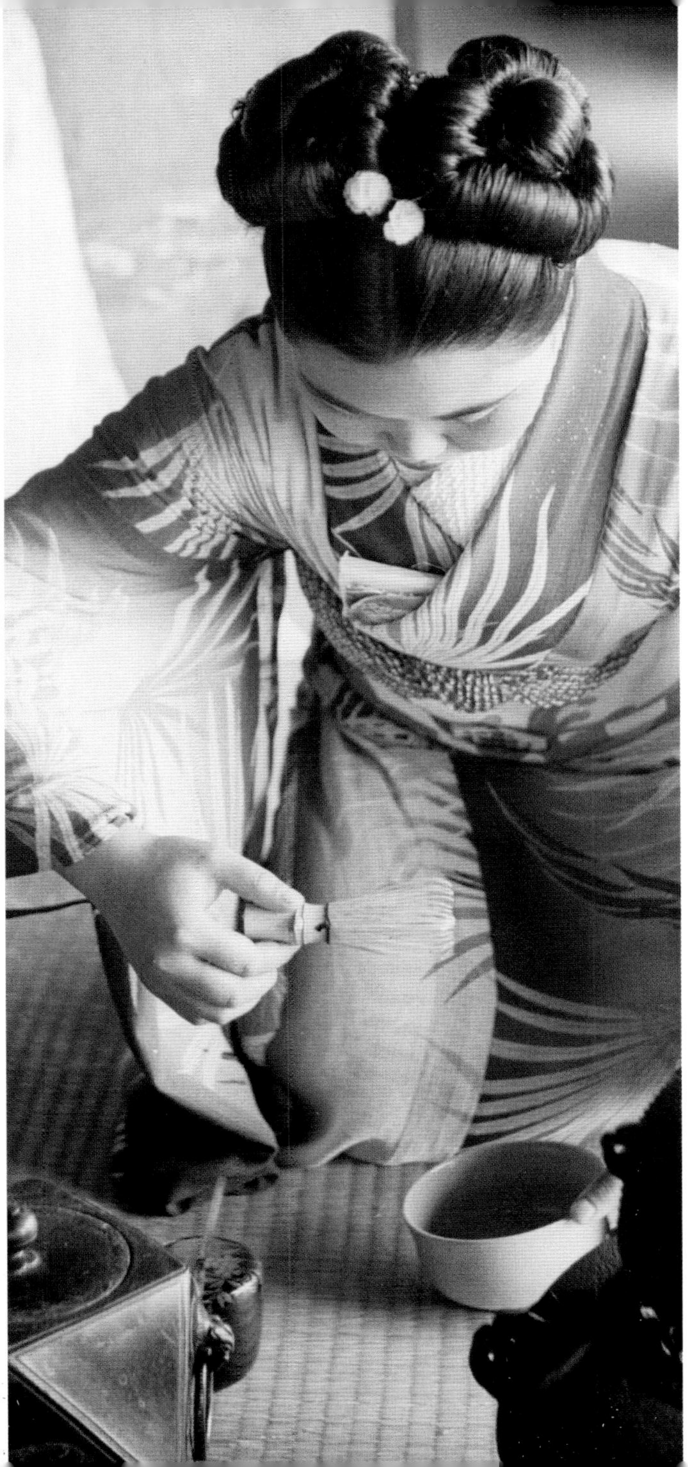
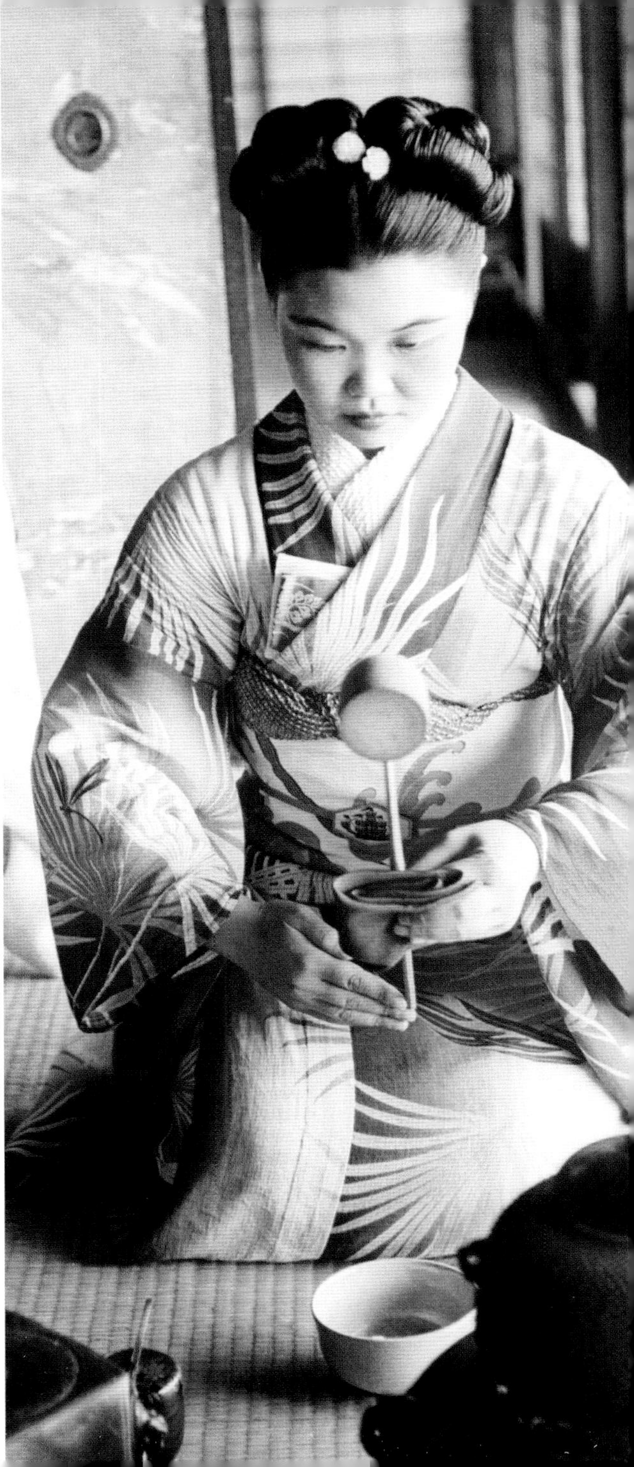

LE TIBET : UNE OFFRANDE AUX DIEUX

Les Tibétains importent leur thé, en général vert, du Sichuan voisin et le préparent avec grand soin. Il est généralement salé puis mélangé à du lait de chèvre ou du beurre de yack dans une baratte (*gugurchat*). Sa fonction est double : à la fois religieuse, puisqu'il sert d'offrande, mais aussi boisson de l'hospitalité. Ce thé salé est servi dans de grands bols de bois très remplis et il doit être bu presque en totalité. Le reste est destiné à être mélangé à d'autres préparations, comme la fameuse *tsampa*, une galette de farine d'orge grillée. Les Kirghiz se rapprochent de ce type de consommation, de même que les Tatares et les Mongols.

L'INDE : LE *CHAI MASALA*

Il existe un abîme entre la manière anglaise de boire le thé telle qu'elle était pratiquée par les colons, très à cheval sur les usages de leur métropole, et celle des Indiens. Les thés utilisés n'étaient pas les mêmes. Darjeeling ou les grands thés d'Assam à feuilles entières, longues ou brisées ont toujours été destinés à l'exportation, tandis que l'Inde, premier pays producteur mais également l'un des plus grands consommateurs, boit en majorité des CTC, des thés colorés et denses infusant rapidement dans du lait bouillant, agrémentés d'épices, de sucre et parfois de morceaux de fruits. Il y a presque autant de recettes de *chai masala* que d'habitants. Ce *chai*, boisson populaire, bon marché et hygiénique que l'on prépare aussi à Ceylan, est servi dans les rues du moindre village où une nuée de marchands alignés le long des trottoirs en propose dans des petits gobelets de terre très fine à usage unique – l'équivalent de nos gobelets en plastique – que l'on écrase et jette aussitôt par terre après avoir savouré la liqueur forte et douce. L'accumulation des tessons n'est d'ailleurs pas sans poser de problèmes aux municipalités.

LA RUSSIE : AUTOUR DU SAMOVAR

L'usage du thé en Russie s'est généralisé au XIXe siècle. Depuis son introduction au XVIIe siècle, il s'était cantonné aux cercles feutrés de l'aristocratie moscovite. Le principal vecteur de ce succès a été l'invention du samovar, datant de la même époque mais dont la fabrication et la diffusion se sont perfectionnées, certaines pièces devenant de véritables objets de collection.

« Capitoline Markovna consulta de l'œil sa nièce :
– Allons, Tante, je suis prête, dit celle-ci ; mais ne vaut-il pas mieux rester à la maison ?
– Soit ! nous boirons le thé à notre manière, à la moscovite, avec un samovar, et nous bavarderons gentiment. Litvinof fit apporter du thé, mais la conversation ne marcha pas aussi bien que le samovar. » (Ivan Tourgueniev, *Fumée*).

Il n'est pas un écrit de Tolstoï, Dostoïevski, Pouchkine ou encore Tchekhov où le thé ne soit évoqué. Il figure aussi fréquemment au centre des scènes de genre dans de nombreuses peintures. Vaste fontaine en cuivre, en bronze ou en porcelaine munie d'un brasier – aujourd'hui d'une résistance –, le samovar chauffe l'eau qu'il contient toute la journée, tandis que dans la théière posée à son sommet infuse un thé violent que l'on allonge à volonté grâce au robinet d'eau chaude situé à la base de la fontaine. Il en existe dans les trains, à chaque bout de wagon, comme dans le Moscou-Saint-Pétersbourg, et l'on vient s'y réchauffer alentour.

Les Russes consomment aussi bien des thés verts que noirs mais rarement avec du lait, et ce, toute la journée, dans des verres reposant dans des supports d'argent, d'étain ou d'Inox. Tout au plus un morceau de sucre ou de la confiture dans une cuillère en adoucit les contours un peu rugueux ! Mais les classes les plus aisées privilégient des thés d'importation au goût plus subtil comme les Darjeeling, Ceylan ou certains thés noirs de Chine. Les pays voisins comme l'Afghanistan, l'Iran ou la Turquie ont également adopté le samovar, qui côtoie la théière.

LES PAYS ARABES

L'une des conséquences de la guerre de Crimée a été la propagation du thé vert à la menthe. Les Anglais, interdits d'accès vers les marchés slaves et ne sachant comment se débarrasser d'une grande quantité de thés verts, les proposèrent aux pays du Maghreb. Très vite, le thé vert conquit l'Afrique du Nord puis l'Afrique noire, où l'on avait l'habitude de boire des infusions de menthe, d'absinthe ou de verveine. Il fut tellement bien accueilli qu'il devint une boisson nationale, intimement associée à tous les rites de l'hospitalité et de la sociabilité, parée aussi de toutes les vertus, digestives bien sûr, mais aussi stimulantes et apaisantes. Avec des consommations supérieures à 2 kilos par an et par personne, il est présent dans toutes les classes de la société, à toute heure et en tout lieu. Il ne se refuse jamais, c'est une main tendue… souvent accompagnée de délicieuses pâtisseries ! Sa préparation est une affaire exclusivement masculine, qui revient au chef de famille. C'est du Gunpowder (thé vert de Chine) qui est utilisé : on le rince une fois à l'eau bouillante, puis on le fait infuser avec des feuilles de menthe nanah, plus douce que la menthe poivrée. On y ajoute des morceaux de sucre, en abondance, avant de le verser de très haut, pour bien l'oxygéner, dans des verres

Au Cachemire, femme portant un samovar. >

peints multicolores. Le thé est toujours servi en trois tournées. La première est légère, la deuxième plus corsée, et la troisième indéniablement la plus puissante. Ce que traduit poétiquement le dicton touareg : « Le premier verre est aussi amer que la vie ; le deuxième est aussi doux que l'amour ; le troisième est aussi apaisant que la mort. »

LA GRANDE-BRETAGNE :
GOD SAVE THE TEA

« Quand je pense au thé, je pense à l'Angleterre, bien sûr... le cheval à bascule, le feu dans la cheminée... je dirai que c'est un bien joli lien entre amis... qu'on soit en haut ou en bas de l'échelle sociale, le thé est superbe. » Ce propos de Jacqueline Goury-Laffont (secrétaire général du prix Albert Londres), cité dans *La Grande-Bretagne, histoire d'une civilisation occidentale du thé* par Élisabeth Vian, fait oublier la perfidie de l'écrivain britannique Fay affirmant que « si le thé est le breuvage naturel d'un peuple taciturne, il est le don de la providence pour les plus mauvaises cuisinières du monde, car facile à préparer ». On connaît l'attachement des Anglais au thé, et l'on n'en finirait pas d'énumérer les romans, les chansons, les aphorismes, les peintures, les innombrables photos de la vie quotidienne dans lesquels il figure. Plus qu'un breuvage, c'est un prolongement de l'Anglais dont il rythme la journée aussi sûrement que les aiguilles de Big Ben. *Early morning tea* pris au lit dès le réveil, *breakfast tea* roboratif, *brunch tea*, et surtout sacro-saint *afternoon tea* sont des moments qu'aucun cataclysme ne saurait perturber. Tout au plus, leur rythme s'est-il un peu modifié au cours du temps. En 1840, Anna, la septième duchesse de Bedford, lança la tradition de l'*afternoon tea* à la suite des nouveaux horaires de repas. Le dîner de 17-18 heures ayant été décalé à l'heure du souper, aux environ de 19 heures, il fallait pouvoir patienter jusque-là. Ce fut une chance pour le thé, qui trouva naturellement une place de choix à 16 heures... et se transforma en *five o'clock tea* quand la reine Victoria jugea ce nouvel ajustement horaire plus adéquat.

Cantonné à l'origine aux salons huppés, le thé se diffuse dès le XVIIIe siècle dans toutes les classes de la société. Même s'il reste alors un produit cher, rien ne semble devoir entamer son expansion soutenue par l'émergence des *coffee houses*, ces maisons où l'on sert café, alcool et thé, et qui deviennent le centre de la vie sociale. La prude période victorienne l'érige même en fer de lance des campagnes antialcoolisme à travers ses *morality tea*, organisés par les ligues de charité : tout un programme, destiné à réchauffer le cœur des exclus et surtout à combattre le fléau qui ravageait les classes les plus défavorisées. Il figure aussi dans la ration alimentaire de tous les hôpitaux, tandis que la reine elle-même institue à Buckingham Palace le cérémonial du *tea-time*. Au plus fort de leur consommation, il y a à peine trente ans, les habitants du Royaume-Uni buvaient jusqu'à 4 kilos de thé par an et par personne. Mais la tendance s'est inversée et amorce aujourd'hui un lent déclin : la consommation n'atteint plus que 2,26 kilos. *Shocking* ? Il est probable que l'Angleterre a du mal à se libérer du poids des traditions, et ne se résoud pas encore assez à échapper au sempiternel mélange de thés noirs à feuilles brisées du Kenya, de Ceylan et d'Inde. L'adjonction de lait ou de crème, de citron, constitue une sorte de cérémonie mais empêche de s'évader d'un goût particulier, celui de thés âpres et forts. Le marché anglais est un marché de masse, et sa palette de choix demeure assez restreinte. Il ne favorise pas l'émergence de goûts diversifiés et plus actuels. Néanmoins, s'inspirant de pays comme la France ou l'Allemagne, des comptoirs aux variétés innombrables et inédites commencent à voir le jour.

En Irlande, en revanche, l'attachement affectif au thé demeure toujours aussi ancré dans le quotidien de tous, au nord comme au sud. L'île détient d'ailleurs le record de la consommation avec presque 4 kilos par personne et par an. Antidote à la rudesse du climat et du paysage, la *cupan tea* est aussi brune et forte que les bières que l'on y boit. Un thé de Ceylan et d'Assam, coupé de lait ou de crème, sucré, dense… Une tasse de thé revigorante !

L'ALLEMAGNE : BONS ET BIO

Port franc, Hambourg a longtemps bénéficié de ce statut privilégié pour développer ses importations de matières premières, faisant de la capitale hanséatique un passage obligé. Mais les Allemands ne se sont pas contentés de vivre sur cet acquis : ils ont aussi été des précurseurs, en créant par exemple, avec la dynastie moins connue des Ellerbrock, le thé parfumé « à l'européenne », ou en lançant la déthéinisation (une invention germano-suisse), en initiant le thé bio et en favorisant largement le commerce équitable, développé comme nulle part ailleurs.

Contrairement aux autres pays européens, le thé est essentiellement vendu dans des magasins alimentaires de proximité. Il existe également beaucoup de chaînes de magasins franchisés. D'où un choix très varié et une grande connaissance répondant aux exigences des amateurs. Signe révélateur, la part des thés en vrac atteint le tiers des achats. Les Allemands aiment les thés forts et astringents comme les Assam ou les Ceylan, au détriment des thés parfumés, peu consommés dans le pays où ils ont pourtant été inventés !

LES PAYS-BAS : UN PAYS PIONNIER

Pays précurseur en Europe au XVIIe siècle, la Hollande reste une plaque tournante du thé, ne serait-ce que grâce à l'activité du port de Rotterdam. La compagnie d'Ostende, créée au XVIIIe siècle pour concurrencer la Compagnie des Indes orientales, contribua à ancrer le thé dans le quotidien des Hollandais, avec des usages très raffinés. La consommation est encore significative, deux fois celle de la France, et se porte comme en Allemagne sur des thés assez forts.

LES ÉTATS-UNIS

Introduit dès le XVIIe siècle par les Hollandais, le thé bénéficia de la même vogue chez les émigrés anglais que dans la métropole, développant une culture raffinée sur la côte Est et se diffusant ensuite dans toutes les classes de la société. Son importation fut massive à la fin du XVIIIe siècle quand le jeune peuple américain réussit à détourner le monopole de l'Angleterre pour s'approvi-

‹ Préparation du thé dans le désert en Libye, Le Fezzan, Tassili de Maghidet.

sionner directement en Chine. Le thé, symbole de l'indépendance ! On continua néanmoins, dans les classes huppées, à le boire selon les usages anglais. Ce n'est qu'au début du XXe siècle qu'une manière originale de le consommer apparut : en 1904, un négociant, Richard Blechynden, attendait vainement le chaland sur son stand de l'Exposition universelle de Saint-Louis, accablé par une vague de chaleur nuisant au dynamisme de ses affaires ; personne n'ayant alors vraiment envie de boire un thé noir brûlant, il eut l'idée d'introduire des glaçons... et le thé glacé eut le succès que l'on sait. Il figure parmi la boisson préférée des foyers américains où l'on préfère, plus que de le préparer, privilégier les *instant tea*, à base de poudre de thé lyophilisé, que l'on mélange à de l'eau, ou les bouteilles ou cannettes prêtes à boire. La poésie y perd, le goût aussi, mais la consommation reste ancrée dans le quotidien américain.

LA FRANCE

Si nous avons presque rattrapé les Allemands, nous faisons piètre figure, en revanche, à côté des Anglais : nous consommons dix fois moins de thé que nos voisins avec, en 2005, une moyenne de 250 grammes par an et par personne, ce qui équivaut environ à une tasse tous les trois jours ! Le thé n'a jamais été une boisson populaire. En terre de vignes, c'est le vin qui remplissait cet office, ce coup de rouge mouillé avec un peu d'eau, la « piquette », que l'on emmenait aux champs ou à l'usine pour se donner du cœur à l'ouvrage. Le thé, depuis son introduction au XVIIIe siècle, est longtemps resté l'apanage de l'aristocratie et des salons bourgeois où l'on calquait les usages anglais du *tea-time*, dans l'ambiance raffinée d'une sociabilité essentiellement féminine. Il en fallait davantage pour témoigner d'une réelle culture du thé !

La « démocratisation » de cette boisson a réellement commencé dans les années 1960, avec la naissance des supermarchés et la création du Comité français du thé, favorisant des opérations de promotion et la mise en évidence de nouveaux produits, comme les thés parfumés, au succès foudroyant dès les années 1970. Depuis une dizaine d'années, ils ont été relayés par l'engouement pour les thés verts, auxquels les études scientifiques ont prêté sensiblement les mêmes vertus que le vin : un effet protecteur sur les artères et une fonction antioxydante propre à ralentir les effets du vieillissement. Vertus que l'on retrouve, finalement, après de nouvelles études scientifiques, dans tous les autres thés. De plus, Paris est devenu la capitale des salons de thé. Contrairement à l'Angleterre où l'on boit le thé *at home, sweet home*, à Paris, on sort pour le prendre. Les établissements fleurissent et prospèrent dans de nombreux quartiers, mais la banlieue et la province semblent suivre la même tendance. Avec leur personnalité, ces salons ou lieux consacrés au thé proposent d'une manière décontractée, outre la dégustation proprement dite, des plats souvent simples à base de thé. Une formule dans l'air du temps, diététique et abordable, un mode de vie décontracté autour duquel gravitent des formes artistiques et culturelles simples : lectures, expositions de peinture, sculpture... C'est dans la mouvance de ces établissements que le thé a puisé une nouvelle jeunesse. Les institutions traditionnelles aux sièges immanquablement Louis XVI ont toujours leurs adeptes, mais elles côtoient désormais une nouvelle génération de salons. La clientèle, plus jeune, pousse leur porte avec le désir de découvrir les notions de crus et de terroirs, à la recherche d'une émotion gustative, contribuant à l'émergence d'une consommation haut de gamme. On ne se refait pas ! Il est tout à fait révélateur que le thé s'invite à table, devenant une alternative au vin, du moins à l'heure du déjeuner. Une nouvelle révolution en France où le thé se décline à toute heure et sous toutes formes de saveurs !

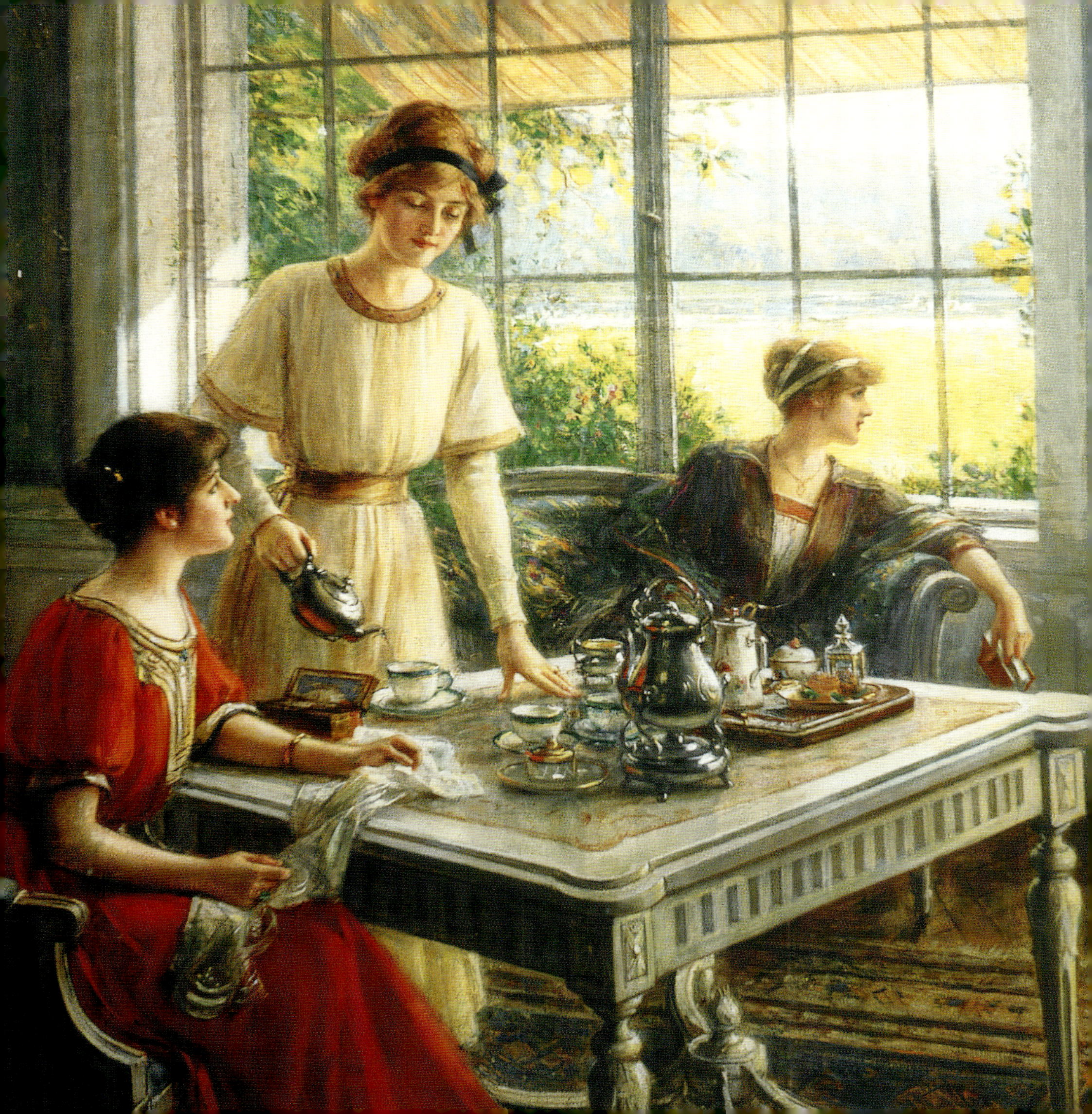

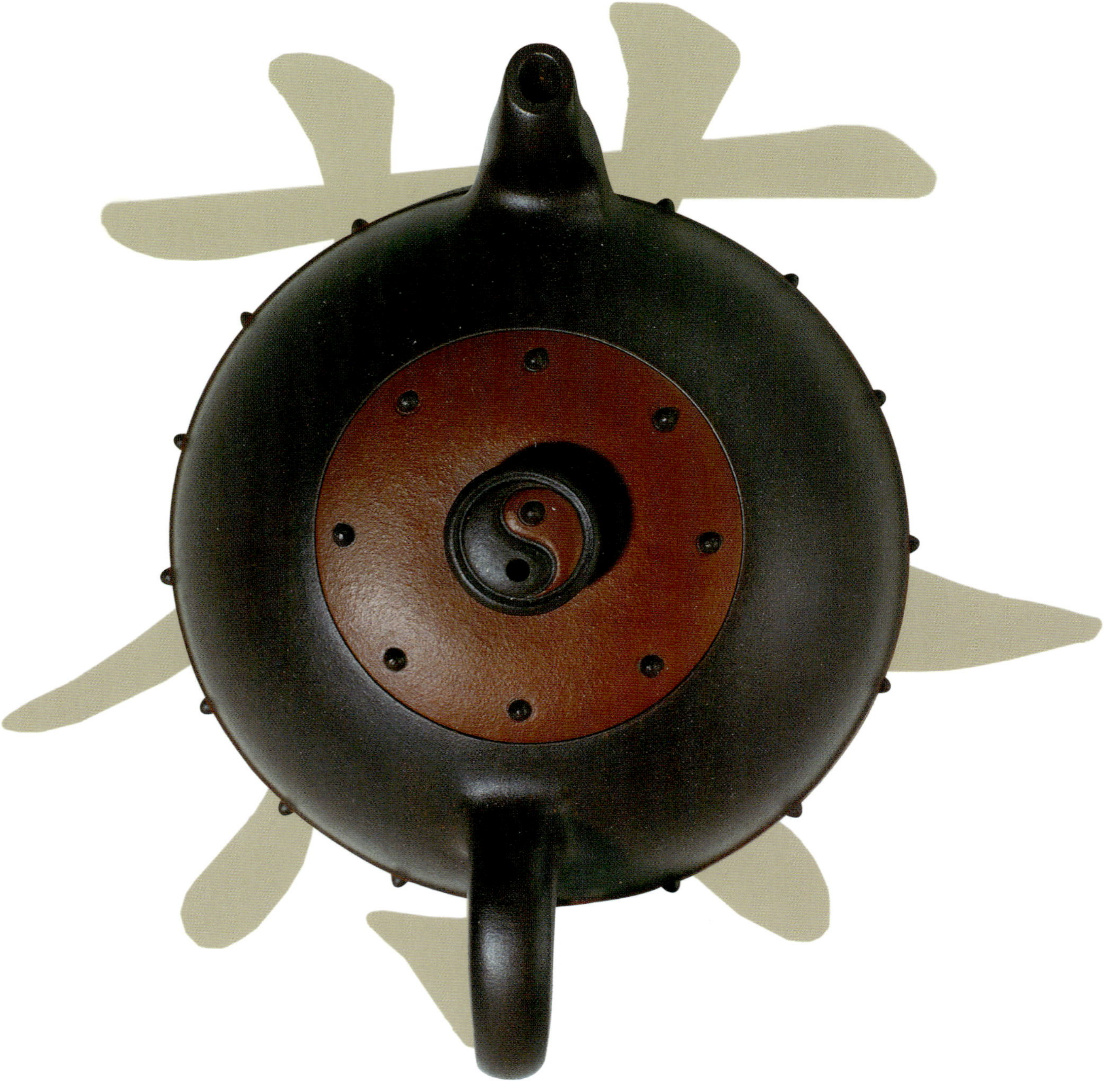

LES THÉS FLORAUX 74

LES THÉS FRUITÉS 81

LES THÉS ÉPICÉS 91

LES THÉS BOISÉS 97

LES THÉS VÉGÉTAUX 100

54 FICHES DE DÉGUSTATION

LES THÉS EMPYREUMATIQUES 107

LES THÉS ANIMAUX 112

LES THÉS MINÉRAUX 115

LES THÉS GOURMANDS 119

LES THÉS PARFUMÉS 122

De nombreux thés comportent des parfums floraux à l'état naturel. Certains revêtent toute la fraîcheur juvénile d'un printemps, jetant une brassée de fleurs blanches et nacrées dans la tasse. Le muguet, le jasmin, le lilas, l'aubépine, l'orchidée et le narcisse s'accompagnent ici d'harmoniques aériennes, tantôt citronnées, tantôt aussi séveuses que de l'herbe tendre. D'autres exhalent l'exquis parfum de la romantique rose ancienne, ou plutôt des roses. En effet, la puissance poivrée et légèrement musquée des rouges carmin n'a rien de commun avec le parfum frais comme l'aurore des roses pâles si prisées des Anglais ou l'odeur sucrée, presque fruitée, des roses

LES THÉS FLORAUX

jaune saumoné... Toutes ces nuances se retrouvent dans certains thés, sur un mode majeur. En mineur, épices, bois exotique ou fruits viennent tendre une toile de fond plus ou moins riche derrière ces parfaits bouquets.

Certains thés noirs de Chine, comme beaucoup de Qimen, appartiennent à cette famille. La rose se mêle ici au chocolat noir et à de chaudes notes de bois patiné. Des thés opulents mais tendres qu'on aime l'après-midi. Certains wu-long, ces thés en voie de fermentation, jouent sur l'autre versant, floral, à la limite végétal : très désaltérants, ils conservent l'odeur des modestes et éphémères fleurs des champs, dont ils ont la gracieuse légèreté.

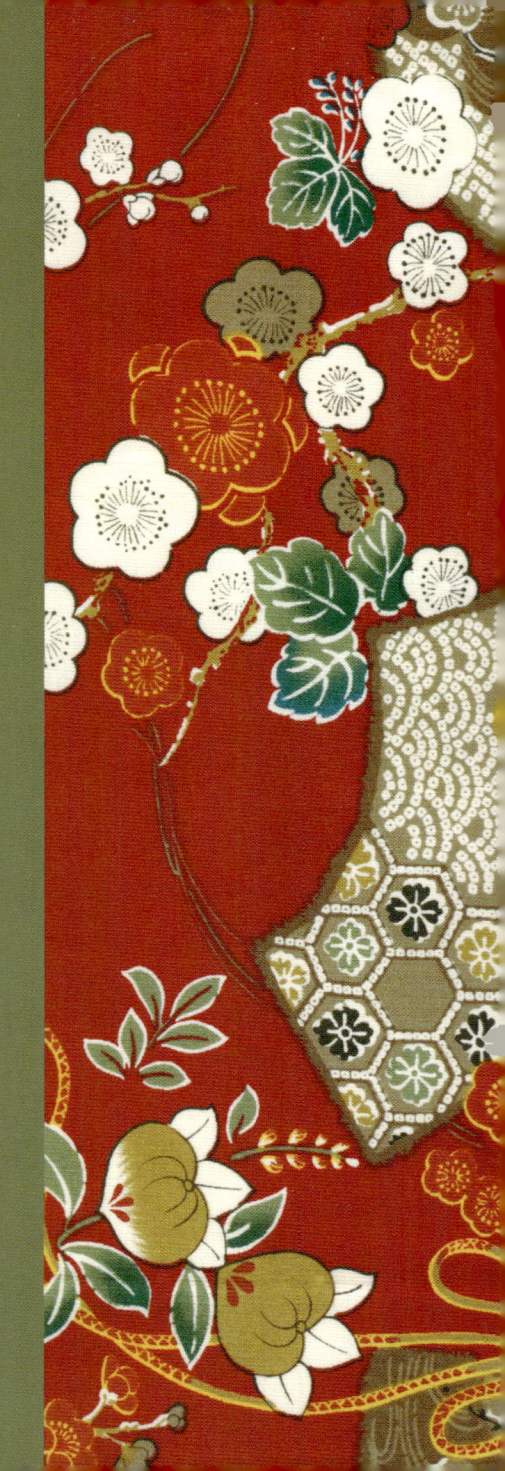

CHINE, Sichuan

Grand Sichuan FOP

Thé noir, récolté en mai

LES THÉS FLORAUX

Le Sichuan est l'un des berceaux du thé, et sa tradition millénaire y est encore fortement ancrée. Chengdu, la capitale, a longtemps joué le rôle de carrefour des routes du thé et de la soie, en raison de sa proximité avec le Tibet et le Yunnan. Aujourd'hui encore, de nombreuses maisons de thé jalonnent les rues, rendez-vous de générations venues partager en toute simplicité un moment de détente autour d'une tasse, souvent après une séance de tai-chi. L'ombre de Du Fu (dynastie Tang), le plus grand poète classique chinois, hante encore les ruelles de sa « ville à double enceinte remplie de maisons fleuries » et vient se noyer dans les effluves du thé.

✤ Dégustation

Feuilles sèches : Très fines, noires, brillantes, elles sentent la rose rouge et le chocolat.
Feuilles infusées : Régulières et rousses, elles se déploient sans accroc. La rose prend le dessus en un délicieux bouquet et le chocolat s'éclipse au profit de belles notes boisées, légèrement balsamiques.
Liqueur : Épaisse, presque opaque, elle déploie une belle succession d'arômes. D'abord la fraîcheur de la rose, puis des touches chaudes de tabac, où vient s'insinuer un parfum de rose, avant de capituler devant les notes sucrées de litchi et celles, élégantes, d'un bois exotique. Une liqueur riche, chaude et capiteuse, que l'on ne cherchera pas à trop extraire : l'astringence pourrait gâcher sa finale.

✤ Préparation

1 cuillerée de feuilles par tasse. Infusion à 95 °C pendant 5 minutes, pas une de plus !
Moment : Sa vigueur, sa pointe d'astringence lui permettent de se marier avec des plats fondants comme des blancs de dinde à la crème ou, au dessert, avec une mousse au chocolat. On peut aussi faire une pause toute simple, à 17 heures, quand on a l'esprit un peu ailleurs et envie d'un thé qui s'impose avec évidence et facilité.

75

CHINE, Hunan

Cœur de Pekoe

Thé vert

Les assemblages de thé aux fleurs ou aux fruits constituent une tradition bien ancrée en Chine, que d'éphémères interdits impériaux n'ont jamais pu abolir. Assembler une fleur sauvage à des feuilles de thé est un art qui exige des doigts de fée ! Un fil magique, savamment tressé, réunit 200 feuilles (impériales, en général) à une ou plusieurs fleurs comme la rose, le jasmin ou, ce qui est le cas de ce Cœur de Pekoe, l'amarante. Le résultat n'est pas seulement un ravissement pour les yeux devant le spectacle en sept actes de ces sept infusions successives dans un verre : il s'agit aussi de la dégustation d'un très grand thé, à l'immense délicatesse. Le comble du raffinement et de la poésie.

Dégustation

Feuilles sèches : Vertes, avec des reflets blancs, elles sont cousues à la main autour d'une fleur d'amarante rose.

Feuilles infusées : Elles se déploient magnifiquement en corolle autour de la fleur rose.

Liqueur : Limpide et doré pâle, on aime sa texture douce – un coussin de soie ! –, sa fraîcheur et ses délicieux arômes de confiserie et de sucre d'orge, que viennent envelopper de discrètes notes florales. Un thé ultraféminin, qui joue avec aisance sur la séduction et la douceur plutôt que sur l'ampleur.

Préparation

Une fleur par verre haut. Infusion à 95 °C dans un verre, pendant 5 minutes pour la première infusion, puis 3 minutes pour les autres (7 ou 8 infusions successives possibles).

Moment : Le soir, sa suavité et sa fraîcheur ayant le don d'abolir toutes les tensions d'une journée fatigante, été comme hiver.

FORMOSE (TAIWAN), Dong Ding

Dong Ding (bio)

Thé wu-long (semi-fermenté, bleu-vert), récolté en octobre

Les premières graines de théier ont été importées à Formose au milieu du XIXe siècle, à partir de la province réputée de Fujian, seulement séparée de l'île par le détroit de Formose. Et si les premiers plants n'ont guère survécu à leur transfert, la culture du thé couvre aujourd'hui neuf grands secteurs de l'île. Les Dong Ding (ou Dung Ting ou Tung Ting ou Dung Ti) cultivés dans le Centre-Ouest portent le nom de la montagne éponyme, qui signifie poétiquement « Brume glacée des sommets ». Un paysage somptueux, où le vert des théiers couvrant ses flancs se teinte de reflets bleutés à la tombée du jour. Les Dong Ding sont de très grands thés : les notes fleuries les plus subtiles imprègnent le corps de ce breuvage céleste.

✠ Dégustation

Feuilles sèches : Belles feuilles roulées et bien dodues au nez de noisette et de pistache grillée.
Feuilles infusées : Une petite touche florale par-ci, une petite touche de fruits secs par-là, rien ne s'impose, tout se devine.
Liqueur : La couleur du beurre fondu s'écoule dans la tasse, laissant échapper des notes d'arachide, de fruits secs, de châtaigne, puis celles légèrement sucrées de caramel et de miel, une réminiscence de grillé et enfin un joli bouquet de fleurs blanches. En bouche, c'est un ruban de soie, une texture souple et moelleuse. Un thé d'une splendide complexité et d'une longueur exceptionnelle.

✠ Préparation

1 cuillerée de feuilles par tasse. Infusion à 95 °C pendant 5 à 7 minutes. Pour profiter au mieux de sa richesse d'arômes, on préconise la méthode chinoise en gong fu cha par infusions successives, trois fois pendant 1 minute chacune. Sa qualité lui permet d'aller aisément au-delà des sept infusions traditionnelles.
Moment : Très élégant mais demandant un palais exercé, ce thé mérite sa seule compagnie, à 17 heures, ou après le dîner pour « oublier le bruit du monde ».

LES THÉS FLORAUX

茶

CHINE, Guangdong

Fen Huang Dan Cong

Thé wu-long (bleu-vert), récolté en juin

Au sud-est de la Chine, la région de Guangdong est moins réputée que celle du Fujian pour les thé wu-long. Et pourtant ! Celui-ci fait exception et il mérite bien son nom, qui signifie « Dancong du phénix » : cultivé près des montagnes de Wudong, il est tout simplement situé à côté d'un village surnommé Phénix ! Ici, les théiers s'élèvent majestueusement, singulières silhouettes hautes et peu taillées. Leurs branches pourvues de parcimonieux rameaux mais avec de très grandes feuilles percent la brume et les nuages qui les baignent une longue partie de l'année. Leur histoire est très ancienne puisqu'elle remonte aux années 1150, en pleine période de l'essor Song. Des thés d'une rare délicatesse.

✠ Dégustation

Feuilles sèches : Très longues, noires mêlées de gris, elles sont issues d'une récolte fine, et révèlent un parfum somptueux et complexe ; la pêche, la poire, la pomme caramélisée et l'abricot se mêlent à un admirable bouquet de fleurs.

Feuilles infusées : On retrouve toute cette richesse dans les feuilles très déployées, devenues vert-de-gris.

Liqueur : Le fond fruité évoque une chaude journée d'été finissant, avec des saveurs mûres d'abricot compoté et de poire doucement acidulées par des notes hespéridées telle celle du pamplemousse rose. Mais la dominante est bien florale ! Elle parsème la tasse de pétales d'orchidée et de jasmin, avant d'être enrobée par la suavité d'une confiture de pétales de rose jusqu'à une finale soyeuse et très douce. Un thé digne d'un grand parfumeur.

✠ Préparation

1 cuillerée de feuilles par tasse. Infusion à 95 °C pendant 5 minutes.

Moment : Sa douceur et son raffinement en font vraiment un thé délicieux et apaisant, à boire tout au long de l'après-midi.

CHINE, Anhui

Top Taiping Hou Kui de Sanhe (bio)

Thé vert, récolte d'avril

Le « Roi des singes de la ville de la Paix céleste » pousse sur une île aux pentes abruptes : on y accède en traversant le lac proche de la ville de Taiping, qui signifie « Paix céleste », dans des paysages enchanteurs. Mais la légende raconte que l'accès aux théiers était si difficile que les hommes dressèrent des singes (*hou ku*') pour effectuer la cueillette à leur place. Les plus estimables de ces thés sont produits aux alentours du village de Sanhe. Là, les familles de paysans perpétuent encore, de génération en génération, un savoir-faire unique. La meilleure qualité, à Sanhe, ne produit annuellement qu'une tonne de feuilles fraîches, très allongées et d'un vert superbement profond, soit seulement 200 kilos de thé. La première récolte s'effectue au début du mois d'avril dans des conditions précaires : seuls le bourgeon terminal et les deux feuilles suivantes sont prélevés avant d'être transformés, selon un procédé de fabrication très minutieux, pour un résultat tout simplement exceptionnel.

✣ Dégustation

Feuilles sèches : Les grandes feuilles plates de 4 ou 5 centimètres se reconnaissent tout de suite. On les hume avec l'impression délicieuse de mettre le nez dans un pot de confiture d'abricots.

Feuilles infusées : Elles libèrent une palette toute différente, des notes délicates de fleurs blanches duveteuses, de pêche blanche aussi.

Liqueur : Jaune pâle, limpide, c'est toute la chair de l'orchidée dans la tasse. En toile de fond, des notes miellées anticipent la douceur que l'on ressent en buvant ce thé. Soyeux, ample, doux, fleuri, il évoque l'univers exquis et un peu languide des élégantes de Proust.

✣ Préparation

3 grammes de feuilles par tasse. Infusion : La préparation doit se faire dans un zhong. Après avoir « lavé » les feuilles en versant de l'eau chaude (75 °C) dessus, on jette la première infusion au bout de quelques secondes, puis on procède à trois infusions successives de 3 minutes chacune avec les mêmes feuilles de thé.

Moment : On peut boire du thé vert à tout moment. Celui-ci demande un peu de recueillement : il est goûteux, racé. On l'aime particulièrement à 11 heures ou en début d'après-midi. On peut aussi l'apprécier avec des mets aux saveurs douces, comme des rattes du Touquet servies avec un filet de beurre clarifié ou un carpaccio de poisson blanc.

CHINE, Fujian, Anxi

Tie Guan Yin

Thé wu-long (bleu-vert)

L'un des wu-long les plus réputés de Chine est placé sous le signe de Guan Yin, « la déesse en fer de la Miséricorde ». Plusieurs légendes font état de son origine, mais toutes s'accordent au moins sur un point : ce thé est d'essence divine ! Citons-en une : Weï, un laborieux paysan, passait régulièrement devant un petit temple en ruine dédié à la déesse. Ce spectacle l'affligeait au plus haut point, mais les moyens lui manquaient pour le remettre en état. Néanmoins, chaque jour, il nettoyait avec piété la statue en fer (*tie*), balayait le temple et, avant de retourner à ses occupations, allumait quelques bâtons d'encens. Une nuit, Guan Yin apparut à Weï et lui annonça qu'un trésor se trouvait dans une grotte située derrière le temple. Weï s'y précipita mais ne trouva là que quelques graines : déçu, il revint chez lui et les planta dans son jardin. Il vit alors croître de magnifiques arbustes dont il infusa les plus belles feuilles pour en retirer une boisson merveilleuse et cristalline… Le thé Tie Guan Yin était né : Weï en apporta à ses voisins, avant que la province entière ne lui en réclame. Fortune faite, il put enfin restaurer le temple, non sans avoir dédié ce nouveau cru à la déesse en fer.

✠ Dégustation

Feuilles sèches : Vertes à reflets roux, elles ont l'odeur subtile de l'orchidée, végétale et fraîche.

Feuilles infusées : Entre fleurs et fruits, on respire encore l'orchidée, puis les notes chaudes de l'abricot et de la pêche blanche.

Liqueur : C'est le même parfum, mûr et fleuri, appétissant et frais. Plus insistant, il développe tout son bouquet, de l'attaque nette à la finale longue et très aromatique.

✠ Préparation

Environ 2 grammes de feuilles de thé par tasse. Infusion : On peut opter pour la préparation simple en théière, à 95 °C pendant 5 minutes. Cependant, en gong fu cha, on restituera mieux la palette des arômes (voir chapitre 4, p. 54).

Moment : L'après-midi ou le soir, on le déguste pour se rafraîchir. Sa légèreté désaltérante, son caractère tonique et son élégance se passent de tout accompagnement.

On rencontre les saveurs de fruits à des degrés plus ou moins marqués, non seulement dans la grande majorité des thés noirs mais aussi dans de nombreux wu-long. Elles se dessinent avec autant de netteté que dans nos vins et il serait d'ailleurs facile de trouver des correspondances entre les deux univers. Ce goût suave de raisin dans un Darjeeling *second flush* ? C'est exactement celui que l'on savoure dans un muscat-de-frontignan ou un muscat-de-rivesaltes. Ces notes de framboises et de mûres, brodées sur une structure souple et moelleuse ? Elles évoquent irrésistiblement le fruit d'un merlot, à Saint-Émilion. Une réminiscence de feuille de cassis par-dessus, et nous voilà

LES THÉS FRUITÉS

d'un bond de l'autre côté de la Garonne, musardant dans les caves de quelque cru classé du Médoc ! C'est sans aucun doute dans les Darjeeling, surnommés « les champagnes du thé » depuis fort longtemps, que les fruits trouvent leur plus intense expression. Les *first flush*, ces récoltes de printemps, se reconnaissent facilement par leur magnifique bouquet frais de litchi et de pêche blanche. Les *second flush*, elles, expriment toute la quintessence de l'été : l'abricot, le raisin muscat, la prune, la pêche jaune s'y bousculent. Une corbeille de fruits gorgés de soleil ! Plus vives, les saveurs acidulées d'agrumes, de kiwi et de tomate complètent avec bonheur cette corne d'abondance. Riches et gourmands, parfois explosifs, les thés fruités se prêtent à des alliances originales avec les mets, non seulement les desserts mais aussi les plats sucrés-salés.

INDE, Darjeeling

Gopaldhara

Wu-long, *first flush*

Considéré comme l'un des cinq plus prestigieux jardins de Darjeeling, Gopaldhara – qui signifie « l'eau fraîche et printanière (*dhara*) du dieu Enfant (*Gopal*) », probablement en raison des nombreux torrents cristallins qui dévalent le flanc des versants – est aussi l'un des plus étonnants : à la frontière du Népal, dans la Golden Valley, certaines de ses parcelles culminent à 2 500 mètres d'altitude ! Un jardin suspendu aux contreforts de l'Himalaya, l'un des plus haut perchés du monde, le toit du thé en Inde ! Quoi qu'il en soit, un tel nom ne pouvait pas mieux correspondre à la philosophie de production du jardin : le travail méticuleux de replantation à partir de théiers les mieux adaptés à l'altitude ainsi que des soins exigeants, de la cueillette à la transformation des feuilles ont engendré des thés aux arômes complexes et à la structure racée. Des thés purs, qui raviraient les dieux eux-mêmes…

Gopaldhara produit aussi (en quantité hélas ! homéopathique) de magnifiques wu-long, c'est-à-dire des thés en voie de fermentation, selon la tradition chinoise ou taiwanaise. Une innovation à Darjeeling, dont les thés noirs ont fait toute la réputation. Le jardin, l'un des pionniers en la matière, y prête une telle attention, qu'il affine encore davantage la notion de terroir en dédiant à ces wu-long des parcelles spécifiques, les mieux adaptées, aux franges les plus élevées du domaine. Cette démarche encore peu répandue donne des résultats réellement exceptionnels. Témoin, ce thé rare de connaisseur.

✳ Dégustation

Feuilles sèches : On respire un subtil parfum de fleurs blanches et d'abricot en plongeant le nez dans ces belles feuilles larges, d'un vert argenté.

Feuilles infusées : Grandes et vert pâle, elles déploient la même palette aromatique, avec une stricte cohérence.

Liqueur : D'un orange clair et limpide, elle est toute soyeuse et moelleuse, s'affermissant en fin de bouche grâce à une pointe d'amertume et d'acidité. Sur cette structure harmonieuse, s'installe un joli défilé de saveurs fruitées – des fruits gorgés de soleil – enrobées de miel ! Un délice qui conserve une silhouette longiligne sous d'appétissantes rondeurs.

✳ Préparation

1 cuillerée de feuilles par tasse. Infusion à 95 °C pendant 5 minutes.

Moment : Pour s'initier aux raretés que sont les wu-long indiens, il est préférable de les déguster sans accompagnement, quand l'appétit commence à se manifester. C'est à ce moment-là que les papilles sont les plus alertes. Ce thé convient donc parfaitement pour une tranquille pause à 11 heures ou pour celle de l'après-midi.

INDE, Darjeeling

Sungma SFTGFOP1

Thé noir, *first flush*

La plus grande plantation de Darjeeling, Sungma, apporte chaque année la preuve que le gigantisme n'est pas incompatible avec le raffinement. Son impressionnant jardin parfaitement entretenu couvre les flancs de la Rungbong Valley d'un épais tapis vert. S'élevant jusqu'à 1 800 mètres d'altitude, il regarde celui de Gopaldhara, sur le versant opposé, tandis que leurs reflets s'unissent dans les eaux de la rivière Balasun qui les sépare à leur pied. Il n'y a pas de spectacle plus majestueux, ni plus apaisant, que de contempler la symétrie de ces deux forces de la nature, à la lumière déclinante du soir. « Mister Tea » au sein du puissant groupe industriel Birla/Jay Shree Tea qui possède, entre autres activités, une quinzaine de jardins en Inde, Anil Jha est l'un des meilleurs connaisseurs de Darjeeling. Il a déjà fait ses preuves dans d'autres jardins prestigieux, comme Puttabong-Tukvar ou Risheehat qu'il supervise également aujourd'hui. Sungma est précieux pour la régularité de sa production dans l'année : quelle que soit la saison, elle est traitée avec la même maîtrise. Une valeur sûre.

✽ Dégustation

Feuilles sèches : Un peu irrégulières, elles forment néanmoins un bel ensemble d'un vert argenté. En les respirant, on entre dans le jardin des Hespérides ! Puis, des notes exotiques de pêche, de mangue et d'amande avec un soupçon de malt intéressant complètent cette riche palette.

Feuilles infusées : Du fruit et encore du fruit !

Liqueur : Fraîche et soyeuse, elle joue davantage sur l'expression sans retenue de ses arômes que sur la corpulence et l'ampleur. En la dégustant, on a l'impression de mordre dans un fruit pour se désaltérer. Les *first flush* récoltés en mars et avril atteignent leur apogée durant le second semestre de l'année. Au-delà, leur éclat risque de s'atténuer, même s'ils possèdent la qualité rare de résister remarquablement au temps.

✽ Préparation

1 cuillerée de feuilles par tasse. Infusion à 95 °C pendant 5 minutes.

Moment : En fin de matinée ou dans l'après-midi, car sa délicatesse ne s'accommode guère d'un accompagnement. On le dégustera tout seul, dans une fine porcelaine blanche pour apprécier sa robe limpide.

FORMOSE (TAIWAN)
Fancy Grand Dragon Noir Baï Hao
Wu-long, récolté en septembre

Wu-long, le terme générique désignant les thés partiellement fermentés (celui-ci l'est à 60 %), signifie « dragon noir » en raison de la forme des feuilles qui, une fois infusées, rappellent le dos et les ailes de cette créature particulièrement vénérée en Chine. Mais on dit aussi que, sous le règne de l'empereur Yongzhen, au XVIIIe siècle, vivait un paysan du nom de Su-Long que les paysans appelaient, par déformation, Wu-long. Ce paysan travaillait à la cueillette du thé, mais, dans sa passion pour la chasse, il ne se séparait jamais d'un fusil, au cas où un savoureux gibier aurait l'obligeance de se présenter. Une chèvre passa dans les plantations. Le premier coup de fusil fut le bon. Wu-long rapporta son trophée chez lui, oubliant la récolte de thé… Les feuilles avaient partiellement fermenté quand il se réveilla après ses agapes. Elles avaient le rapport idéal d'un wu-long, son nombre d'or selon les Chinois, c'est-à-dire « trois rouges, sept vertes », soit trois nuances de rouge au bord des feuilles, sept nuances de vert au centre. Un nouveau thé était né, portant le nom de son involontaire inventeur. Il est parfois difficile pour un palais habitué aux arômes des thés noirs de saisir toute la délicatesse des wu-long. Mais le Grand Dragon Noir, l'un des meilleurs qui soit, s'impose avec une somptueuse évidence.

✻ Dégustation

Feuilles sèches : Noires aux reflets marron et bien développées, elles exhalent de magnifiques notes de réglisse et d'abricot sec.

Feuilles infusées : Elles se déploient majestueusement, avec une riche odeur de châtaigne, de réglisse et de miel.

Liqueur : Orange limpide, douce, légère et suave, elle laisse un goût délicieux de miel et de fruits mûrs. L'abricot s'agrémente de petites notes de fraise et de framboise. Des saveurs de réglisse et de châtaigne viennent entourer ce cœur fruité. Un plaisir qui se poursuit en une longue finale.

✻ Préparation

Environ 3 grammes de feuilles par tasse. Infusion à 95 °C pendant 5 minutes en théière ou selon la méthode du gong fu cha *(voir chapitre 4, p. 54).*

Moment : Délicat et doux, faiblement dosé en théine, le Grand Dragon Noir est un excellent thé du soir.

INDE, Darjeeling

Margaret's Hope FTGFOP1

Thé noir, second flush

On a coutume de surnommer les Darjeeling « les champagnes du thé ». Margaret's Hope, c'est un peu comme Dom Pérignon ou la Grande Dame de la Veuve Clicquot : un monument ! Contrairement à ce qu'il est courant de lire, sa corpulence et sa force ne sont pas dues à la forte proportion de théiers d'Assam qui composeraient la plantation. Ici, comme ailleurs à Darjeeling, elle n'excède guère 30 %, le reste étant des théiers chinois réputés pour leur résistance à l'altitude. Il faut plutôt rechercher les raisons de cette opulence d'abord dans une exposition idéale, à moyenne altitude, ce qui engendre des thés d'une très grande maturité. Ensuite, la vaste superficie du jardin (350 hectares) délivre toutes les facilités pour réaliser des assemblages qui reproduisent chaque année le style presque « vineux » de Margaret's Hope, exactement comme les chefs de cave réalisent leurs champagnes. Enfin, la maison Goodricke qui possède ce fleuron en a toujours confié l'exploitation à de très grands professionnels. M. Rai perpétue cette tradition, imposant, avec un sourire légendaire, son savoir-faire dans ce jardin immense où les théiers côtoient orangers, bananiers et fleurs, dominés par la masse blanc bleuté du Kangchenjunga, le troisième sommet de l'Himalaya.

À l'origine, le jardin, planté en 1865, s'appelait Bara Ringtong (*bara* signifiant « immense », en hindi). Son nom actuel ne date que de 1927, et il est l'hommage du propriétaire d'alors, Mr Cruikshank, à sa fille Margaret, qui, visitant la propriété, en tomba éperdument amoureuse. De retour dans son Angleterre natale, elle souhaitait par-dessus tout revenir à Darjeeling. Hélas ! elle mourut sur le bateau qui la ramenait, victime d'une maladie tropicale. De cet espoir brisé, il reste un doux nom qui sonne comme un roman victorien de William Thackeray.

✣ Dégustation

Feuilles sèches : Cette récolte classique de 3 ou 4 feuilles noires et rousses pointées de blanc embaume le muscat, la fraise et la framboise.

Feuilles infusées : On retrouve cette riche gamme de fruits mûrs dans les feuilles infusées devenues brun clair avec de doux reflets verts.

Liqueur : Opaque, dense, profonde, elle fait danser un étourdissant cortège de saveurs ; la noisette grillée ouvre le bal de Margaret, suivie de petites notes de foin coupé et d'un entêtant parfum de framboise, mûre, pêche, muscat, le tout délicieusement enrobé de miel. Un bonheur velouté, aux formes amples et moelleuses, soutenues par un trait d'amertume, sur une finale bien longue et pleine. Savoureux et persistant comme une pâte de fruits.

✣ Préparation

1 cuillerée de feuilles par tasse. Infusion à 95 °C pendant 5 minutes.

Moment : Margaret's Hope est incontestablement un thé du matin ou de fin de matinée. Fort et doux, il accompagne bien les confitures de fruits rouges, mais aussi les marmelades un peu amères de citrons ou d'oranges.

INDE, Darjeeling

Rohini FTGFOP1

Thé noir, *second flush*

Rohini, que l'on aperçoit en venant de la plaine, était encore une ruine il y a dix ans. Désolant spectacle d'un jardin retourné à l'état de friche, aux portes mêmes de l'appellation ! La famille Changoïwala, déjà propriétaire du magnifique Gopaldhara (voir p. 82), a racheté la propriété dans le but de lui insuffler une nouvelle jeunesse et d'en extraire tout le potentiel. Il a fallu reconsidérer l'ensemble de la plantation. Un travail minutieux de taille des arbres (*prouning*), de replantation (une très grande pépinière et un jardin expérimental au cœur de la propriété participent de cette reconstruction), une cueillette très sélective des feuilles et enfin un personnel ultraqualifié, tout cela a fourni de spectaculaires résultats dès l'an 2000. Plantation de moyenne altitude, Rohini ne produit « que » 31 tonnes par an, mais elle est devenue une référence. Même ses *automnal flush*, en bout de saison, sont exceptionnels. Ses thés restent encore à des prix raisonnables. Il faut en profiter, car ils deviendront bientôt les plus recherchés de Darjeeling !

✷ Dégustation

Feuilles sèches : Muscat et pêche ! On est bien à Darjeeling, le nez sur les feuilles brunes de ce *second flush*.
Feuilles infusées : Bien déployées, elles dégagent exactement les mêmes notes.
Liqueur : C'est d'abord sa charpente qui séduit – une rondeur soyeuse et caressante à souhait, soutenue par une amertume et une astringence fondues et très agréables. On admire ensuite la longueur, le volume et la fermeté de ce velours ambré, en se délectant de son goût de pêche jaune et surtout de muscat. On aurait presque l'impression de croquer un grain de raisin. Un thé fort et doux !

✷ Préparation

1 cuillerée de feuilles par tasse. Infusion à 95 °C pendant 5 minutes.
Moment : On savoure sa force le matin. Au déjeuner, il faut l'essayer avec des plats sucrés-salés. Il trouvera par exemple d'originales correspondances avec la consistance fondante et le goût prononcé d'un boudin aux pommes.

CHINE, Zhejiang

Lung Jing («Puits du Dragon») Shi Feng («Pic du Lion»)

Thé vert, récolté début avril

Issu des plantations proches du lac de l'Ouest qui borde l'ancienne capitale Hangzhou, le Lung Jing (ou Long Jing) est un thé mythique. Les plus recherchés – dont les introuvables et très prestigieux Pei Hou et Shi Feng – sont récoltés juste avant la fête de la Pure lumière, le 5 avril, jour des morts.

Le Lung Jing fait l'objet d'un véritable culte pour les Chinois, et tout amateur rêve de faire le voyage à Hangzhou pour y déguster un thé préparé avec la fameuse eau de source des Tigres bondissants, toute proche. Beaucoup de légendes entourent le thé et la source. Mélange de contes et de réalité, c'est sous la dynastie Qing, en tout cas, que les théiers furent particulièrement distingués par l'empereur Qianlong (XVIIIe siècle). Ayant eu l'occasion de déguster un thé provenant de cette région, celui-ci en fut tellement impressionné qu'il en offrit quelques feuilles à sa mère, gravement malade... qui guérit instantanément ! L'empereur décréta sur-le-champ que ces théiers méritaient le titre de « théiers impériaux ». Aujourd'hui, ces 18 théiers continuent d'être entretenus et cultivés avec un soin immense... Quant à la source, sa légende remonte à la dynastie des Tang (IXe siècle de notre ère) : des paysans auraient imploré les dieux de leur accorder des pluies fréquentes pour sauver leurs récoltes de la sécheresse. Un bonze vit apparaître deux tigres bondissant de la forêt avoisinante et se faire les griffes dans le jardin du temple. Aussitôt, une eau de la plus extrême pureté sortit à profusion des traces de griffes, qui fut canalisée et exploitée. Préparer un Lung Jing avec l'eau de source des Tigres bondissants représente le summum pour les amateurs !

✳ Dégustation

Feuilles sèches : D'un très joli vert, elles sentent l'orchidée et la peau de pêche et s'enrobent d'un parfum de miel.

Feuilles infusées : Une magnifique complexité se dégage des feuilles d'un vert très pâle ; la paille fraîche, la courgette laissent progressivement la place à l'orchidée et au cassis.

Liqueur : De la couleur du beurre fondu, lisse, fraîche et soyeuse mais dense, elle laisse en bouche un délicieux sillage de fruits blancs comme la pêche, que viennent ourler de fines notes d'orchidée et de sève. Une alchimie magique pour un monument de délicatesse.

✳ Préparation

Environ 3 grammes de feuilles par tasse. Infusion : La préparation se fait de préférence dans un zhong. Après avoir « lavé » les feuilles en versant de l'eau chaude (75 °C) dessus, on jette la première infusion au bout de quelques secondes, puis on procède à trois infusions successives de 3 minutes chacune avec les mêmes feuilles.

Moment : Été comme hiver, on le savoure avec autant de plaisir que de recueillement. Il serait dommage de le boire au moment des repas. On peut l'essayer l'après-midi, avec quelques biscuits aux amandes.

LES THÉS FRUITÉS

INDE, Sikkim

Temi FTGFOP1

Thé noir, *second flush*

Situé à un battement d'aile de Darjeeling dont il n'est séparé que par la rivière Teesta, le petit État du Sikkim a connu une histoire très mouvementée. Objet de la convoitise permanente de ses voisins au cours des siècles, sous contrôle anglais pendant la période coloniale, ses habitants ont fini par demander leur rattachement à l'Union Indienne à l'issu du référendum de 1975. Ses paysages montagneux sont d'une beauté sauvage et l'air y embaume la cardamome, partout présente. On ne trouve qu'un seul jardin au Sikkim, Temi, dont la qualité fut remarquable jusque dans les années 1990. Après un léger déclin, il a retrouvé son niveau depuis les années 2000, délivrant des thés qui supportent sans rougir la comparaison avec bon nombre de Darjeeling. Un thé à découvrir, ne serait-ce qu'en raison de son unicité.

✵ Dégustation

Feuilles sèches : Un puissant parfum d'abricot vient chatouiller le nez quand on hume ces feuilles vertes et fauves, un peu irrégulières.

Feuilles infusées : L'abricot s'efface au profit de la pêche bien mûre et tiédie au soleil. Sans complexité, ces feuilles offrent néanmoins une bonne intensité aromatique.

Liqueur : Ces notes mûres de pêche, raisin muscat et mirabelle ne sont pas sans évoquer un verger par une chaude journée d'été, quand l'air immobile n'est troublé que par le bourdonnement des abeilles. Sans atteindre la complexité des grands Darjeeling, ni leur longueur, ce thé séduit instantanément par sa rondeur, sa bonne ampleur et sa maturité.

✵ Préparation

1 cuillerée de feuilles par tasse. Infusion à 95 °C pendant 5 minutes.

Moment : Avec des caractéristiques semblables à celles des Darjeeling, on peut le déguster à 11 heures ou dans l'après-midi. À table, il se marie bien avec un canard rôti aux pêches ou un tajine d'agneau aux citrons confits. Avec tous les entremets ou les desserts à base de fruits, également : l'acidité et le fondant d'un flan à l'abricot s'accordent ainsi très bien avec sa rondeur.

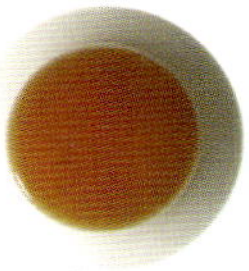

NÉPAL

Guransee FTGFOP1

Thé noir, *first flush*

Un simple petit pont de bois enjambant une modeste rivière à Okayti, le jardin le plus à l'ouest du district de Mirik à Darjeeling, et voici le Népal, tandis qu'à 300 kilomètres vers l'ouest visas et contraintes diverses se multiplient à Katmandou ! Le pays offre à travers ses quelques jardins (Ilam, Kanyam, Maloom...) des thés de qualité moins aromatiques que les Darjeeling, à la saveur moins prononcée aussi, mais cependant doux, soyeux et délicatement fruités. De surcroît, ils sont moins chers, car la main-d'œuvre y est moins coûteuse. C'est à Guransee qu'ils trouvent leur plus belle expression. Jeune plantation entièrement cultivée en agriculture biologique, elle est admirablement située sur les sols les plus propices, avec une exposition idéale. C'est réellement le jardin secret d'un homme d'affaires, Mr Vaidya, qui, s'évadant de ses nombreuses responsabilités, cultive ici sa passion du thé. Une réussite !

Dégustation

Feuilles sèches : Belles, longues et assez élastiques sous les doigts, elles sentent la prune rouge, avec cette note sucrée des quetsches.

Feuilles infusées : Elles révèlent beaucoup de complexité ; la pêche domine, entourée par le miel, le caramel et des notes très particulières d'estragon, d'herbes aromatiques.

Liqueur : Une gorgée, et c'est toute la douceur de la peau de pêche et le goût délicieux de sa pulpe qui tapissent le palais ! Des notes florales de narcisse et de muguet prennent ensuite le relais, s'évanouissant dans une finale qui célèbre à nouveau la pêche. Beaucoup de délicatesse et de netteté d'arômes, en douceur.

Préparation

1 cuillerée de feuilles par tasse. Infusion à 95 °C pendant 5 minutes.

Moment : Guransee est un thé léger, idéal pour l'après-midi. On peut l'accompagner de quelques pâtisseries plutôt croquantes, comme des sablés au beurre salé, des tuiles aux amandes ou une nougatine.

CHINE, Zhejiang

Chunmee du Pavillon sous la Lune

Thé vert

Le Chunmee correspond à une catégorie de thés verts très répandus et très consommés en Chine, tout comme le Gunpowder utilisé dans le Maghreb et l'Afrique noire pour préparer les thés à la menthe. Il ressemble au Qimen… en vert. Sa petite feuille fine, longue de 5 à 8 millimètres, lui a sans doute valu son nom, lequel signifie en chinois « sourcil de vieil homme ». La majorité de ces thés sont de qualité moyenne et n'offrent pas beaucoup d'intérêt gustatif. Mais le Pavillon sous la Lune se distingue par ses saveurs variées où le fruit ressort sans hésitation. Son nom évoque toute la poésie impressionniste d'un morceau de Debussy. Il lui emprunte aussi toute la fluidité de ses inflexions. S'il faut acheter un Chunmee, c'est celui-là, sans hésitation !

✳ Dégustation

Feuilles sèches : Brillantes et vertes, elles livrent l'odeur sucrée du potiron que viennent corser des notes de cuir.
Feuilles infusées : Les notes végétales et iodées dominent, typiques d'un thé vert.
Liqueur : Heureuse surprise, dès l'attaque la tasse s'illumine de complexes arômes fruités. Le kiwi, légèrement acidulé, ainsi que la tomate trouvent une belle entente avec des notes de poire bien mûre. La finale assez longue s'assagit sur un registre plus courant pour les thés verts : une pointe métallique et minérale.

✳ Préparation

1 cuillerée de feuilles par tasse. Infusion à 95 °C pendant 5 minutes.
Moment : La complexité d'arômes et le prix, très abordable, de ce thé en font un compagnon idéal à table. Il donne des résultats intéressants avec des plats plutôt méridionaux, comme un sauté de veau à la provençale ou des rougets grillés aux poivrons.

Cette famille regroupe essentiellement des thés noirs. Il suffit de pousser la porte d'une boutique de thé pour respirer leur sombre et chaud parfum. Le clou de girofle, le poivre, la noix de muscade, la cardamome, la cannelle flottent et se mêlent dans l'air, au-dessus des notes fruitées ou florales. Les épices racontent l'aventure et

LES THÉS ÉPICÉS

l'exotisme, les navires lourdement chargés et les premières caravanes. Elles continuent aujourd'hui encore à tisser de mystérieuses correspondances entre l'Orient et l'Occident. Aux antipodes des « parfums frais comme des chairs d'enfants » de Baudelaire, c'est « toute l'expansion des choses infinies » qu'elles retiennent dans ces thés noirs, violents et tactiles comme un Assam indien, un Ceylan ou un thé du Kenya. Des philtres à la force envoûtante.

INDE, Assam

Golden Doomni FTGFOP1

Thé noir, récolté en juin

Aux confins de la Chine, du Bangladesh et de la Birmanie, la vallée de l'Assam déroule à perte de vue le tapis vert de ses théiers, protégés du soleil par la haute stature d'arbres d'ombrage. Une forêt dans une forêt... Ici, les 2 500 plantations atteignent une taille gigantesque. Elles dépassent toutes 500 hectares et produisent plus du tiers des thés indiens dans des conditions très éprouvantes, où l'humidité et la chaleur sont sans pitié : de juillet à septembre, les pluies de mousson grossissent les flots du Brahmapoutre et la température dépasse 30 °C. Une atmosphère de serre bénéfique aux théiers...

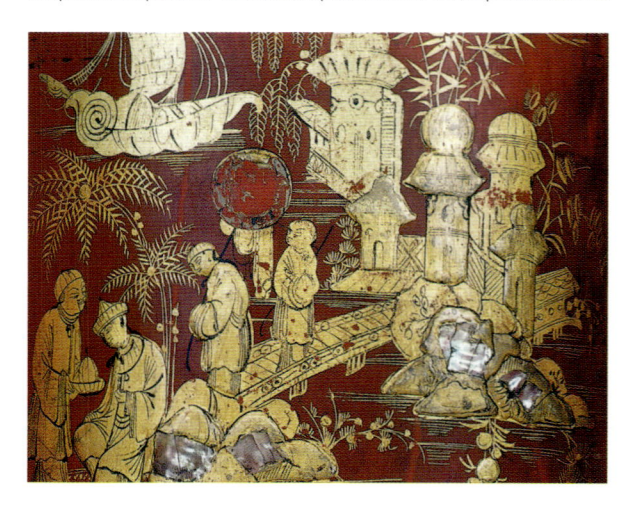

Beaucoup de jardins donneront des CTC, thés bon marché issus d'une fabrication mécanique rapide. D'autres préféreront la voie « orthodoxe », qui permet de décliner une gamme complète des meilleurs thés à feuilles longues, brisées ou broyées. C'est le cas du jardin de Doomni, l'un des plus prestigieux, dont la récolte d'une remarquable qualité est réputée pour son aspect, où alternent feuilles noires et pointes dorées avec beaucoup de régularité.

✺ Dégustation

Feuilles sèches : Une tasse de moka n'aurait pas d'autre arôme que celui de ces petites feuilles noires et dorées !

Feuilles infusées : Elles sont plus suaves, et leur parfum s'ensoleille de notes d'abricot bien mûr et de miel.

Liqueur : On la goûte avec l'impression d'ouvrir un coffret de bois précieux recélant du poivre, des clous de girofle, des brins de tabac de Virginie. Sa caresse exotique, lourde et chaude, un peu rude, enveloppe la gorge de toute la force de ses tanins et balaie le gris des petits matins d'hiver. Long, ample, réconfortant !

✺ Préparation

1 cuillerée de feuilles par tasse. Infusion à 95 °C pendant 5 minutes.

Moment : Comme tous les Assam, sa vigueur s'impose au petit déjeuner. Il remplace sans faiblesse un café, y compris à la fin du déjeuner.

INDE, Assam

Jutlibari SFTGFOP1

Thé noir, récolté en juin

Comme Sockieting, Doomni, Mokalbari, Nagrijuli ou Hattiali, le jardin de Jutlibari est aussi une étape incontournable dans le parcours initiatique de l'amateur de thé ! La qualité de ses feuilles et sa maîtrise dans l'élaboration des thés ne le cèdent en rien à ses voisins. Le jardin est l'un des plus anciens de la région, et il figure sans doute parmi ceux dont les premiers échantillons, expédiés en Angleterre en 1837, suscitèrent l'engouement des négociants anglais. À tel point qu'il fut aussitôt décidé de créer une société, baptisée ultérieurement la Compagnie de l'Assam, pour accompagner et développer la culture et la manufacture du théier dans cette jungle inhospitalière qu'il restait encore à défricher. Dès 1839, les Londoniens pouvaient acheter les premiers thés d'Assam au prix déjà élevé de 16 ou 24 shillings la livre.

Situé au cœur de la région, le jardin de Jutlibari est l'un des seigneurs d'Assam ! Les nombreuses pointes dorées de ses feuilles signent toute la qualité d'une impeccable récolte amassée par les doigts experts des cueilleuses. Ces dernières, émergeant à mi-taille des plants de thé, rompent d'un geste rapide la tige portant les feuilles terminales avant de les lancer prestement dans leur hotte.

Ici, dans ce qui était encore une jungle au XIXe siècle et qui reste l'une des régions les moins peuplées de l'Inde, l'humidité, la lourdeur de l'air qu'aucune brise ne vient alléger, la morsure des insectes, rendent ces tâches particulièrement pénibles. Elles donnent d'autant plus de prix aux thés exceptionnels qui en résultent.

❈ Dégustation

Feuilles sèches : Noires aux pointes très dorées, elles dégagent l'odeur musclée du moka et du tabac blond.

Feuilles infusées : C'est ensuite une pincée de poivre noir que l'on découvre, piquante, épicée et fraîche.

Liqueur : Sa couleur brune, opaque, presque laiteuse, laisse présager une boisson pour le moins tannique, ce que confirme la bouche. Le thé s'écoule dans la gorge, âpre et rude, cuirassé de poivre et de tabac, de café brûlé et de malt, nous transportant brusquement dans la sombre lumière d'un pub irlandais. Sa longueur et son ample structure l'acquittent de toute rusticité, et sa chaleur un peu bourrue le rend attachant.

❈ Préparation

1 cuillerée de feuilles par tasse. Infusion à 95 °C pendant 5 minutes, pas plus !

Moment : Rien de tel pour dissiper des brumes matinales persistantes ! On peut aussi en profiter au déjeuner. Ses tanins équilibrent l'onctuosité d'un velouté de carottes, tandis qu'au dessert sa fermeté relève le fondant d'un tiramisu.

CEYLAN (SRI LANKA), Uva

Highlands BOP

Thé noir, récolté à la fin du mois d'août

Dès le début de la saison sèche, au mois de juin, les récoltes battent leur plein partout sur l'île. La troupe colorée des cueilleuses envahit les champs de thé. Chacune d'elles se met à la tâche avec ardeur, délimitant son territoire à l'aide d'un bâton de bambou, sous l'œil parfois sévère d'un contremaître enturbanné, le *kangani*. Celui-ci arpente les rangs d'une allure martiale, toujours armé... de son parapluie, héritage ô combien britannique de l'ancien colon ! Une fois cueillies, les feuilles sont acheminées rapidement à la fabrique où elles seront brisées : les Uva sont de très grands thés, tanniques, structurés, charpentés, mais ils demandent ce traitement pour gagner en finesse et en ampleur aromatique, contrairement à l'idée reçue insinuant que feuilles brisées signifient moindre qualité. Les jardins les plus prestigieux de Ceylan, comme Saint-James, Aislaby, Attempettia ou Neluwa, en sont la preuve. Highlands aussi, avec un brio, à notre avis, inégalé. Son ampleur et sa complexité aromatique sont vraiment remarquables.

✠ Dégustation

Feuilles sèches : Une récolte fine de feuilles brisées au nez assez simple d'artichaut et de moka.
Feuilles infusées : Plus complexes, elles libèrent des parfums végétaux de fenouil, d'aneth, d'aubergine saupoudrée d'un soupçon d'iode.
Liqueur : C'est surtout en bouche que le côté épicé prend le dessus. Il affleure tout de suite, avec des notes de poivre qui viennent pimenter la chair de la tomate, les feuilles d'artichaut et de fenouil. Un thé au charme piquant, comme on le dit de certaines beautés brunes, qui révèle aussi de la profondeur par son excellente longueur en bouche et un beau volume aromatique.

✠ Préparation

1 cuillerée de feuilles par tasse. Infusion à 95 °C pendant 5 minutes.
Moment : Tannique, on le réserve exclusivement au petit déjeuner. Il s'accommode parfaitement de pain grillé et de confiture.

CEYLAN (SRI LANKA)

Kenilworth OP

Thé noir, récolte *medium grown* de février

Le jardin de Kenilworth, dans le district de Dimbula, est une plantation de moyenne altitude, remarquablement située, avec une exposition idéale, des sols riches et une équipe dirigeante talentueuse. Parmi les jardins qui produisent encore des feuilles longues, comme Torrington ou Pettiagalla, elle est vite devenue la référence incontournable. Elle les surpasse même, avec des Orange Pekoe (OP) ou des Flowery Orange Pekoe (FOP) tout simplement remarquables. Ces thés donnent une tasse régulière, charnue, puissante, vivante et douce. C'est en janvier et en février que les récoltes sont, dans cette région, les plus propices aux grands thés. Kenilworth en est une délicieuse illustration.

✣ Dégustation

Feuilles sèches : Ces jolies feuilles longues, noires et fines, mêlent l'odeur de l'artichaut et celle du chocolat noir.

Feuilles infusées : On les retrouve encore à ce stade, agrémentées, cette fois, de jolies notes de prune.

Liqueur : Sa chaude couleur rouge cuivré illumine la tasse. La noix de muscade et le clou de girofle aiguillonnent de leurs piques un fond chocolaté, légèrement boisé. Sa douceur et sa rondeur sans complication séduisent le palais. D'une force moyenne, ce thé convient aux palais délicats que l'astringence et les tanins peuvent heurter.

✣ Préparation

2 grammes par tasse. Infusion à 95 °C pendant 4-5 minutes.

Moment : Idéal pour saupoudrer d'épices un petit déjeuner tendre. Il peut aussi faire office de pause chaleureuse à 11 heures.

KENYA

Marinyn GFBOP

Thé noir, récolté en avril

Le Kenya et Ceylan (Sri Lanka) se disputent la première place d'exportateur mondial de thé depuis 1996. Cela met en lumière la richesse du sol, la maîtrise du savoir-faire kenyan que l'on retrouve dans d'autres domaines agricoles, comme les fruits, les légumes ou le café. La quasi-totalité des thés kenyans proviennent de cultures mécanisées, et leur transformation suit un processus assez court. Mais quelques rares jardins conservent une petite production « orthodoxe » : on les trouve sur les hauts plateaux, où il n'est pas rare de voir des athlètes à l'entraînement, le long des courbes sinueuses des plantations. Situé sur la zone de l'équateur, Marinyn donne toute l'expression de ce que le pays peut produire de meilleur. Le jardin s'étend sur les premiers contreforts du mont Kenya, le deuxième sommet africain. Un paysage d'une âpre beauté volcanique où les cultures laissent progressivement la place à la luxuriance de la forêt équatoriale puis aux cimes déchiquetées et ravinées des glaciers. Le jardin présente aussi une autre particularité et non des moindres dans le monde du thé : la cueillette y est essentiellement l'œuvre des hommes. Les thés qu'il donne sont exclusivement à feuilles brisées ou broyées, le fleuron étant ce GFBOP dont l'aspect et les qualités n'ont rien à envier à certains très bons thés d'Assam. À essayer absolument !

✤ Dégustation

Feuilles sèches : Régulières, noires et dorées, elles surprennent par leurs arômes végétaux et terreux. La pomme cuite et des notes boisées prennent ensuite le relais.

Feuilles infusées : Curieux assemblage que celui de la rose rouge et du goudron ! Mais l'ensemble est séduisant.

Liqueur : D'un rouge cuivré, très opaque, dense, la tasse livre de riches arômes. Les notes poivrées dominent, exaltées par celles de la terre sèche, de la craie et de la cendre. En bouche, la trame serrée de la texture dessine les contours d'un thé fort, qui cultive plus le volume que la longueur. Bien typé, solide, net, on le reconnaît facilement après l'avoir dégusté une fois.

✤ Préparation

1 cuillerée de feuilles par tasse. Infusion à 95 °C pendant 5 minutes.

Moment : À boire le matin à la place d'un Assam ou d'un Ceylan, en rêvant des hauts plateaux africains.

Cette famille d'arômes, présente dans de très nombreux thés, vient souvent souligner d'autres registres comme les épicés, les balsamiques, les fruités ou les floraux. Il est plus rare de la rencontrer en position hégémonique et, selon les cas, elle ne constitue pas toujours un avantage ! Il peut en effet s'agir du faux goût lié à un défaut d'emballage qui aurait « contaminé » le contenant ou d'une récolte hâtive ayant laissé dans les feuilles beaucoup de tiges ligneuses. Il est facile de s'en apercevoir : un bon thé, comme un bon vin élevé en fût, n'a rien de commun avec une vulgaire décoction de planche qui laisse les papilles à sec et le palais révolté. À aucun moment, on ne doit

LES THÉS BOISÉS

avoir l'impression de se trouver dans une menuiserie, les narines saturées par l'odeur de la sciure ! Quelques rares thés bien typés peuvent être classés dans cette famille. Ils revêtent un charme particulier qui ne relève ni de l'opulence, ni de la complexité. Ils dégagent plutôt une ambiance sèche et chaude, un peu masculine, comme peut l'être celle de certains grands classiques de la parfumerie. On y respire le bois ciré, la branche sèche et craquante, le lichen, les notes fraîches, un peu balsamiques, du sapin et du cèdre ou celles de l'exotique bois de santal.

INDE, Nilgiri

Coonor OP

Thé noir, récolté en janvier

Au cœur des montagnes bleues (la traduction tamoule de Nilgiri), le jardin de Coonor est très ancien, puisqu'il fut l'un des premiers à avoir bénéficié des plants subtilisés aux Chinois par Robert Fortune, l'aventurier espion dépêché par les Anglais, afin de rendre caduc le monopole qu'exerçait la Chine sur le thé (voir chapitre 1, p. 17). Mis en culture par un certain Mr Mann, en 1854, ce jardin de thé a constitué le point de départ de nombreux autres. Dans des somptueux paysages fleuris, la plantation épouse la pente vertigineuse de la montagne, à laquelle s'accroche avec une courageuse obstination le petit train à vapeur. Méprisant la vitesse et l'exactitude, il serpente, tel un jouet, parmi les théiers centenaires.

Coonor est également un centre de vente aux enchères important. Les thés du jardin se déclinent dans tous les grades (feuilles longues, brisées ou broyées). Les OP (Orange Pekoe – les thés à feuilles longues) ont beaucoup de brillance et de vivacité.

✠ Dégustation

Feuilles sèches : Cette récolte fine, à feuilles entières, séduit d'abord par son nez doux de tabac blond et de prune.
Feuilles infusées : Irrégulières, avec quelques tiges, elles libèrent néanmoins des arômes élégants, dans lesquelles les notes boisées de l'écorce s'habillent de mousse de chêne, puis de poivre et de cardamome.
Liqueur : La concentration couvre le cuivre rouge de sa robe d'un voile presque laiteux. Chaque gorgée emplit le palais, laissant une sensation à la fois âpre et vive, comme si l'on croquait une baie de cassis encore un peu verte. Les notes boisées rappelant les racines humides s'enrichissent d'un mélange de poivre, cannelle et tabac. Ce serait un parfum, on le classerait dans la famille des chyprés, comme Antaeus de Chanel, en raison de son atmosphère un peu masculine, sèche et boisée. Une réussite.

✠ Préparation

1 cuillerée de feuilles par tasse. Infusion à 95 °C pendant 5 minutes.
Moment : Un thé un peu viril qui peut s'accorder aux toasts grillés du matin. On l'apprécie aussi à 11 heures, pour se donner à nouveau un peu de courage.

NORD-LAOS
Wu-long Komen
Thé wu-long (semi-fermenté, bleu-vert)

Rien ne semble avoir changé depuis des siècles dans le petit village de Ban Komen ! Situé à 1 400 mètres d'altitude, aux confins de la Chine et du Vietnam, il vit au rythme immuable des théiers, ses 400 habitants leur appliquant les mêmes méthodes, de génération en génération. On cherchera vainement ici la moindre trace de pesticide ou d'engrais chimique : tout est entièrement biologique. Comme dans le Sud-Yunnan, tout proche, des théiers géants dressent leurs branches jusqu'à 8 mètres de hauteur. Les plus jeunes sont escaladés avec une grâce agile par des cueilleuses aguerries à cet exercice. Puis les feuilles sont mises à sécher sur des nattes de bambou tressées et exposées au soleil avant d'être brisées à la main. Cette opération peut se renouveler plusieurs fois pour obtenir le résultat souhaité. Le thé sera ensuite vendu soit en l'état, en vrac, soit en bâtonnets entourés de paille. À peine fermentés, ces wu-long se distinguent par leur authenticité et la netteté de leurs arômes.

❈ Dégustation

Feuilles sèches : L'ensemble des feuilles très longues a été compressé à la vapeur pour lui donner une forme phallique. Elles correspondent à une cueillette classique où l'on n'a prélevé que les 3 ou 4 dernières feuilles du rameau. On y perçoit des fines notes boisées d'écorce.
Feuilles infusées : Elles se déploient majestueusement, se métamorphosent, libérant de manière encore plus prononcée des senteurs boisées et sylvestres.
Liqueur : Rouge orangé, assez dense, la tasse évoque l'odeur des pupitres en bois tachés d'encre de Chine et celle des trousses d'écolier remplies de crayon à papier : du bois sec, un peu de sapin, des petites notes de mine de plomb presque minérales, celles de la craie... Nous voilà à nouveau sur les bancs de l'école ! Une très légère touche de bois de santal vient envelopper le tout pour l'exotisme.

❈ Préparation

1 cuillerée de feuilles par tasse. Infusion à 95 °C pendant 5 minutes.
Moment : On le fourre dans son cartable pour le sortir à la « récré » de 11 heures ou de 17 heures. On peut l'accompagner d'une part de tarte aux noix ou d'un cake aux fruits confits.

Tous les thés verts déclinent un registre très végétal, notamment celui des légumes cuits. On y retrouve, extraordinairement fidèles, l'arôme et la saveur des épinards, des artichauts, des choux, des brocolis, des poireaux ou des courgettes. Ces thés aux vertus bienfaisantes sont également digestes et désaltérants. Ils évoquent d'ailleurs la légèreté d'un bouillon de légumes gorgé de sels minéraux. Des notes maritimes comme celles des algues ou de la salicorne complètent cette promenade dans un potager : elles rehaussent la saveur tendre, parfois presque sucrée, des légumes cuits, leur insufflant une vigueur vivifiante.

LES THÉS VÉGÉTAUX

Les thés blancs, spécialités chinoises de la région du Fujian, mettent en valeur d'autres aspects végétaux très fins. Ils ne subissent qu'une transformation minimale. Simplement flétries et séchées à l'air libre, leurs belles feuilles argentées donnent une infusion peu colorée, au goût très subtil : elles libèrent, à côté de notes doucement fleuries, des arômes de paille, de blé ou d'herbe fraîche et tendre. Ces thés rares illustrent avec beaucoup de raffinement le répertoire végétal, mais ils demandent un palais exercé !

CHINE, Fujian

Baï Mu Dan

Thé blanc, récolté au printemps

Comme le très rare Yin Zhen blanc (« Aiguilles d'argent »), le Baï Mu Dan est cultivé dans la province du Fujian. Son nom signifie « Pivoine blanche » en raison de son aspect. Composé de feuilles et de petits bourgeons, c'est le passage à la vapeur et au séchage qui lui a donné cette allure de petites fleurs blanches mêlées de vert pâle. À peine fermenté, il livre vraiment le goût délicat de la feuille telle qu'elle fut cueillie. Le calligraphe Cai Xiang (XIe siècle) ne s'y était déjà pas trompé qui, dans un récit sur le thé, précisait avec sagesse : « La moindre négligence peut détruire la qualité des produits qui deviennent nécessairement des thés ordinaires sans caractère spécifique. Les produits soigneux et traités à leur juste mesure sont magnifiques : leur extérieur et leur intérieur sont blancs comme jade, c'est une qualité incomparable, sans égale. »

Dégustation

Feuilles sèches : Se mêlent aux feuilles vertes bien développées des petits bourgeons blancs à l'aspect doux et cotonneux. On y respire la bonne odeur de paille d'une grange.

Feuilles infusées : Bien déployées, elles tournent au brun, et leur nez évoque exactement l'odeur d'un bouquet de fleurs des champs séchées.

Liqueur : Une seule gorgée, et nous voilà transportés dans un petit matin de juillet, au bord d'un champ de blé fraîchement moissonné, couvert de rosée. Les herbes coupées humides et les fleurs blanches un peu fanées s'imposent, jusqu'à une finale doucement fruitée et acidulée. L'ensemble se distingue par sa fraîcheur discrète et tenace, sa texture soyeuse et sa délicatesse.

Préparation

2,5 à 3 grammes de feuilles par personne. Infusion à 65 °C ou 70 °C dans un verre, un zhong ou une théière, jamais moins de 7 minutes. Pour qui sait attendre, c'est au bout de 20 minutes que son secret se révélera dans toute sa plénitude.

Moment : Le Baï Mu Dan est un admirable thé du soir. Très délassant et digeste, léger comme un souffle, on le lape à petites gorgées avec un immense plaisir avant d'aller se blottir sous la couette. Il est encore plus agréable pendant les fortes chaleurs d'été par sa capacité à abaisser la température du corps, une propriété utile aussi en cas de fièvre.

CHINE, Sichuan

Ya'an

Thé vert, récolté en juin

Les plantations du Ya'an se trouvent au nord de la ville de Chengdu, dans la Rain Valley. Rarement un district aura si bien porté son nom : un paysage à la végétation luxuriante, noyée le plus souvent sous un rideau de pluie. Les champs de théiers couvrent vallons et montagnes de moyenne altitude traversés par des torrents impétueux et des rivières sinueuses. Ici, les thés rouges/noirs sont produits en quantité. Beaucoup d'entre eux seront transformés en briques, dont les Tibétains sont si friands. Mais les thés verts se développent aussi, répondant à une demande extérieure en pleine croissance. Certains comme ceux du mont Mengding étaient si réputés, si remarquables, qu'ils étaient dévolus à l'usage exclusif des empereurs à l'époque des Tang.

✽ Dégustation

Feuilles sèches : Très fines et douces, en forme de petites aiguilles, elles sont immédiatement reconnaissables. Elles sentent merveilleusement bon l'eau de Cologne et le raisin.

Feuilles infusées : Après des notes de pêche, c'est toute l'odeur de la pomme de terre en robe des champs qui se libère.

Liqueur : Assez opaque, sa belle robe jaune citron revêt une bonne corpulence, soulignée par une très agréable astringence qui laisse le palais net. On y perçoit encore, très dominante, l'odeur de la pomme de terre chaude avec les notes un peu terreuses de sa peau. Délicieux comme une purée de grand-mère, c'est un thé que l'on peut boire tous les jours.

✽ Préparation

Environ 3 grammes de feuilles par tasse. Infusion : La préparation se fait dans un zhong. Après avoir « lavé » les feuilles en versant de l'eau chaude (75 °C) dessus, on jette la première infusion au bout de quelques secondes, puis on procède à trois infusions successives de 3 minutes chacune, avec les mêmes feuilles de thé.

Moment : On peut le boire à partir de 11 heures. Il convient très bien à table avec des poissons à la chair grasse et fondante, comme un saumon en papillote, une raie au beurre ou une anguille grillée.

JAPON, Uji

Gyokuru Asahi

Thé vert, récolté en avril-mai

Et s'il fallait désigner le plus grand thé du monde ? La réponse varierait selon le moment ou l'humeur, mais on penserait évidemment au Gyokuru. Son nom, qui signifie « perle de rosée » ou « noble goutte de rosée », résume, avec toute la poésie japonaise, sa quintessence : un concentré de pureté. Son prix très élevé s'explique par les soins exclusivement manuels qu'il requiert avant, pendant et après une seule et unique récolte annuelle, au mois de mai. Il aura fallu abriter les théiers sous des nattes de paille ou de bambou, trois semaines avant la cueillette au moment où les jeunes pousses commencent à apparaître. Cette méthode des thés dits « ombrés » permet de concentrer la chlorophylle et les arômes dans les feuilles les plus tendres. Celles-ci seront cueillies avant le lever du soleil et acheminées le plus rapidement possible à la fabrique où, passées à la vapeur, elles éviteront toute fermentation. Elles seront ensuite séchées pour ne plus contenir qu'un tiers d'eau. Enfin, de nombreux roulages consécutifs achèveront de leur donner l'aspect de petites aiguilles de pin d'un vert très intense. Ces empereurs du Japon sont produits surtout du côté de Mie, de Nara et d'Uji, non loin de Kyoto et dans le district d'Aichi, près de Nagoya.

❈ Dégustation

Feuilles sèches : Le Gyokuru se reconnaît immédiatement à ses fines feuilles, pointues comme des aiguilles. Son admirable parfum libère des notes très puissantes d'épinard frais portées par une bouffée d'embruns.

Feuilles infusées : Elles forment une masse compacte de la couleur d'une prairie, avec, persistantes, les notes de légumes verts. Intense !

Liqueur : Une tasse de ce thé est un bonheur pour les yeux, comme si elle restituait par miracle toute la lumière du printemps dont on l'a pourtant privé. Ses gorgées déploient une somptueuse palette d'arômes : l'épinard s'agrémente de notes de réglisse, de badiane, de senteurs marines, d'algues et de notes minérales. Un thé puissant, net, dense, avec une exceptionnelle longueur ; une intensité et une finesse incomparables.

❈ Préparation

3 grammes de feuilles par personne. Infusion à 55 °C pendant 1 à 2 minutes ; suivant la qualité, trois infusions successives sont possibles.

Moment : La puissance de son goût particulier le rend un peu violent au petit déjeuner. Il est parfait, en revanche, en fin de matinée : sa forte teneur en théine a des vertus vraiment toniques. Les grands chefs l'utilisent souvent aussi dans leur cuisine en raison de sa luminosité et de la distinction de ses arômes. Il convient à merveille avec des plats un peu fumés, comme un velouté de petits pois au chorizo ou un filet de haddock aux pommes de terre. Il met aussi en valeur un filet de saumon frais à l'unilatérale avec une fondue de chou. Enfin, il est idéal avec les desserts très sucrés, comme les pâtisseries orientales ou les pralinés dont il compense la force un peu brûlante.

JAPON

Matcha

Thé vert, récolté en avril

Le matcha, dont le nom signifie « mousse de jade liquide », est le thé utilisé pour le *cha no yu*, la cérémonie du thé japonaise. Il s'agit en fait d'un tencha de haute qualité, aux feuilles très fines. C'est, comme le Gyokuru, un thé « ombré », c'est-à-dire que trois semaines avant sa récolte on a couvert ses feuilles de nattes de bambou afin de concentrer la chlorophylle dans les bourgeons et les pousses les plus tendres. La cueillette a lieu une fois par an seulement. Les feuilles sont hachées avant d'être séchées et stockées dans des caves, puis, au fur et à mesure des besoins, elles seront moulues et mises dans des petites boîtes hermétiques qui conserveront toute la puissance de leurs arômes.

Avant d'être reprise au Japon, la particularité de battre le thé en poudre dans de l'eau chaude avec un fouet remonte à la dynastie chinoise Tang, en l'an 1000 de notre ère. On consommait alors les thés verts de cette manière avant que l'infusion en feuilles entières ne se répande en Chine puis en Europe.

✽ Dégustation

Feuilles sèches : Réduites en poudre verte, elles évoquent l'odeur de l'épinard.
Liqueur : Opaque, d'un vert trouble, surmonté d'une mousse verte et délicieuse, ce tencha exhale des arômes végétaux de légumes verts cuits entourés de notes de varech, d'eau de mer, de poisson. Assez puissant, long, il possède beaucoup d'ampleur. Un thé tonique et nourrissant.

✽ Préparation

1/2 dé à coudre par bol. Infusion : Les maîtres de thé et experts pourront suivre les préceptes de la cérémonie du thé (cha no yu), mais il est également possible de préparer le matcha dans un bol avec un fouet en bambou à une température d'infusion de 75 °C ou 80 °C. Dès que la mousse de jade apparaît, le thé est prêt à être dégusté.
Moment : En dehors des cérémonies du thé, ce thé est idéal pour élaborer des recettes de cuisine. Il est délicieux aussi avec des pâtisseries. Sa puissance, ses notes iodées compensent le sucre et apportent un bel équilibre avec le chocolat noir ou au lait ainsi qu'avec la pâte d'amandes.

CHINE, Jiangsu

Bi Lo Chun

Thé vert, récolté début avril

Parmi les thés verts, le Bi Lo Chun est un véritable bijou de jade. Son nom signifie d'ailleurs « spirale de jade du printemps » en raison de la forme d'escargot de ses feuilles, roulées à la main et recouvertes d'un délicat duvet. Il fut d'abord nommé « thé au parfum étourdissant » (Xia Cha Ren Xiang) pour des raisons partiellement extérieures à ses qualités intrinsèques ! La légende raconte en effet que les cueilleuses, ayant un jour récolté un nombre plus important de feuilles que ne pouvait en contenir leur panier, en dissimulèrent dans leur tunique, sans doute, dans l'espoir de pouvoir en vendre pour leur propre compte. Hélas ! Au contact de leur corps, les feuilles dégagèrent un parfum tellement puissant et aromatique qu'elles furent démasquées ! Un personnage éminent fut, lui aussi délicieusement étourdi : l'empereur Kangxi, qui, à la fin du XVIIe siècle, goûta ce thé et l'apprécia tant qu'il le fit immédiatement inscrire parmi ceux qu'il devait avoir en tribut, en lui donnant le nom qu'il porte aujourd'hui.

❈ Dégustation

Feuilles sèches : Cette cueillette impériale ressemble à un tapis de soie brodé de petites feuilles duveteuses et argentées. Elle sent le grand air : l'herbe coupée, les légumes verts, l'iode et l'algue se perçoivent, puis vient le tour de très jolies petites notes de fleur de lis et de fleur d'oranger.

Feuilles infusées : Très régulières, elles dégagent un parfum de fleur d'oranger, dominant, qui se mêle à d'exquises senteurs de caramel.

Liqueur : La couleur du beurre clarifié illumine la tasse tandis que montent doucement les arômes frais de l'herbe, de la sève, puis de la mandarine et de la fleur d'oranger. Cette liqueur est aussi délicate que la plus fine des porcelaines chinoises, elle évoque un bonheur éphémère, léger comme l'air. Sa texture caresse le palais de toute sa douceur, et on en goûte la pointe d'amertume minérale qui soutient ce magnifique ensemble cristallin.

❈ Dégustation

2 à 3 grammes de feuilles par personne. Infusion à 75 °C pendant 3-4 minutes : de préférence en zhong ou dans un verre, en jetant les feuilles dans l'eau pour la première infusion au lieu de verser le liquide sur elles. Trois ou quatre autres infusions de 3 minutes chacune peuvent suivre.

Moment : Sa préparation minutieuse, ses notes apaisantes de mandarine et de fleur d'oranger sont un antidote à la tension nerveuse, le matin, l'après-midi ou le soir… en méditant Kakuzo Okakura, l'auteur du *Livre du thé* : « Si l'on considère combien petite est, après tout, la coupe de la joie humaine, combien vite elle déborde de larmes, combien facilement, dans notre soif inextinguible d'infini, nous la vidons jusqu'à la lie, on ne nous blâmera pas de faire tant de cas d'une tasse de thé. »

CORÉE DU SUD, Sanjang-Bosung

Sanjang

Thé vert, récolté en avril

Le thé reste une grande tradition en Corée, au même titre que les céramiques et les poteries qui accompagnent sa culture. Il a longtemps été l'apanage des moines bouddhistes, comme le vin fut celui des cisterciens. Puis les moines ont été rejoints par les paysans, qui ont repris et prolongé l'expérience acquise par des années d'observation et de pratique. À l'instar des plus grands thés chinois et japonais, les thés d'exception de Corée du Sud ne sont récoltés qu'une fois par an, au début du printemps. Rares – certains théiers ne donnent que quelques kilos – et peu exportés, ils atteignent des sommets, tant pour leur qualité que pour leur prix. Mais ils méritent vraiment de figurer parmi les plus grands du monde.

✽ Dégustation

Feuilles sèches : D'un doux vert-gris, elles sont régulières, un peu épaisses, dégageant le parfum simple d'un bouquet de fleurs des champs.

Feuilles infusées : De manière surprenante, les arômes d'une brûlerie de café apparaissent, reléguant les odeurs végétales en simple toile de fond.

Liqueur : Cristalline, d'un doux jaune orangé, elle développe avec beaucoup de distinction des notes de petits légumes verts de printemps et, plus discrètement, d'algues. Sa texture douce s'enveloppe d'une pointe d'astringence agréable, et la netteté de ses saveurs persiste jusqu'à une magnifique finale longue et fraîche.

✽ Préparation

Environ 3 grammes de feuilles par personne. Infusion : La préparation se fait dans un zhong. Après avoir « lavé » les feuilles en versant de l'eau chaude (75 °C) dessus, on jette la première infusion au bout de quelques secondes, puis on procède à trois infusions successives de 3 minutes chacune avec les mêmes feuilles de thé.

Moment : Sa légèreté, sa délicatesse et la pureté de ses arômes en font un thé idéal pour se désaltérer au cours de l'après-midi. À 17 heures, on peut l'accompagner de sablés aux noisettes ou de cookies aux noix de pécan, les notes grillées et un peu caramélisées se mariant bien avec le registre végétal.

Cette famille comporte une palette de senteurs particulières. Les plus chaudes d'entre elles évoquent l'atmosphère douillette du petit déjeuner : le café, le chocolat, la fève de cacao, mais également la torréfaction ou le grillé. D'autres, plus âpres, plus austères aussi, comme les notes de tabac, de fumée, de suie ou de cendres, voire de goudron, sont intéressantes parce qu'elles habillent les thés d'une pointe de sévérité, souvent très élégante. Les notes empyreumatiques caractérisent principalement certains thés de Chine. Au premier rang, citons bien sûr tous les Lapsang-Souchong dont les larges feuilles (de Souchong) ont été exposées à la fumée de bois d'épicéa après

LES THÉS EMPYREUMATIQUES

leur cueillette. On les reconnaît aisément. À condition que leur élaboration ait été bien dosée et que le fumé ne camoufle pas les autres parfums de leurs feuilles (ni ne serve à combler leur absence !), ils jouent sur le registre d'une plaisante légèreté. Certains Qimen de la province d'Anhui peuvent aussi se rattacher à cette famille grâce à leurs notes chocolatées auxquelles se mêlent le bois et les fleurs. Enfin, les Yunnan, corsés et onctueux, d'une suprême élégance, se reconnaissent à leurs saveurs de chocolat et de moka auxquelles viennent s'ajouter parfois des notes de suie ou de bois brûlé. Des thés complexes, d'une impériale beauté.

CHINE, Fujian

Panyong BTOP «Golden Needle»

Thé noir, récolté en juin

Ce « Nid doré » est ainsi dénommé en raison des nombreuses pointes rousses qui agrémentent ses feuilles plates très régulières : celles-ci sont aussi douces que le franc sourire des jeunes cueilleuses dans les brumes de l'aurore ! Cultivé surtout dans la province du Fujian, le Panyong demeure curieusement assez peu connu. Sans doute la raison est-elle à rechercher dans l'immense notoriété dont bénéficient les wu-long et les thés blancs produits ici. Et pourtant ! Ce cru gagnerait à l'être bien davantage : son allure et sa présence dans la tasse l'autorisent largement à concourir dans la catégorie des plus élégants thés de Chine. De plus, la qualité de sa production confidentielle est remarquable par son homogénéité. Les deux fleurons des Panyong, l'équivalent de grands crus, sont le Golden Needle et le Monkey Needle, des thés rares, que tout amateur se doit d'avoir dégusté au moins une fois dans sa vie !

❋ Dégustation

Feuilles sèches : Longues, légèrement aplaties et noires, elles s'agrémentent de pointes dorées plus fines, issues des bourgeons terminaux de la feuille. De la soie au toucher !

Feuilles infusées : Elles se révèlent longues, régulières et sombres, développant de délicieux parfums chocolatés sur un fond de rose.

Liqueur : D'un cuivré assez limpide, le thé présente un voile d'épaisseur, signe d'une bonne présence des tanins. Le chocolat, la rose et le litchi illuminent la tasse, évoquant les accents d'un Qimen, tandis qu'en filigrane des réminiscences de châtaigne, de poire mûre et un soupçon de vanille ponctuent de leurs notes chaudes et douces cet ensemble très élégant. En bouche, après la caresse première du palais, le Panyong révèle une légère astringence et, sans être d'une ampleur très prononcée, sa délicieuse persistance se laisse savourer.

❋ Préparation

1 cuillerée de feuilles par tasse. Infusion à 95 °C pendant 5 minutes, exactement. En deçà, moins de plénitude. Au-delà, trop d'astringence.

Moment : Faible en théine et tout en nuances, distingué, il est un compagnon idéal en fin d'après-midi ou pour une paisible fin de soirée.

CHINE, Anhui

Qimen (Keemum) Mao Feng

Thé noir, récolté en juin

La province d'Anhui est célèbre pour ses immenses thés verts, réellement exceptionnels. Mais elle propose également depuis 1875 des thés noirs tout aussi grandioses, les Qimen, du nom de la ville éponyme. Une légende raconte qu'au XIXe siècle un jeune fonctionnaire du nom de Yu Ganchen, démis de ses fonctions et sans travail, se rendit dans la province du Fujian pour comprendre le processus de fabrication des thés noirs. Revenu dans sa province d'Anhui, il y exploita immédiatement ses nouvelles connaissances. Dès 1875, trois jardins, dont le célèbre Keemun cultivé dans le district du Qimen, au sud de la province, donnèrent de si bons résultats qu'une récompense distingua la province en 1915, lors de l'exposition internationale de San Francisco.

Enfants de la célèbre montagne Jaune si prisée des peintres et des calligraphes, ils se déploient sur des pentes raides, aux sols peu acides, riches en fer et humus, baignés par ces brumes et brouillards poétiques et bienfaisants. En cas de soleil intense, de grands arbres « parasols » leur dispensent toute l'ombre nécessaire, hautes silhouettes rythmant le paysage de leurs lignes élancées. À de très rares exceptions près, les Qimen se présentent tous en feuilles entières, petites, très fines et soyeuses d'une infinie délicatesse…

La classification des Qimen se fait encore beaucoup par un système de numérotation avec, « au-dessus du panier », trois suprêmes qualités : le Nin Nang Yin Hao, le Hao Ya et enfin le Mao Feng. Ce dernier se reconnaît à ses feuilles plus longues et larges que les autres. Il exhale la même saveur très fine que les deux autres grades, avec la même douceur si caractéristique.

Les producteurs d'Anhui ont converti depuis quelques années des parcelles de champs de thés noirs en agriculture biologique. Cette conversion n'a pas bouleversé les habitudes culturales mais officialisé ce qui se pratiquait de toute éternité.

✹ Dégustation

Feuilles sèches : Longues, belles, fines, elles ont l'aspect de cheveux d'ange parfumés au tabac blond et au chocolat.

Feuilles infusées : Le litchi pointe le bout de son nez derrière le chocolat, en un mélange appétissant.

Liqueur : Une couleur cuivrée, avec un peu d'opacité… On pressent au premier coup d'œil un thé d'une bonne densité. C'est la rose et le litchi qui se montrent dès l'attaque, relayés par des notes chocolatées, jusqu'à la finale. Un Qimen bien typé, structuré et désaltérant, que l'on n'hésitera pas à boire tous les jours pour un plaisir simple mais intense.

✹ Préparation

1 cuillerée de feuilles par tasse. Infusion à 95 °C pendant 5 minutes.

Moment : Faiblement dosé en théine, il est parfait à 17 heures avec une tarte aux poires ou une charlotte au chocolat. Même ceux qui ont des difficultés d'endormissement pourront le déguster en fin de soirée.

CHINE, Yunnan

Yunnan Shen Xian de la colline d'Or

Thé noir, récolté en septembre

La tradition du thé rouge/noir dans le Yunnan est récente puisqu'elle ne date que de 1938. Mais quel bonheur ! La colline d'Or est un peu aux amateurs de thé ce que représente celle de Corton en Bourgogne pour les amoureux du vin : le Saint-Graal, le lieu de tous les recueillements, une perfection, bref un miracle de la nature ! Sur ces pentes bénies des dieux, les théiers donnent des résultats extraordinaires, une qualité suprême de feuilles, une intensité aromatique sans égale dans la tasse. Les Yunnan de la colline d'Or font parfois songer, par leur concentration et leur richesse, aux plus grands Assam de l'Inde, dont ils ne sont séparés que par une partie – certes non négligeable – de la chaîne himalayenne. Le potentiel de ce terroir exceptionnel se révèle chaque année davantage, et des médailles d'or consacrent régulièrement celui qui peut être considéré comme l'un des plus grands thés noirs du monde.

Les feuilles larges et pleines de sève des plants de « Dayeh » engendrent des thés remarquables, à tel point que le gouvernement chinois a fait inscrire, depuis 1989, certains crus, comme le Shen Xian, à son tableau d'honneur des meilleurs thés noirs du pays. Une immense fierté pour ses producteurs ! De manière générale, les récoltes successives durent huit mois dans le Yunnan, donnant, à chaque période, des thés aux caractéristiques un peu différentes : frais et légers de mars à mai, plus soutenus en été, de juin à septembre. Mais le Shen Xian échappe à cette règle : il se distingue toute l'année par son irrésistible concentration aromatique. Comme les autres Yunnan, c'est l'un des rares thés « de garde » : il peut se conserver trois ou quatre ans, sans perdre une seule de ses qualités.

❈ Dégustation

Feuilles sèches : Un nez tout en retenue pour cette récolte fine aux feuilles longues, noires et dorées. On y perçoit, encore camouflées, des notes brutes et animales de cuir et de laine, enrobées par la douceur du miel.

Feuilles infusées : La même palette se révèle, plus prononcée, plus séduisante encore.

Liqueur : D'un bel ambre aux reflets rouges, on savoure d'abord sa texture crémeuse et son ampleur en bouche. Une présence qui s'enrichit d'une belle ronde de parfums empyreumatiques et animaux. Le tabac blond se mêle aux notes de cendres, de bois brûlé, la laine humide à celle du cuir et du miel. Un thé fort et doux, racé et sensuel, ample, puissamment présent de l'attaque à la longue finale, envahissant la gorge sans amertume ni astringence et laissant une réminiscence de moka. Un thé masculin ? Non, une main de fer dans un gant de velours, voilà tout.

❈ Préparation

1 cuillerée de feuilles par tasse. Infusion à 95 °C pendant 5 minutes.

Moment : Il réveille d'une main légère mais insistante. On peut le préférer à la gifle d'un Assam pour le petit déjeuner du dimanche matin. En outre, il s'accommode très bien des protéines. Un excellent prétexte pour s'étirer paresseusement jusqu'à l'heure du brunch avec des œufs brouillés et du fromage.

CHINE, Fujian

Wu Yi Grand Lapsang-Souchong

Thé noir, récolté en juin

Winston Churchill était exclusif dans ses affections. Grand amateur de champagne, il baptisa l'un de ses chevaux Pol Roger, en hommage à sa marque préférée, laquelle lui rendit d'ailleurs la politesse en donnant son nom à sa cuvée la plus prestigieuse ! Buveur de thé puisqu'il le fallait, c'était encore le Lapsang-Souchong qu'il tolérait le plus volontiers... à condition d'adjoindre à ce breuvage un nuage de whisky. Encore cultivé dans la province si fertile du Fujian, ce thé a été créé dans la seconde moitié du XVIIIe siècle, son goût fumé provenant du procédé de fabrication qui consiste à placer traditionnellement les grandes feuilles de Souchong au-dessus d'un feu de bois d'épicéa. Il reste l'un des thés les plus prisés des papilles européennes.

✵ Dégustation

Feuilles sèches : Noires et assez longues, elles proviennent d'une récolte grossière (cinq feuilles, voire plus, cueillies sur le rameau de théier). Elles ont le parfum fumé que l'on attend d'un Lapsang-Souchong. Impossible de s'y tromper.
Feuilles infusées : Derrière la suprématie des notes fumées, on devine l'anis et la réglisse, agrémentés de notes balsamiques. Ils tissent un contrepoint efficace.
Liqueur : On aime l'harmonie et l'équilibre de cette tasse. Pas d'emportements fumés qui viendraient écraser la délicatesse des autres arômes : au contraire, ces derniers montrent leur nez au détour d'un petit chemin planté d'eucalyptus et de bois de réglisse. La pointe d'amertume que l'on ressent jusqu'à la finale, longue, taquine agréablement les papilles. Un thé léger et désaltérant.

✵ Préparation

1 cuillerée de feuilles par tasse. Infusion à 95 °C pendant 5 minutes.
Moment : Faiblement dosé en théine, ce thé convient pour l'après-midi et le soir. Son goût fumé et sa vivacité créent un bel accord avec les saveurs iodées des huîtres chaudes et relèvent délicatement le goût des féculents. Il s'accorde remarquablement aussi avec certains fromages, comme le comté ou le beaufort.

Ces arômes, très présents dans les grands vins rouges de la vallée du Rhône, du Languedoc ou du Sud-Ouest, expriment une gamme allant de la viande crue fraîche, voire des viscères, au cuir et à la fourrure. Ils évoquent intensément l'atmosphère de la ferme : le poulailler, l'écurie, la sellerie ou l'étable... autant de lieux, d'odeurs singulières. Plus sauvages parfois, c'est à une partie de chasse que leur fumet de gibier nous convie. Si le spectre aromatique de cette famille est moins développé dans les thés (moins véhément aussi !), il leur imprime néanmoins une personnalité inoubliable. C'est le cas notamment de tous les Pu'er, ces thés noirs si particuliers,

LES THÉS ANIMAUX

exhalant la terre humide et l'écurie. Produits autour de la ville éponyme, dans la province du Yunnan, ces thés « postfermentés » sont compressés à l'état de thé vert sous forme de briques ou de galettes. Ils vont ensuite débuter leur fermentation le plus naturellement du monde durant un long séjour en cave. Il est encore courant de trouver chez les producteurs des Pu'er de 20 ou 30 ans d'âge. Certains dépassent aussi le demi-siècle ! Dans les qualités plus courantes, un Pu'er ne devient intéressant qu'au bout de trois ans de maturation naturelle. Il est fréquent hélas ! que leur fermentation ait été accélérée artificiellement afin de permettre leur vente dès l'année de leur récolte.

CHINE, Yunnan

Pu'er (anciennement Pu Erh) Lanxang Impérial

Thé noir, récolté en mai 1999

Les Pu'er sont, pour l'essentiel, cultivés dans le sud de la province du Yunnan, dans le Xishuangbana, district vallonné et très forestier. La ville de Pu'er est entourée de champs de théiers qui marquent le début du territoire de ces thés particuliers. Plus au sud, on peut encore admirer dans le district de Simao des théiers parmi les plus anciens du monde : même s'ils ne sont plus exploités, leurs troncs impressionnants ont traversé vaillamment une dizaine de siècles. Plus au sud encore, près de la ville de Lancang, irriguée par les eaux du large fleuve Lancang Jiang (Mékong), l'alternance de théiers et de mandariniers évoque curieusement certains paysages de la Toscane. Du mois de mars à la mi-novembre, les Hani, la minorité la plus représentée et la plus influente, s'affairent dans les champs, petites taches mouvantes et multicolores dans l'océan vert des cultures en paliers. On trouve des dizaines d'espèces de théiers sur lesquels seront cueillies cinq feuilles, les plus jeunes étant laissées pour les thés noirs. Il règne une atmosphère très humide et douce ; les pluies fréquentes et les nuits fraîches créent des brumes et des brouillards qui enveloppent de leurs voiles l'abondante végétation. Les théiers trouvent dans ces conditions une vigueur atypique : les plus jeunes (de 20 à 40 ans) sont taillés à 1 mètre du sol, mais plus ils vieilliront, plus leur taille sera haute, atteignant 3 ou 4 mètres. Comme les autres essences sylvestres, ce sont des arbres de haute futaie. Il faut souvent y grimper ou se munir d'échelles pour cueillir les feuilles immenses. Ces vénérables vieillards n'effarouchent pas les jeunes cueilleuses, qui y grimpent pour la récolte avec une souplesse féline.

✼ Dégustation

Feuilles sèches : Brun doré, elles proviennent d'une cueillette de deux ou trois feuilles. Leurs notes évoquent les endroits mystérieux de la maison : la cave ou le grenier ! Elles s'enrichissent aussi de la chaude odeur du tabac blond.

Feuilles infusées : Noires et luisantes, elles dégagent de puissants arômes de laine humide, de terre grasse et mouillée qui nous transportent dans un paysage d'Écosse !

Liqueur : Toutes les caractéristiques d'un très grand thé dans la tasse, avec de la profondeur, de la complexité et une longueur en bouche impressionnante. Les arômes, reconnaissables entre mille des grands Pu'er, se révèlent dans leur franche rusticité. On y perçoit l'odeur de la laine, du suint, du bois humide, de l'étable et du cuir, sur une texture soyeuse et ronde à souhait.

✼ Préparation

1 cuillerée de feuilles par tasse. Infusion à 95 °C pendant 5 minutes en théière ou, mieux, en gong fu cha (voir chapitre 4, p. 54).

Moment : Peu de théine mais beaucoup de personnalité. On peut le boire à toute heure, aussi bien avec un solide *breakfast tea* qu'à midi avec de l'agneau de Sisteron ou un rôti de veau aux champignons. En fin d'après-midi, on se réchauffera les doigts autour de sa tasse, après une grande promenade en forêt.

CHINE, Yunnan

Pu'er (anciennement Pu Erh) Jingmei 22 ans d'âge
Thé noir

De la petite ville de Mengzhi à celle de Menghai, sur les flancs de la montagne de Jingmei, les théiers « Dayeh » prospèrent dans toute leur splendeur. Cette espèce est l'une des plus anciennement répertoriées par les botanistes. Ces théiers millénaires, perchés sur de petits plateaux en altitude, donnent toute leur solennité à ces lieux encore préservés de la planète. Le temps ne semble avoir aucune prise, ni sur la nature, ni sur les hommes. Aucun producteur n'imagine, ici, commercialiser des thés âgés de moins de dix ans, et les caves recèlent des trésors beaucoup plus anciens, jalousement gardés à l'abri des regards et des convoitises... Leur maîtrise de la taille des arbres, des récoltes, des techniques si particulières de la postfermentation et de l'affinage en cave, leur permet de produire les meilleurs Pu'er de garde.

❈ Dégustation

Feuilles sèches : Entières, elles sont agglomérées en de minuscules galettes de la taille d'une bouchée et correspondent à une cueillette fine, c'est-à-dire que seules ont été conservées les deux premières feuilles du rameau. L'odeur de « pipi de chat », caractéristique des Pu'er, est indubitable : elle s'apparente aussi à celle du buis et des feuilles de cassis.

Feuilles infusées : Très noires, elles conservent la forme de galette et libèrent des arômes complexes qui, pris séparément, peuvent surprendre — la terre mouillée, le cuir de cheval, l'endive cuite, le tabac, l'iode... Tout cela forme pourtant un bouquet racé.

Liqueur : Comme les vins, la couleur d'un thé prend des reflets tuilés avec le temps. Au lieu de la profondeur sombre d'un jeune Pu'er, ce thé aborde les rivages de l'âge dans une robe assez claire aux reflets cuivrés. Moins explosif, il laisse échapper les doux parfums de décomposition automnale : la terre mouillée, la châtaigne, le champignon, la craie mouillée... C'est surtout à une promenade dans le temps qu'il incite. Étonnant (et cher), il demande un palais un peu exercé.

❈ Préparation

1 galette de 3 grammes par personne. Infusion à 95 °C pendant 5 minutes en théière, mais on gagnera à utiliser la méthode traditionnelle chinoise, en gong fu cha (voir chapitre 4, p. 54), qui permettra d'atteindre sans saturation une dizaine d'infusions successives.

Moment : On évitera de tenter une association avec un plat, car ce thé est délicat. Il est mille fois préférable de se recueillir sur 22 années d'existence dans le confort de son canapé. Une vraie pause, à 17 heures.

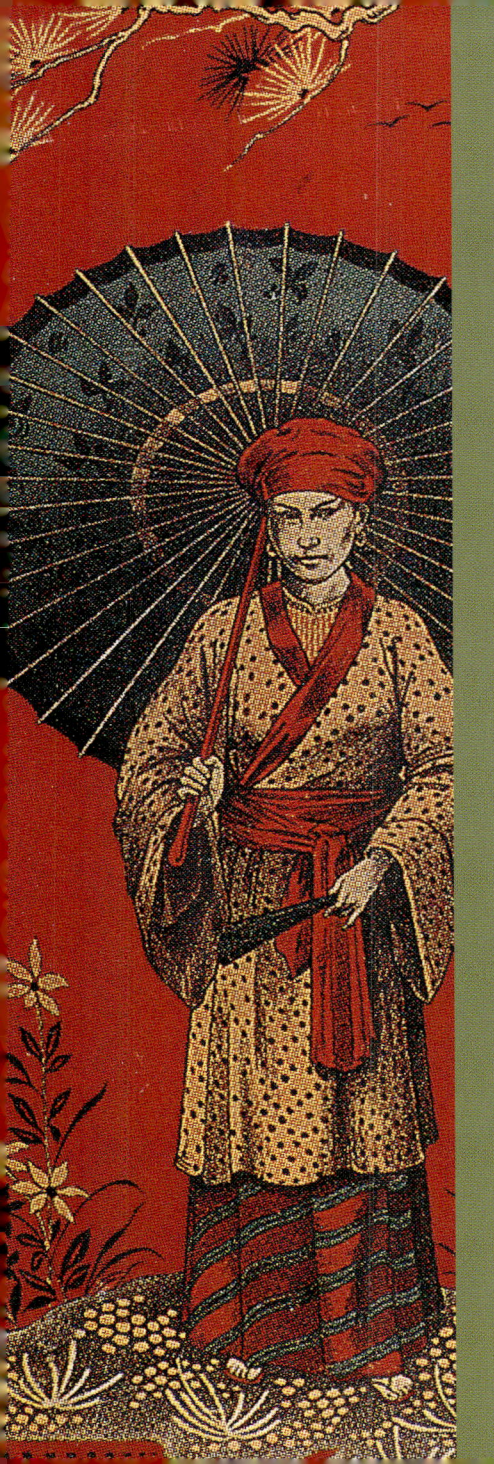

C'est le privilège des thés verts et de certains wu-long que de livrer des notes minérales tout à fait surprenantes. On regroupe d'abord dans cette famille les arômes rappelant la catégorie des pierres. La craie ou le silex sont très perceptibles dans les champagnes blancs de blancs et les grands vins de Loire comme le sancerre. Mais en général, les notes minérales se décèlent plus difficilement dans les thés que dans les

LES THÉS MINÉRAUX

vins. Et pourtant ! Il suffit de les évoquer, et les voici qui s'imposent soudain comme une évidence bien familière. L'argile, la brique, la terre séchée ou au contraire le piquant de la terre humide sont encore d'autres exemples de la variété de cette famille. Enfin, immédiatement reconnaissables parce qu'elles évoquent une bouffée d'embruns, les notes iodées complètent ce catalogue géologique. Le varech, l'algue, le sable humide, le goût du sel sur les lèvres… Impossible de s'y tromper, c'est une promenade en Bretagne, par la simple grâce d'une gorgée de thé vert.

FORMOSE (TAIWAN), Wen Shan Bao Zhong

Pao Chung Pouchong

Thé wu-long (semi-fermenté, bleu-vert), récolté en mai

La culture du thé a été introduite dans l'île de Taiwan au milieu du XIXe siècle à partir de plants de la province réputée du Fujian, située sur l'autre rive du détroit de Formose. Elle produit surtout des wu-long, souvent plus fermentés que la moyenne des thés de Chine. Le Bao Zhong (comme le Dong Ding, voir chapitre Les thés Floraux p. 77) constitue toutefois une exception à la règle : ses belles feuilles très longues et légèrement torsadées ne sont fermentées qu'à hauteur de 10 ou 15 %, ce qui le rapproche des thés verts.

Cultivé au nord de l'île sur les croupes verdoyantes des collines de Wen Shan autour de Taipei, Bao Zhong signifie pragmatiquement « paquets carrés », en raison de la forme originelle de ses emballages. L'harmonie qui se dégage de son exquise liqueur aurait mérité un nom plus poétique !

✽ Dégustation

Feuilles sèches : Une colline verte enrubannée d'une brume bleutée ! Derrière la fraîcheur du jasmin et du lilas blanc, la brise maritime apporte des notes iodées.
Feuilles infusées : Bien développées, longues, on y respire encore les notes florales, enrichies par celles de fruits mûris au soleil.
Liqueur : Jaune clair, lumineuse, limpide, elle s'écoule doucement, sans aucune agressivité, évoquant à son passage la douceur d'un ruisseau bordé de fleurs sauvages qui serpenterait entre des galets. Cette note minérale lui tient compagnie et le soutient, de l'attaque jusqu'à sa finale, assez longue et fraîche. Un thé délicat, qui demande de l'attention quand on le goûte.

✽ Préparation

3 grammes par tasse. Infusion à 95 °C pendant 5 minutes en théière ou, si possible, selon la méthode du gong fu cha (voir chapitre 4, p. 54).
Moment : Très délassant parce que sans exubérance et frais, ce thé est préconisé en fin d'après-midi ou dans la soirée.

CHINE, Huang Shan, Anhui

Huang Shan Mao Feng

Thé vert, récolté en avril

Ce thé exceptionnel est cultivé tout près de la somptueuse montagne Jaune (Huang shan) dont les sommets cernés de nuages et de brumes diaprées ont inspiré peintres, calligraphes et poètes. La culture du thé remonte ici à l'époque des Ming, mais ce n'est qu'en 1875 que le Huang Shan Mao Feng a été créé, connaissant un succès immédiat. La légende qui l'entoure marque un romantisme tragique : deux jeunes amants s'étaient déclaré leur flamme dans l'évanescence de la brume de la montagne Jaune. Hélas ! un riche paysan remarqua la jeune beauté, la força à l'épouser et, pour faire bonne mesure, transperça de son glaive le cœur de son jeune rival. La jeune fille, tenant le corps de son amour dans ses bras, pleura tant et tant que la terre s'ouvrit sous ses larmes et qu'elle put l'inhumer. Puis elle s'évapora, prenant la forme des brumes de la vallée. De cette terre baignée de larmes amères germa un théier tendre et vigoureux. La récolte engendra un thé d'une douceur et d'une suavité jamais égalée. Qui sait ? Peut-être est-ce l'infortunée jeune fille qui flotte encore dans les fines volutes de sa liqueur dorée...

✣ Dégustation

Feuilles sèches : Elles correspondent à une sublime récolte de type impériale, le *nec plus ultra*. On a conservé uniquement les première et seconde feuilles du rameau. D'un vert profond, elles ont des notes végétales de chou et d'épinard.
Feuilles infusées : Superbement déployées, elles ont tourné au vert pâle, exhalant un doux parfum d'abricot, corsé par de belles notes minérales.

Liqueur : Un rêve d'or pâle et liquide, limpide, doux comme une étoffe de soie. Son goût de légumes verts cuits s'agrémente de notes marines et sablonneuses qui persistent jusqu'à une finale dans laquelle elles prennent nettement le dessus. Un thé frais et digeste d'une exquise élégance.

✣ Préparation

Environ 3 grammes de feuilles par personne. Infusion : La préparation se fait de préférence en zhong. Après avoir « lavé » les feuilles en versant de l'eau chaude (75 °C) dessus, on jette la première infusion au bout de quelques secondes, puis on procède à trois infusions successives de 3 minutes chacune, avec les mêmes feuilles de thé.

Moment : L'après-midi ou en fin de soirée, avec une pensée pour les amants malheureux ! Sa subtilité et sa délicatesse ne tolèrent guère de mets d'accompagnement... À l'extrême rigueur, on peut le tenter sur un sashimi de thon rouge.

CHINE, Anhui, Jinzhai

Lu An Gua Pian (bio)

Thé vert, récolté en mai-juin

La légende qui entoure ce thé est une ode à l'harmonie de la nature : la montagne de Qi shan était couverte d'arbres et d'herbes et aucune fleur n'y poussait en dépit des efforts des paysans. Une longue dame toute de noir vêtue leur apparut : « Les fleurs portent malheur », leur parla-t-elle. Mécontents, les paysans allèrent consulter un moine au village voisin, mais un typhon les empêcha de s'en retourner chez eux. Seule, par miracle, une vieille femme y parvint et s'y installa. Sortant des graines de fleurs et de théiers de son panier, elle les sema. Le printemps suivant fut enchanteur car fleurs et théiers se mêlèrent de manière féerique. La longue dame vêtue de noir, écumant de rage, apparut de nouveau, s'apprêtant à jeter un maléfice. Mais la vieille femme lui jeta au visage un reste de graines, la transformant en chauve-souris. Plus personne ne put empêcher alors fleurs et théiers de croître et de prospérer. Une chance, car ce thé est exceptionnel. Les producteurs chinois le classent d'ailleurs dans les dix meilleurs. Il est cultivé près de la ville de Lu'an, et Gua Pian signifie « perles de potiron ».

✿ Dégustation

Feuilles sèches : On n'en finirait pas de humer ces belles feuilles joliment allongées. Leurs senteurs prononcées d'iode et d'épinard cuit sont admirables.

Feuilles infusées : Superbement déployées, elles livrent la même atmosphère, plus vivifiante encore.

Liqueur : Les volutes odorantes évoquent un bord de mer aux rochers couverts d'algues brunes. Après le passage frais de notes végétales comme la fougère, l'artichaut et l'épinard, on se délecte des fortes senteurs marines de varech et d'iode, du sable mouillé. Ces élans ne retirent rien à l'extrême douceur et à l'harmonie de chaque gorgée. Un modèle du genre, apaisant comme la contemplation des vagues.

✿ Préparation

Environ 3 grammes de feuilles par personne. Infusion : La préparation se fait de préférence en zhong. *Après avoir « lavé » les feuilles en versant de l'eau chaude (75 °C) dessus, on jette la première infusion au bout de quelques secondes, puis on procède à trois infusions successives de 3 minutes chacune, avec les mêmes feuilles de thé.*

Moment : S'il est de taille à s'associer à des huîtres (crues ou chaudes), il est mille fois préférable d'en tirer la « substantifique moelle » en le savourant seul. Un thé de méditation !

On les appelle gourmands parce qu'ils évoquent irrésistiblement l'époque où l'on grimpait sur une chaise pour attraper subrepticement un paquet de gâteaux ou de bonbons. À la faveur de leurs notes de pâtisserie ou de friandises, ils ont le don de nous transporter dans l'enfance ou dans un monde de douceurs dont les portes séductrices s'ornent de l'honorable mention « salon de thé » ! La pâte d'amandes ou

LES THÉS GOURMANDS

de fruits, la crème de marrons, la crème pâtissière ou la crème fraîche, le beurre, le chocolat, les bonbons au miel ou les sucres d'orge au goût légèrement acidulé forment le cœur tendre de ces thés, peu nombreux il est vrai. Certains d'entre eux sont appétissants comme un gâteau. Ils se livrent sans retenue à notre gourmandise. D'autres, les thés jaunes ou les wu-long, subtils tentateurs de ce péché véniel, se contentent d'effleurer le répertoire d'une main légère. Tous se savourent en toute impunité.

CHINE, Hunan

Yin Zhen Junshan*

Thé jaune, récolté en mai

Grand cru parmi les grands crus, ce Yin Zhen, extraordinaire « Aiguilles d'argent » appelé aussi « Plume jaune », est cultivé sur 1 kilomètre carré de surface. C'est dire toute la rareté de ce thé, blotti dans les replis de la petite île de Junshan, sur le lac Dongting. Il faut 50 000 bourgeons pour faire 1 kilo. Ce fut d'ailleurs tout le poids de la récolte de 1871, année de la visite de l'empereur. Celui-ci fut si séduit qu'il ordonna 9 kilos par an de ces divines plumes au titre de son tribut ! Aujourd'hui, les théiers – des « Dabai » – produisent 300 kilos, extrêmement convoités dans le monde entier ! Ceux qui ont la chance d'avoir quelques grammes de ce thé peuvent contempler le ballet extraordinaire de ses feuilles : posées au fond d'un verre haut et recouvertes d'eau chaude, elles montent et redescendent trois fois de suite. Leur mouvement spontané dure une vingtaine de minutes... précisément le temps d'infusion nécessaire pour ce breuvage, qui se savoure avec les yeux, le nez et la bouche.

❊ Dégustation

Feuilles sèches : Le précieux bourgeon terminal ressemble à un edelweiss séché. Des petites notes toutes simples d'herbe et de coton s'en dégagent.
Feuilles infusées : Elles deviennent d'un tendre vert pâle, diffusant une légère odeur de bonbon, de sucre d'orge.
Liqueur : Toutes les nuances de la robe des thés jaunes emplissent la tasse, pâle comme le soleil d'hiver. On y respire les accents purs et légers de leur parfum, qui évoquent un bonbon au cassis. Chaque gorgée laisse une sensation aussi douce que le duvet, ainsi qu'une grande fraîcheur. Un thé très subtil, difficile à apprivoiser au premier abord.

❊ Préparation

5 grammes par verre. Infusion à 70 °C pendant 20 minutes dans un verre haut.
Moment : Le Yin Zhen est vraiment un thé pour le soir. Sa légèreté et sa fraîcheur le rendent encore plus appréciable l'été. On le déguste à petites gorgées pour en extraire toute la subtilité, quand on veut célébrer le simple bonheur fugace d'un coucher de soleil ou un moment de pure tranquillité.

*On ne confondra pas le Yin Zhen Junshan (jaune) avec son non moins prestigieux homonyme le Yin Zhen blanc de la province du Fujian, tout aussi rarissime.

CEYLAN (SRI LANKA)

New Vithanakande Pointes Dorées FOP

Thé noir, récolté en août

Les thés de Ceylan à feuilles longues de qualité sont de plus en plus rares. Nombreux sont les exploitants qui en ont abandonné l'élaboration, plus longue, plus risquée et donc plus coûteuse, au profit de thés broyés de qualité courante. Quelques jardins défendent encore avec amour une idée du thé différente de celle de la grosse cavalerie, avec des feuilles travaillées avec des soins d'orfèvre. Golden Garden et Ever Green, les bien nommés, Devonia, Madola ou Dellawa forment le peloton de tête de ces jusqu'au-boutistes. Ils ont été rejoints depuis une dizaine d'années par New Vithanakande, thé *middle grown*, c'est-à-dire cultivé à environ 1 000 mètres d'altitude. Au fil du temps, le jardin, en cultivant la finesse et la délicatesse et en livrant des thés très équilibrés en force et en saveur, est devenu une référence.

✽ Dégustation

Feuilles sèches : Ces très belles feuilles à l'odeur de cappuccino ont l'aspect des cheveux d'ange, un ange d'âge mûr : elles sont poivre et sel !

Feuilles infusées : Superbement déployées, elles libèrent des arômes complexes et savoureux de cerise, poivre doux, ambre, camphre et moka.

Liqueur : La densité de sa chaude couleur marron foncé ainsi que son opacité annoncent une corpulence que la bouche confirme. La liqueur est bien charpentée, avec une trame serrée et une texture moelleuse. Des saveurs de chocolat et de café entourent un cœur délicieux de crème de marrons. Une gourmandise aussi appétissante qu'une bûche de Noël !

✽ Préparation

1 cuillerée de feuilles par tasse. Infusion à 95 °C pendant 5 minutes.

Moment : On réservera ce thé assez tannique pour le matin ou la fin de matinée. À table, il peut se marier avec des plats plutôt automnaux, comme des gibiers à plume servis avec une fricassée de girolles. La viande tendrement persillée d'un chapon rôti ou d'un veau sous la mère adoucira aussi ses tanins.

Les parfums ont naturellement rejoint l'univers des thés. Ils leur apportent une touche de fantaisie et de fraîcheur. Ces créations jouissent depuis les années 1970 d'une réelle faveur auprès du public, notamment en France et en Allemagne. Une profusion d'arômes est aujourd'hui disponible : fruits, fleurs, plantes, légumes, épices… qui peuvent hérisser les papilles des amoureux d'un goût pur du thé. Pourtant, leur utilisation sacrifie aux plus antiques traditions. Les Chinois, encore précurseurs en la matière, ont toujours parfumé certains de leurs thés. Il s'agissait autant de créer des saveurs nouvelles que d'élargir le champ d'action de la pharmacopée en associant

LES THÉS PARFUMÉS

des éléments naturels. Raffinement et souci de bien-être ont donc engendré de grands thés parfumés, tel celui au jasmin. Les techniques actuelles permettent de réaliser des mélanges complexes : tout l'art consiste à marier harmonieusement saveurs et parfums, sans dénaturer le thé ! Le parcours que nous proposons est le fruit de vingt-cinq années des créations les plus marquantes d'Olivier Scala, un « nez » se fiant à ses intuitions dans la recherche harmonieuse, inventive, originale et parfois iconoclaste de couleurs, de senteurs et de saveurs. Cette foisonnante promenade olfactive nous conduit au bord de la Neva, sur les rivages éclatant des plages d'Essaouira ou sur le toit du monde en compagnie de Casanova, Shéhérazade et du Roi de Sicile… Extravertis ou jouant sur la retenue, tous ces thés traduisent une émotion maîtrisée par une forme à l'équilibre parfait.

Earl Grey
Roi de Sicile

(Thé à la bergamote)

Cet Earl Grey de caractère a été inspiré par le personnage de Léontès, le tourmenté roi de Sicile dans le *Conte d'hiver* de Shakespeare. Pour compenser l'huile essentielle de bergamote du sud de l'Italie – la plus parfumée et la plus nuancée qui soit (le fruit pousse en Sicile, en Calabre mais aussi aux États-Unis) –, il fallait l'appuyer par plusieurs thés de base : la douceur d'un thé noir de Chine alliée à la rondeur d'un *middle grown* de Ceylan et à la force épicée d'un thé du sud de l'Inde (Nilgiri) a permis de fixer l'essence sur les feuilles qui lui servent de magnifique révélateur.

✠ Dégustation

Feuilles sèches : Noires, entières et mêlées de pétales rouges, elles embaument le parfum typique de l'Earl Grey, de belles senteurs de bergamote brodées sur un fond épicé et chaud de thé noir.

Feuilles infusées : Brunes aux reflets verts, elles déploient les mêmes arômes, riches, sensuels et capiteux.

Liqueur : Toute la puissance de la bergamote vient illuminer la tasse. Elle est soutenue par la corpulence des thés de Nilgiri et de Ceylan. Leurs tanins serrés mais fondus, leurs saveurs prononcées d'épices et de moka, sont à peine tempérés par la pointe de délicatesse du thé de Chine dans un aristocratique mais fougueux mélange.

✠ Préparation

1 cuillerée de feuilles par tasse. Infusion à 95 °C pendant 5 minutes.

Moment : Il appartient plutôt aux thés d'hiver qui réconfortent tant après une sortie sous la pluie de novembre et consolent des sombres et tragiques pensées.

Earl Grey
Rive gauche

(Thé à la bergamote)

Autre Earl Grey mais autre style, radicalement différent de celui qui précède. À l'origine, Rive Gauche fut élaboré en 2000 à la suite de la commande d'un comptoir de thé parisien. Il évoque ce romantisme élégant qui fera que Paris sera toujours Paris ! Son style s'appuie sur un assemblage audacieux et inédit de divers thés verts de Chine et du Japon, auxquels on a adjoint de raffinés wu-long de la province du Fujian. Un hommage à une légèreté toute printanière, fleurie et très aromatique.

✽ Dégustation

Feuilles sèches : Un mélange plein de couleurs, dans lequel le vert des feuilles se mêle au jaune, au rouge et au bleu des pétales.

Feuilles infusées : Les belles feuilles vertes aux reflets noirs se déploient superbement, développant des arômes délicats de bergamote et de fleur d'oranger.

Liqueur : Soyeuse et fraîche, elle enveloppe le palais d'une belle attaque fleurie, puis laisse échapper les notes de la bergamote qui évoquent aussi celles de la lavande jusqu'à une belle finale au goût de fleur d'oranger. Ce thé fait songer à la quiétude rayonnante d'un bel après-midi d'été telle que Matisse l'a saisie dans son tableau *Le Thé sous les arbres*.

✽ Préparation

1 cuillerée de feuilles par tasse. Infusion à 95 °C pendant 5 minutes.

Moment : Rafraîchissant et léger, son style fleuri convient à tout moment de la journée, mais on l'apprécie particulièrement l'après-midi, quand il fait chaud, accompagné éventuellement de petits gâteaux secs.

Casanova

Un assemblage ensorcelant de thés noirs de Chine, de Ceylan et de thés du sud de l'Inde (Nilgiri) donne toute sa force à ce thé charpenté mais voluptueux. Derrière la palette conquérante de saveurs capiteuses, soyeuses et sucrées, se cache un harmonieux mélange d'arômes de fleurs comme l'orchidée, de fruits rouges et d'épices. Ce bel hommage au philosophe libertin est devenu, depuis sa création en 1991, un classique.

❊ Dégustation

Feuilles sèches : Ses feuilles noires correspondent à une récolte fine s'égayant de petites fleurs rouges, bleues et jaunes.
Feuilles infusées : Bien déployées, elles libèrent de puissants arômes de fruits et d'épices.
Liqueur : D'un beau rouge orangé, limpide, elle possède beaucoup de présence, d'ampleur et de longueur. Les saveurs un peu acidulées de la rhubarbe se conjuguent à celles, très mûres, des petits fruits rouges comme la fraise et la cerise, tandis que la mangue vient appliquer sa touche d'exotisme en guise d'estocade : aucune femme ne résiste à ce séducteur, voilà qui se confirme !

❊ Préparation

1 cuillerée de feuilles par tasse. Infusion à 95 °C pendant 5 minutes.
Moment : Ses saveurs prononcées de fruits rouges sont agréables au petit déjeuner. Sa patte réveille en douceur. À 17 heures, on peut l'accompagner d'un crumble à la rhubarbe ou d'un clafoutis aux cerises, en lisant les mémoires galantes du Vénitien !

Secret Tibétain

L'une des plus grandes réussites de la maison a fait l'objet de nombreuses recherches et tâtonnements avant son lancement en 1981. Élaboré dans une petite officine, à l'écart de la salle de dégustation exclusivement réservée aux thés classiques, ce mélange tournait agréablement autour des saveurs de jasmin, de bergamote, d'épices très douces et de plantes. Mais il lui manquait le coup de baguette magique propre à en révéler tout le relief. L'idée est venue d'un grand dégustateur de thés classiques honnissant les thés parfumés... Raymond Scala. Il suggéra un soupçon de lavande de Provence. Le résultat, divin, donne au mélange la juste note, originale et aristocratique. Très apprécié, ce thé est parfois commercialisé sous d'autres noms.

✳ Dégustation

Feuilles sèches : Noires, avec des feuilles de jasmin, elles sentent merveilleusement bon, les notes florales donnant de l'élan à la vanille et à la bergamote.
Feuilles infusées : Plus intenses, plus boisées, elles sont une franche incitation à boire le thé !
Liqueur : Si la perfection d'un mélange existe, elle est peut-être bien ici, au cœur de cette complexité aromatique qu'aucun déséquilibre ne vient troubler. Le parfum, ô combien suave, du jasmin se combine aux notes agrestes et vives de la lavande sur un fond délicieux de bergamote et de vanille. L'ensemble se tient remarquablement, avec beaucoup de présence et une très belle longueur en bouche. Un secret à ne pas garder pour soi.

✳ Préparation

1 cuillerée de feuilles par tasse. Infusion à 95 °C pendant 5 minutes.
Moment : Parfait le matin. Sa fraîcheur et son élégance le retiennent aussi à l'heure du thé, accompagné de petites brioches.

Toit du Monde

Ce thé a été créé le 29 mai 1993 pour célébrer le quarantième anniversaire de la plus spirituelle conquête de l'homme, l'Everest. Il s'inspire d'un autre grand classique de la maison, Secret Tibétain, mais repose sur une base différente : c'est un wu-long qui le soutient. Le but consistait, à travers cette création, à révéler par des chemins de traverse toutes les merveilleuses possibilités de ce thé, trop peu connu des amateurs. Les premiers prototypes de Toit du Monde n'étaient que la formule du Secret Tibétain appliquée à un wu-long. Mais ils ont donné des résultats l'éloignant de l'esprit recherché : très doux, le wu-long de Chine a donc nécessité des réajustements et des dosages particuliers. Son raffinement a fait la conquête de nombreux amateurs et connaisseurs, son parfum sensuel et capiteux évoque Shalimar de Guerlain.

❋ Dégustation

Feuilles sèches : Des pétales de souci et de bleuet éclairent les fines feuilles.
Feuilles infusées : Vertes aux reflets bruns, elles libèrent d'intenses senteurs de jasmin et de lavande, de vanille et de bergamote.
Liqueur : Toit du Monde illustre à la perfection les vertus de l'assemblage. Richesse aromatique et fraîcheur, corpulence et douceur s'équilibrent avec justesse pour donner un thé bien construit, aussi raffiné qu'un grand parfum. Son cœur enivrant de lavande et de jasmin vient se nicher dans la chaude opulence de la vanille et de la bergamote jusqu'à une finale longue et pleine.

❋ Préparation

1 cuillerée de feuilles par tasse. Infusion à 95 °C pendant 5 minutes.
Moment : On le préconise en toute saison et à tout moment de la journée. Le matin, on se délecte de son riche bouquet à la pointe vanillée. L'après-midi, il ensoleille la tasse, et sa fraîcheur en fait un vrai thé de détente. Le soir, il apporte une sérénité apaisante.

Baïkal, à la russe

Le goût russe n'a rien à voir avec un thé cultivé en Russie : il est traditionnellement constitué de thés noirs de Chine (et parfois d'Inde) agrémenté d'huiles essentielles ou d'arômes d'agrumes, comme le citron, l'orange et même la bergamote. Baïkal, créé en 1978, respecte ces canons du goût russe, mais puise son originalité dans l'assemblage des thés de base : le thé noir de Chine est un Qimen, le thé noir d'Inde provient de Nilgiri et surtout un peu de Yunnan et de wu-long de Formose viennent apporter leur délicatesse soyeuse. Son aromatisation a été plus faible qu'un thé parfumé habituel pour ne pas camoufler la distinction de ses feuilles (création Raymond et Olivier Scala).

✠ Dégustation

Feuilles sèches : Elles correspondent à une récolte fine et sentent délicieusement bon la bergamote, l'orange et la mandarine.

Feuilles infusées : Rousses avec des reflets verts, les mêmes notes tout en fruit se développent plus intensément.

Liqueur : Sa robe cuivrée, sa texture douce, sans agressivité, son volume et son goût fruité d'agrumes agrémenté des notes entêtantes de la bergamote en font un thé très séduisant, qui laisse apparaître la distinction de sa structure.

✠ Préparation

1 cuillerée de feuilles par tasse. Infusion à 95 °C pendant 5 minutes.

Moment : Il accompagne aussi bien le petit déjeuner que le goûter. Ses saveurs d'agrumes et de bergamote complètent à merveille celles d'un gâteau au chocolat noir ou des sablés à la fleur d'oranger.

Rêverie d'un soir sur la Neva

Ce thé a été lancé en novembre 2001 pour les besoins d'une émission de télévision destinée à montrer le travail de création d'un mélange. L'idée consistait à réaliser un « goût russe », c'est-à-dire avec une base d'agrumes, et à combiner les saveurs traditionnelles avec des épices. Les premiers essais ont abouti à un assemblage de poivre, de clou de girofle, de cardamome et de pamplemousse. Mais le thé n'a réellement pris sa dimension qu'avec un travail très étudié de la base des thés — thés noirs, verts du Japon et wu-long —, ainsi que l'ajout d'autres agrumes et de la vanille, la reine des épices, ont achevé de lui conférer son caractère opulent.

❋ Dégustation

Feuilles sèches : Des épices et des fleurs parsèment ces récoltes fines aux feuilles noires et vertes.

Feuilles infusées : C'est le pamplemousse qui s'exprime en premier, sur un fond de thé noir profond. Appétissant !

Liqueur : Un bouquet assez corsé se libère de la tasse d'un rouge cuivré intense. Beaucoup de notes d'agrumes, comme des zestes de pamplemousse et de citron, des notes d'orange, complétées par des épices éclairent le goût de cette liqueur dans laquelle le thé noir domine. Elle se distingue par son équilibre, son ampleur et sa longueur en bouche.

❋ Préparation

1 cuillerée de feuilles par tasse. Infusion à 95 °C pendant 5 minutes.

Moment : On peut le boire aussi bien le matin que l'après-midi. Son goût prononcé d'agrumes le rend finalement rafraîchissant. On peut aussi l'essayer sur des viandes blanches légèrement crémées ou une tarte à l'orange.

Rouge Baiser

Quel autre nom pouvait convenir aussi bien à cet assemblage résolument moderne, désirable et sensuel ? Créé en 2002, il célèbre le fruit gorgé de soleil que l'on mord à pleines dents. Les saveurs vives des agrumes et celles, gourmandes, de la fraise, mûre et juteuse à souhait, habillent la base harmonieuse de thés verts de Chine et du Japon pour donner un thé charnu au goût très actuel.

✠ Dégustation

Feuilles sèches : Des fleurs rouges et bleues se mêlent aux feuilles vertes et brillantes provenant d'une récolte fine.

Feuilles infusées : Une corbeille de fruits rouges et d'agrumes… Du fruit et encore du fruit !

Liqueur : La robe jaune citron est déjà une évocation des saveurs d'agrumes qui envahissent le palais, relayées ensuite par celles appétissantes et très présentes de fruits rouges bien mûrs. La fraise, la framboise, la cerise s'y bousculent ! Un mariage réussi, qui séduit par sa persistance aromatique, son ampleur et sa petite pointe d'acidité.

✠ Préparation

1 cuillerée de feuilles par tasse. Infusion à 90 °C pendant 4 minutes.

Moment : Il convient toute la journée, du petit déjeuner au thé de 17 heures. On l'appréciera aussi bien l'été, accompagné d'une tarte aux fraises, que l'hiver, avec des madeleines au citron.

Matin Calme

Des thés noirs très doux de Chine (des Qimen pour l'essentiel) servent de support à une association d'arômes de caramel fin de Normandie, de cassis de Dijon, de cannelle de Ceylan et d'orange de Valencia. Matin Calme a été créé en 1996 pour accompagner avec constance tous ces moments de plénitude que la vie parfois réserve.

✠ Dégustation

Feuilles sèches : Les feuilles noires des thés de Chine, de Ceylan et d'Inde dégagent un délicieux parfum de cassis et de cannelle.

Feuilles infusées : Marron avec des reflets roux, elles évoquent un opulent pot-pourri à base d'orange et de cannelle.

Liqueur : D'un rouge cuivré limpide, elle laisse ressortir tous les parfums. L'orange et la cannelle en tête, sur un fond délicieux de caramel, lui confèrent le goût le plus appétissant qui soit ! On aime aussi son équilibre, la soie de sa texture et sa belle longueur, à la finale fruitée et doucement épicée.

✠ Préparation

1 cuillerée de feuilles par tasse. Infusion à 95 °C pendant 5 minutes.

Moment : Ses arômes rappellent ceux d'un vin chaud, qui illumine les courtes journées d'hiver. Le matin, sa caresse tendre et épicée réveille en douceur. L'après-midi, il est parfait avec un gâteau au chocolat ou une tarte aux pommes.

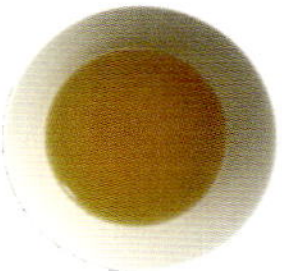

La Moukère de Sidi Kaouki

Ce mélange de soie et de feu a été créé en 1999 en souvenir de la clarté aveuglante des plages de Sidi Kaouki, à côté d'Essaouira. On le trouve proposé à divers comptoirs sous d'autres noms. Il correspond à des thés verts et wu-long de Chine et du Japon, auxquels les parfums floraux et ceux, légèrement poivrés, de la menthe donnent un délicieux tour levantin.

Dégustation

Feuilles sèches : La récolte fine de feuilles bien vertes parfumées à la menthe et à la rose offre un délicieux bouquet.

Feuilles infusées : Derrière des notes traditionnelles de thé vert, la menthe, la rose et l'oranger apparaissent magnifiquement.

Liqueur : Une promenade dans un jardin marocain quand le soir tombe et que sa fraîcheur accentue les parfums. Moment magique, que nous raconte cette tasse limpide et claire ! La fleur d'oranger, la rose de mai et la menthe, voluptueuses à souhait, libèrent toute leur puissance. Un thé envoûtant qui rappelle le dicton touareg… doux comme l'amour, amer comme la vie, fort comme la mort.

Préparation

1 cuillerée de feuilles par tasse. Infusion à 95 °C pendant 5 minutes.

Moment : On ne s'en lasse à aucun moment, avec une nette préférence pour la pause de 11 heures ou en début d'après-midi. Une merveilleuse invitation au voyage…

Symphonie Pastorale

La vogue des thés verts a démarré au début des années 1990. Malheureusement, beaucoup de ceux qui ont été mis sur le marché étaient de médiocre qualité, trop amers et dépourvus de conseils de préparation. Il était urgent de proposer des mélanges d'un abord engageant, pour démontrer que les thés verts pouvaient être à la fois agréables et bienfaisants, doux et harmonieux. La Symphonie Pastorale, où arômes de fruits noirs et rouges s'accordent avec des notes fleuries, constitue à cet effet une très jolie partition.

❊ Dégustation

Feuilles sèches : Des pétales rouges et bleus se mêlent aux feuilles vertes de cette récolte fine, l'ensemble fleure bon les fruits des bois.

Feuilles infusées : Tout un registre intensément fruité se développe encore davantage, avec beaucoup d'expression.

Liqueur : D'un jaune citron vif, elle séduit tout de suite par son côté fleuri et fruité. La fraise des bois, le sureau, la cerise et le cassis le disputent à la rose rouge dans une composition harmonieuse et délicate. On aime son équilibre et sa longueur en bouche.

❊ Préparation

1 cuillerée de feuilles par tasse. Infusion à 90 °C pendant 4 minutes.

Moment : Au petit déjeuner, ses fruits rouges et noirs appellent des tartines à la gelée de groseilles ou à la confiture de mûres. C'est également un très bon thé d'après-midi, léger et raffiné.

Chai aux épices

(«Chai masala» en Inde)

Le *chai masala* accompagne le quotidien des Indiens. Il est prêt à être servi à tous les coins de rue, dans les villages, les campagnes… Sur une base de CTC (thés à feuilles broyées) d'Assam, du Nilgiri ou du Dooars, les épices viennent agrémenter de leur feu cette tasse forte et solide. Servi traditionnellement avec du lait, dans des gobelets très fins de terre cuite, à usage unique, le *chai masala* est à la fois tonique et désaltérant. Ce mélange, ici sur une base de thés indiens à feuilles longues, devient très apprécié en France où les saveurs épicées sont plébiscitées.

✠ Dégustation

Feuille sèches : Bien noires, ces feuilles entières correspondent à une récolte fine. On y perçoit gingembre et clou de girofle, à travers l'intense parfum qu'elles dégagent.

Feuilles infusées : Les petites baies colorent le roux des feuilles. Une odeur chaudement boisée et épicée vient chatouiller les narines.

Liqueur : Opaque et dense, d'un rouge cuivré, elle envahit le palais de toute sa force. La cardamome, le clou de girofle et le gingembre s'y donnent rendez-vous sur un fond vanillé qui adoucit le tout comme par miracle. Corpulent, long et inoubliable.

✠ Préparation

1 cuillerée de feuilles par tasse. Infusion à 95 °C pendant 5 minutes.

Moment : La force de ce breuvage l'impose à table. Ses épices tiennent tête à de nombreux plats, comme un tajine d'agneau aux citrons confits, un canard à l'orange, un poulet à la sauce thaïe. On peut aussi le tenter à la mode indienne, en l'infusant dans le lait. Reconstituant !

Shéhérazade

Il y a vingt ans, un mélange de thés et de plantes pouvait paraître iconoclaste. Ces dernières évoquaient plus la pharmacopée que le plaisir gustatif. C'est une demande japonaise qui fut au point de départ de cette composition dans laquelle pas moins de 18 éléments jouent leur partition. Le résultat est un thé d'une infinie douceur, suave et reposant.

❈ Dégustation

Feuilles sèches : Ces mille et une petites feuilles brillent comme des perles noires, s'agrémentant du vert émeraude des plantes et du jaune d'or de l'héliante.
Feuilles infusées : On hume d'abord le parfum frais de la lavande, puis des notes de thé vert.
Liqueur : Un bel équilibre entre les fleurs, le fruit et les plantes se dessine à travers la liqueur limpide, d'un rouge cuivré. La lavande domine, ourlée de notes végétales et, plus suaves, de fruits exotiques. Un thé doux et tendre.

❈ Préparation

1 cuillerée de feuilles par tasse. Infusion à 95 °C pendant 5 minutes.
Moment : Apaisant et léger comme un souffle, faiblement dosé en théine, il a été conçu pour l'après-midi et les prémices de mille et une nuits.

JAPON

Genmaïcha

Thé vert, récolté en juin

Création typiquement nippone, le Genmaïcha provient habituellement de thés bancha ou sencha mélangés à du maïs et des grains de riz soufflés. Cette fantaisie peut constituer une introduction intéressante aux thés verts japonais, dont les saveurs peuvent se révéler déroutantes pour les néophytes.

✣ Dégustation

Feuilles sèches : Des grains de riz et de maïs soufflés agrémentent les petites feuilles vertes, qui proviennent d'une récolte classique.
Feuilles infusées : Une fraîche odeur végétale se dégage, augmentée par des notes de légumes verts et de riz.
Liqueur : Son goût très particulier est reconnaissable entre mille. Très réussie avec ses saveurs prononcées de pop-corn et de riz soufflé qui n'occultent pas la personnalité élégante du thé vert qui la compose, cette liqueur offre une fraîcheur, une délicatesse et une harmonie remarquables. Un thé plein de charme.

✣ Préparation

3 grammes par tasse. Infusion à 75 °C pendant 3 minutes.
Moment : Son goût oléagineux et végétal, sa légèreté en font un thé agréable en fin de matinée ou dans l'après-midi. Il est un de ceux qui conviennent le mieux avec des petits gâteaux secs, tels des sablés aux noisettes, des tuiles aux amandes, ou des pâtisseries au miel.

CHINE, Guanxi

Perle des Mandarins

Thé vert au jasmin, récolté en juillet

Ajouter des fleurs ou des fruits dans les feuilles de thé est une tradition chinoise qui remonte aux plus hautes origines. Le thé des huit trésors, par exemple, est célèbre et apprécié dans toute la Chine. Sa composition peut varier au gré des provinces ou des saisons, mais le nombre fétiche « 8 », lui, est toujours respecté, car il porterait bonheur. Les mélanges « soliflores » sont aussi très courants et, parmi eux, le thé parfumé au jasmin est sans doute le plus populaire, surtout dans le nord de la Chine où il est incontournable dans tous les restaurants, asiatiques ou non. Son procédé de fabrication est toujours le même depuis la nuit des temps : les fleurs fraîches de jasmin alternent par couches successives avec les feuilles fraîches de thé vert qu'elles imprègnent de leur inimitable odeur délicate. Les variétés et les qualités sont multiples : rouléesfeuille à feuille en forme de fraise, de perle, d'étoile ou de fleur ; mais le *must*, le plus exceptionnel, est le fameux Perle des Mandarins.

✥ Dégustation

Feuilles sèches : Elles se présentent sous la forme de perles bien roulées entourées d'un duvet blanc et correspondent à une récolte de type impériale.
Feuilles infusées : La fine odeur du jasmin se libère, délicate, suave et prenante.
Liqueur : Sa couleur de beurre fondu illumine la tasse, tandis que le parfum entêtant du jasmin, soutenu par des notes végétales de sève et de citron, s'y répand. Elle tapisse le palais de toute sa douceur, laissant une sensation presque grasse. Un thé tendre et très féminin.

✥ Préparation

2 à 3 grammes par personne. Infusion à 70 °C pendant 3 minutes. Elle peut se faire dans un zhong. Après avoir « lavé » les feuilles en versant de l'eau chaude (75 °C) dessus, on jette la première infusion au bout de quelques secondes, puis on procède à trois infusions successives de 3 minutes chacune avec les mêmes feuilles de thé.

Moment : Le thé au jasmin est idéal le soir. Ses arômes sont très apaisants. Plus classiquement, on peut aussi le boire à table avec la cuisine chinoise, son alliée naturelle.

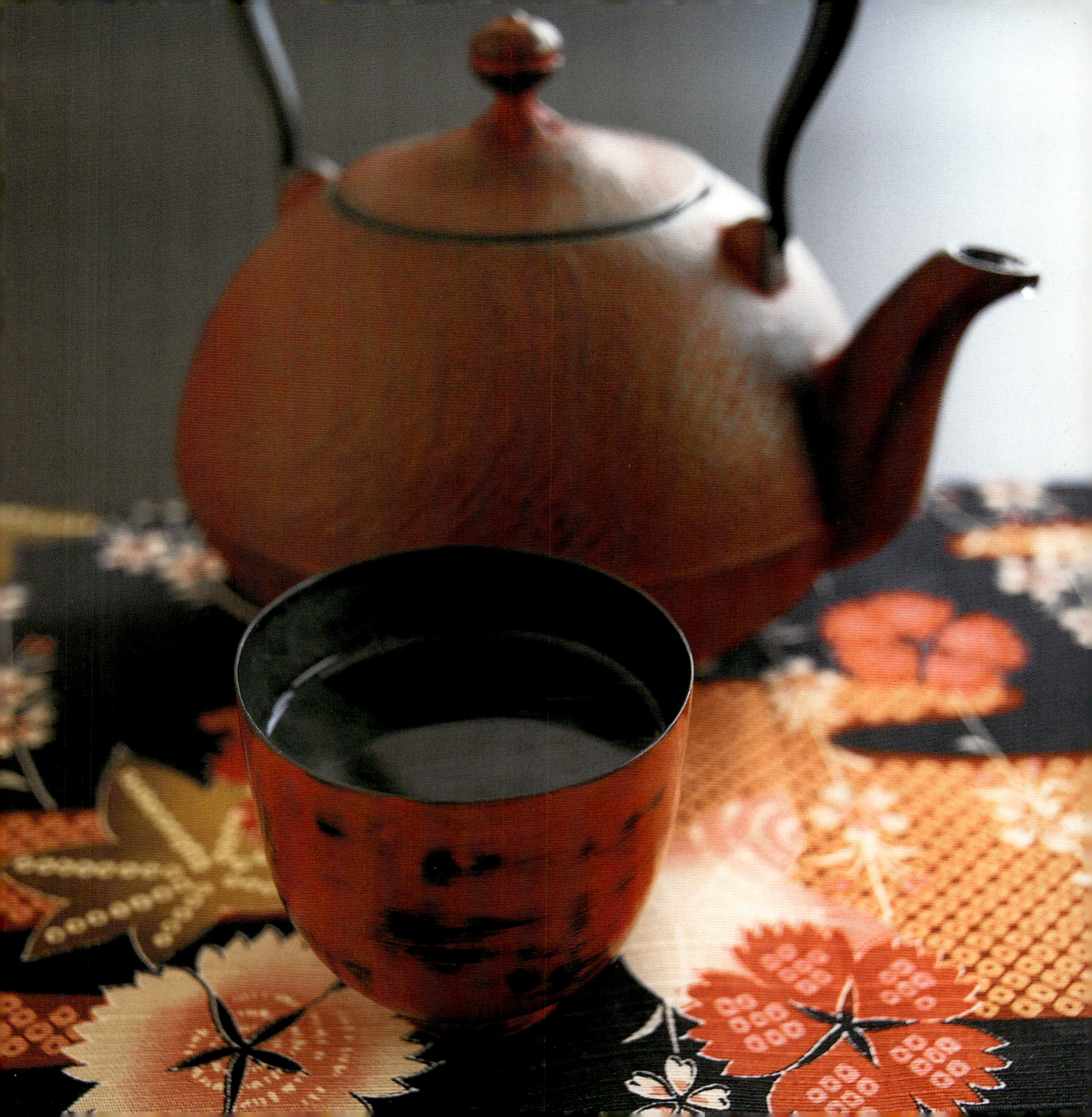

RECETTES
AUTOUR DU THÉ

139

RECETTE D'ALAIN PASSARD • L'ARPÈGE • PARIS

PRÉPARATION 25 min CUISSON 20 min RÉFRIGÉRATION 1 h POUR 4 PERSONNES

POUR LE VELOUTÉ DE PANAIS : 400 g de panais, 20 cl de lait, 25 g de beurre salé, le jus de 1/2 citron
POUR LA CRÈME FOUETTÉE : 45 cl de crème fleurette, 15 cuil. à café de thé wu-long Dung Ding, sel

VELOUTÉ DE PANAIS ET CRÈME FOUETTÉE AU THÉ WU-LONG DUNG DING

※ Préparez la crème fouettée. Versez la crème dans une casserole, ajoutez le thé et 2 pincées de sel, portez à ébullition et laissez infuser 15 min à couvert. Passez au chinois et laissez refroidir 1 h au frais.

※ Pendant ce temps, préparez le velouté. Épluchez les panais, coupez-les très finement. Faites fondre le beurre salé dans une sauteuse et déposez-y les panais. Couvrez et laissez étuver 10 min, puis mouillez avec le lait et 60 cl d'eau. Salez et laissez cuire encore 10 min. Mixez, ajoutez le jus de citron et passez au chinois. Rectifiez l'assaisonnement selon votre goût et maintenez au chaud.

※ Lorsqu'elle est bien fraîche, montez la crème au thé en chantilly à l'aide d'un fouet électrique. Répartissez le velouté de panais dans des assiettes creuses chaudes et déposez au centre une quenelle de crème fouettée.

CONSEIL Le céleri-rave, tout aussi savoureux et avec une texture très semblable, peut remplacer les panais.

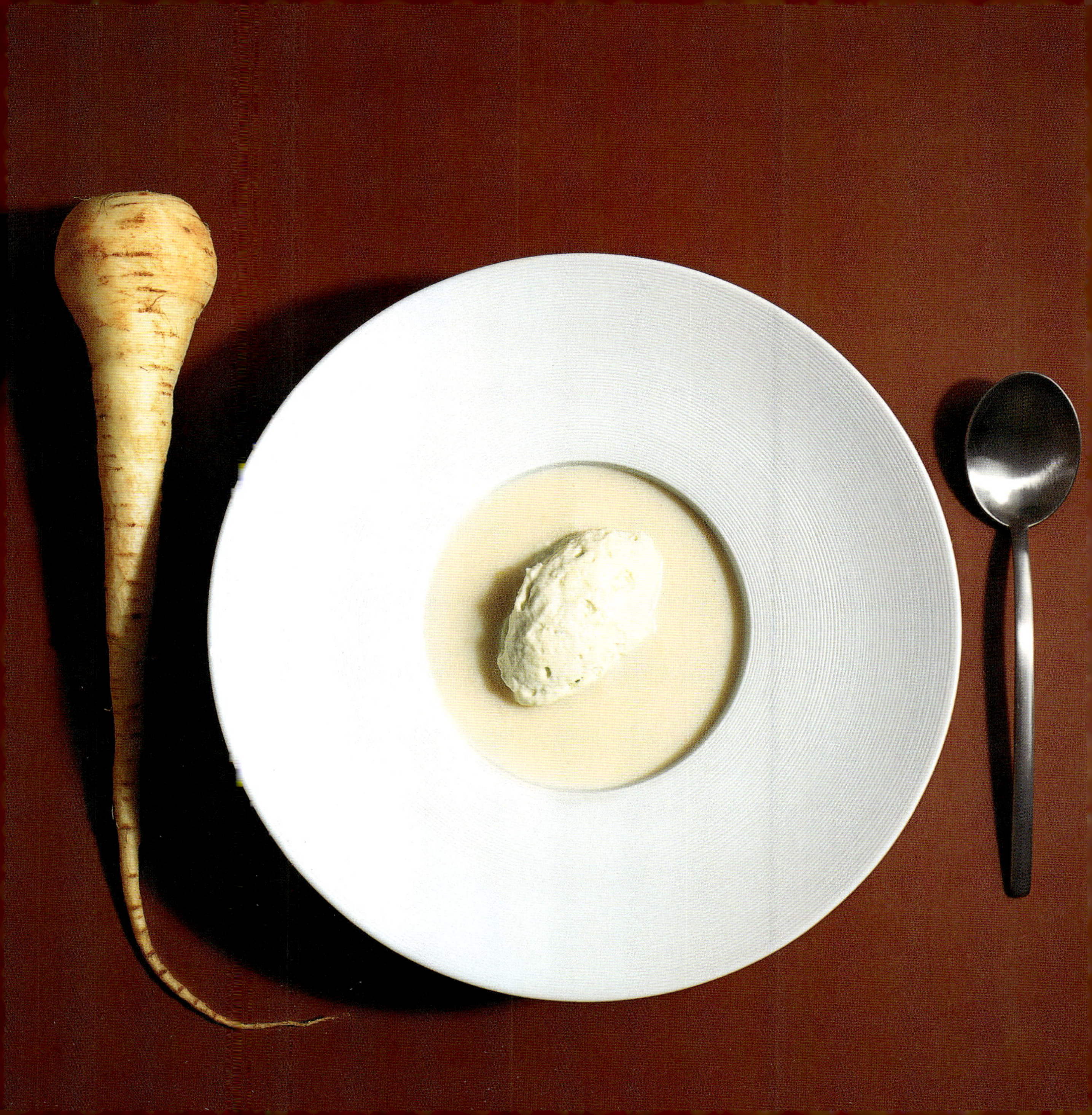

RECETTE DE FLORA MIKULA • RESTAURANT FLORA • PARIS

PRÉPARATION 30 min CUISSON 3 h RÉFRIGÉRATION 1 h POUR 4 PERSONNES

4 homards d'environ 600 g chacun
POUR LE COURT-BOUILLON : 1 bouquet garni, 1 carotte coupée en morceaux, 1 oignon épluché, 4 gousses d'ail
POUR LE BOUILLON THAÏ : 1 oignon haché, 1 carotte émincée, 3 gousses d'ail entières, 1 bouquet garni, 2 cuil. à soupe de concentré de tomates, 6 feuilles de citron (ou, à défaut, 3 bâtons de citronnelle), 1 bouquet de coriandre fraîche, 50 g de gingembre épluché et émincé, 1 cuil. à café de pâte de curry rouge
POUR LA CHANTILLY AU THÉ VERT : 25 cl de crème fleurette, 200 g de lait de coco, 5 cuil. à café de thé vert, 3 feuilles de gélatine

HOMARD DANS UN BOUILLON THAÏ, CHANTILLY AU THÉ VERT

※ Mettez les éléments du court-bouillon dans une marmite d'eau, portez à ébullition et faites-y cuire les homards 4 min. Décortiquez les corps et les pinces et réservez. Concassez les têtes et les carcasses, puis faites-les revenir dans une sauteuse avec l'oignon, la carotte, l'ail, le bouquet garni, le concentré de tomates, les feuilles de citron, le bouquet de coriandre, le gingembre et le curry rouge. Couvrez d'eau et laissez mijoter 3 h à feu doux.

※ Pendant ce temps, mettez la gélatine à tremper dans un peu d'eau froide. Fouettez la crème fleurette en chantilly et ajoutez-y le thé vert. Faites chauffer un peu de lait de coco et faites-y fondre la gélatine, incorporez-le à la chantilly ainsi que le lait de coco restant et laissez 1 h au réfrigérateur.

※ Coupez le corps de chaque homard en deux dans la longueur. Disposez deux moitiés avec les pinces dans chaque assiette creuse. Filtrez le bouillon thaï et versez-le dessus, très chaud. Déposez une quenelle de chantilly sur chaque demi-homard et servez.

CONSEIL Veillez à ce que le bouillon versé sur les homards soit très chaud. Pour parfaire le plat, saupoudrez-le juste avant de servir d'une pincée de thé vert.

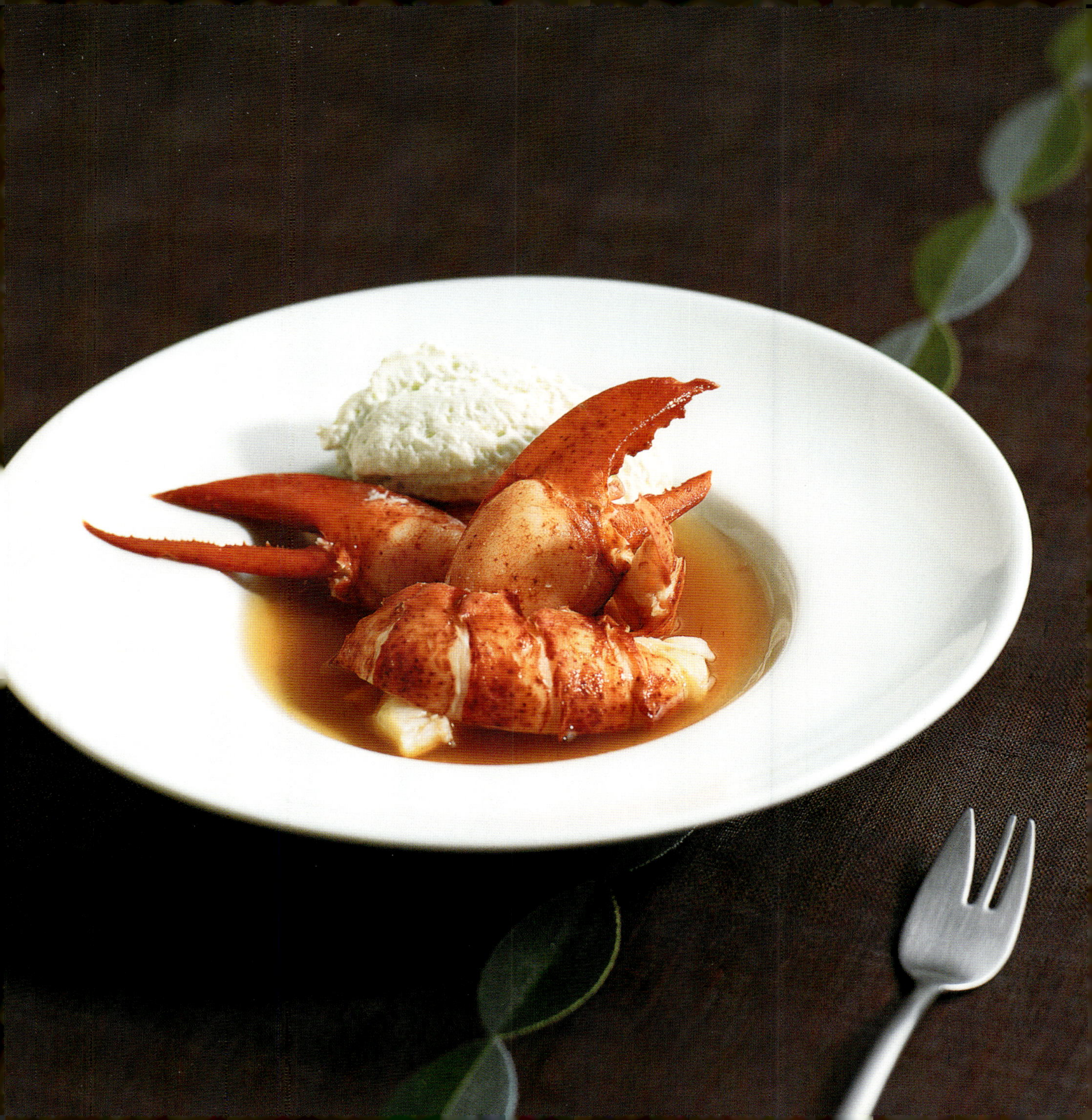

RECETTE DE GUY MARTIN • LE GRAND VÉFOUR • PARIS

PRÉPARATION 15 min CUISSON 45 min POUR 4 PERSONNES

POUR LES FLANS : 1 œuf + 1 jaune, 10 cl de crème liquide, 1 cuil. à café de piment d'Espelette, 12 bandes de nori (algues) de 12 cm x 4 cm, sel, beurre pour les moules, poivre du moulin

POUR LA CONCASSÉE DE TOMATES : 185 g de tomates, 1 cuil. à soupe de concentré de tomates, 1 cu l. à soupe d'échalote ciselée, 1 cuil. à café d'huile d'olive

POUR L'ÉMULSION AU THÉ MATCHA : 15 cl de lait de soja, 2 pointes de couteau de thé matcha en poudre

PETITS FLANS DE TOMATE ET NORI, LAIT DE SOJA ÉMULSIONNÉ AU THÉ MATCHA

❊ Commencez par réaliser la concassée de tomates. Faites chauffer l'huile d'olive dans une sauteuse et faites-y suer l'échalote sans coloration. Ajoutez les tomates coupées en petits dés. Laissez cuire 30 min à feu moyen puis passez au chinois en pressant bien. Reversez la pulpe de tomate dans la sauteuse, ajoutez le concentré et laissez réduire de moitié en remuant de temps en temps : il doit vous rester environ 80 g de concassée de tomates. Laissez refroidir.

❊ Dans un saladier, fouettez délicatement l'œuf et le jaune en incorporant la crème. Ajoutez la concassée de tomates froide et le piment d'Espelette, salez et poivrez si nécessaire.

❊ Beurrez 12 moules à dariole (ou à muffin), répartissez-y la préparation à mi-hauteur et faites cuire au bain-marie 10-12 min au four à 180 °C (th. 6). Laissez refroidir les flans à température ambiante, démoulez-les et entourez-les d'une bande de nori.

❊ Au dernier moment, faites chauffer le lait de soja, ajoutez-y le thé matcha, salez, poivrez et mixez afin d'obtenir une jolie mousse. Déposez un peu de cette mousse sur chaque flan et servez.

CONSEIL Ces flans peuvent se déguster en entrée, mais ils sont également délicieux en accompagnement d'un poisson, d'une viande blanche ou d'une viande en sauce.

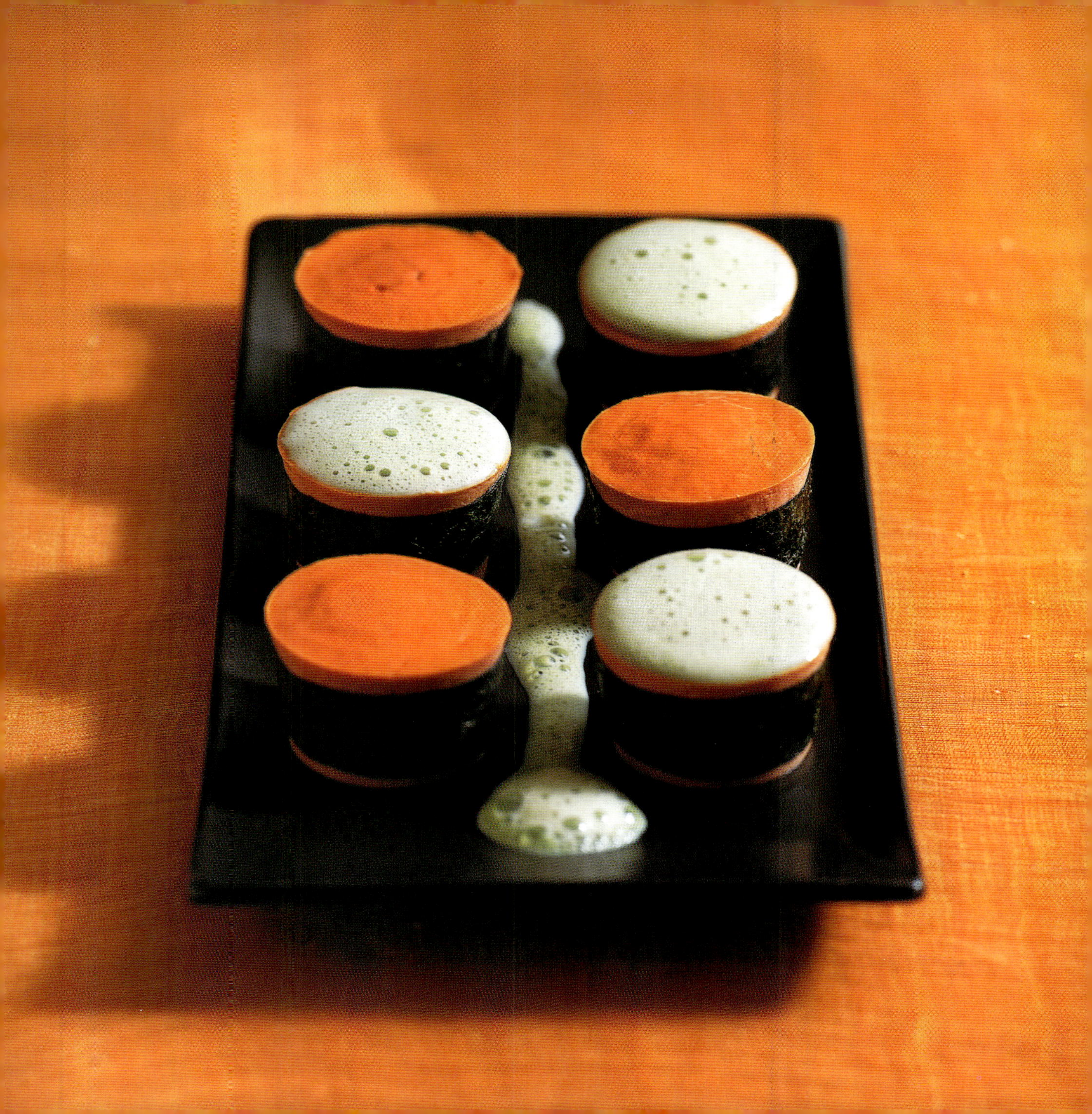

RECETTE DE DOMINIQUE BUCAILLE • LA FILATURE • MANOSQUE

PRÉPARATION 25 min   CUISSON 20 min   POUR 4 PERSONNES

POUR LE CAPPUCCINO : 175 g de pommes de terre monalisa de Manosque (ou charlotte suivant la saison), 1 litre de bouillon de volaille, 10 cl de crème liquide, 100 g de beurre fin, huile d'olive, sel, poivre du moulin

POUR L'ÉMULSION : 10 cl de crème liquide, 5 cuil. à café de thé du Yunnan Top Impérial

CAPPUCCINO DE POMMES DE TERRE MONALISA, ÉMULSION AU THÉ DU YUNNAN TOP IMPÉRIAL

✣ Faites chauffer le bouillon de volaille dans une casserole (vous pouvez aussi le réaliser avec 1 litre d'eau et 1 cube de bouillon). Épluchez les pommes de terre, faites-les cuire 20 min à la vapeur, puis écrasez-les à la fourchette avec du sel, du poivre et un trait l'huile d'olive.

✣ Mettez la purée dans le bol d'un mixeur, ajoutez-y le bouillon et mixez jusqu'à obtention d'une crème onctueuse. Lissez cette préparation en y incorporant la crème et le beurre. Gardez au chaud.

✣ Faites chauffer la crème liquide sans la faire bouillir, jetez-y le thé de Chine hors du feu et laissez infuser 10 min à couvert. Passez au chinois, puis mixez jusqu'à obtention d'une belle mousse.

✣ Faites chauffer les assiettes creuses 5 min au four afin qu'elles soient brûlantes et répartissez-y la crème de monalisa. Prélevez délicatement la mousse de thé à l'aide d'une cuillère et, avec précaution, déposez-en sur la crème de pommes de terre.

CONSEIL Pour rehausser les saveurs délicates de ce plat, soulignez-le d'un filet d'huile d'olive pur terroir au dernier moment.

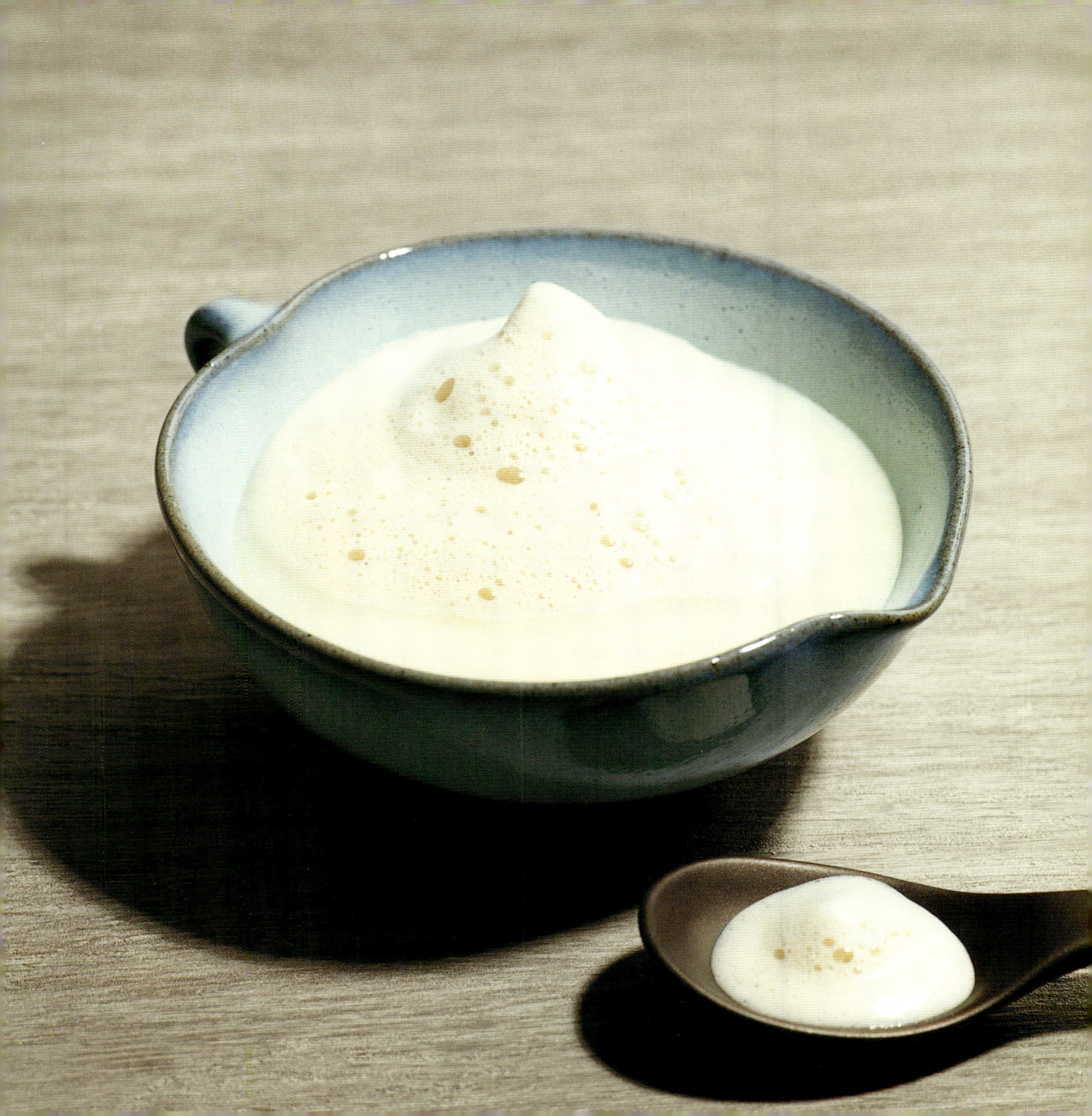

RECETTE DE GÉRARD VIVÈS • LE LAPIN TANT PIS • FORCALQUIER

PRÉPARATION 20 min CUISSON 20 min MACÉRATION 12 h POUR 4 PERSONNES

4 fines tranches de saumon cru de belle origine, 8 cébettes, le jus de 1 petit citron, 4 cuil. à soupe d'huile d'olive très douce
POUR LES GALETTES DE QUINOA : 200 g de quinoa, 4 œufs, 1 noix de beurre, sel, poivre du moulin
POUR LA SAUCE AU GENMAÏCHA : 5 cuil. à café de thé Genmaïcha, 25 cl d'eau minérale, 50 g de miso

SAUMON MARINÉ, GALETTE DE QUINOA ET SAUCE AU GENMAÏCHA

※ La veille ou le matin pour le soir, mettez à mariner les tranches de saumon dans l'huile d'olive et le jus de citron.

※ Faites cuire le quinoa selon les indications mentionnées sur le paquet (comptez en moyenne 15 min dans trois fois le volume d'eau). Battez les œufs et mélangez-les au quinoa de manière à obtenir une pâte. Formez des palets de la grosseur et de la forme de votre choix et faites-les dorer au beurre dans une poêle, 2 min de chaque côté. Salez, poivrez.

※ Faites chauffer l'eau minérale et, lorsqu'elle est frémissante, jetez-y, hors du feu, le thé Genmaïcha. Laissez infuser 8-10 min : il doit être assez corsé pour exprimer tout son goût une fois lié au miso.

Mélangez-le avec le miso en prévoyant deux tiers de thé pour un tiers de miso : la sauce doit avoir une belle texture nappante.

※ Servez les galettes de quinoa et le saumon mariné avec la sauce, et ajoutez quelques cébettes émincées.

CONSEIL Pour réussir les galettes et leur donner forme, veillez à ce que le mélange ne soit pas trop liquide. Ce plat est encore meilleur si vous utilisez pour l'assaisonnement du poivre blanc du Malabar concassé grossièrement.

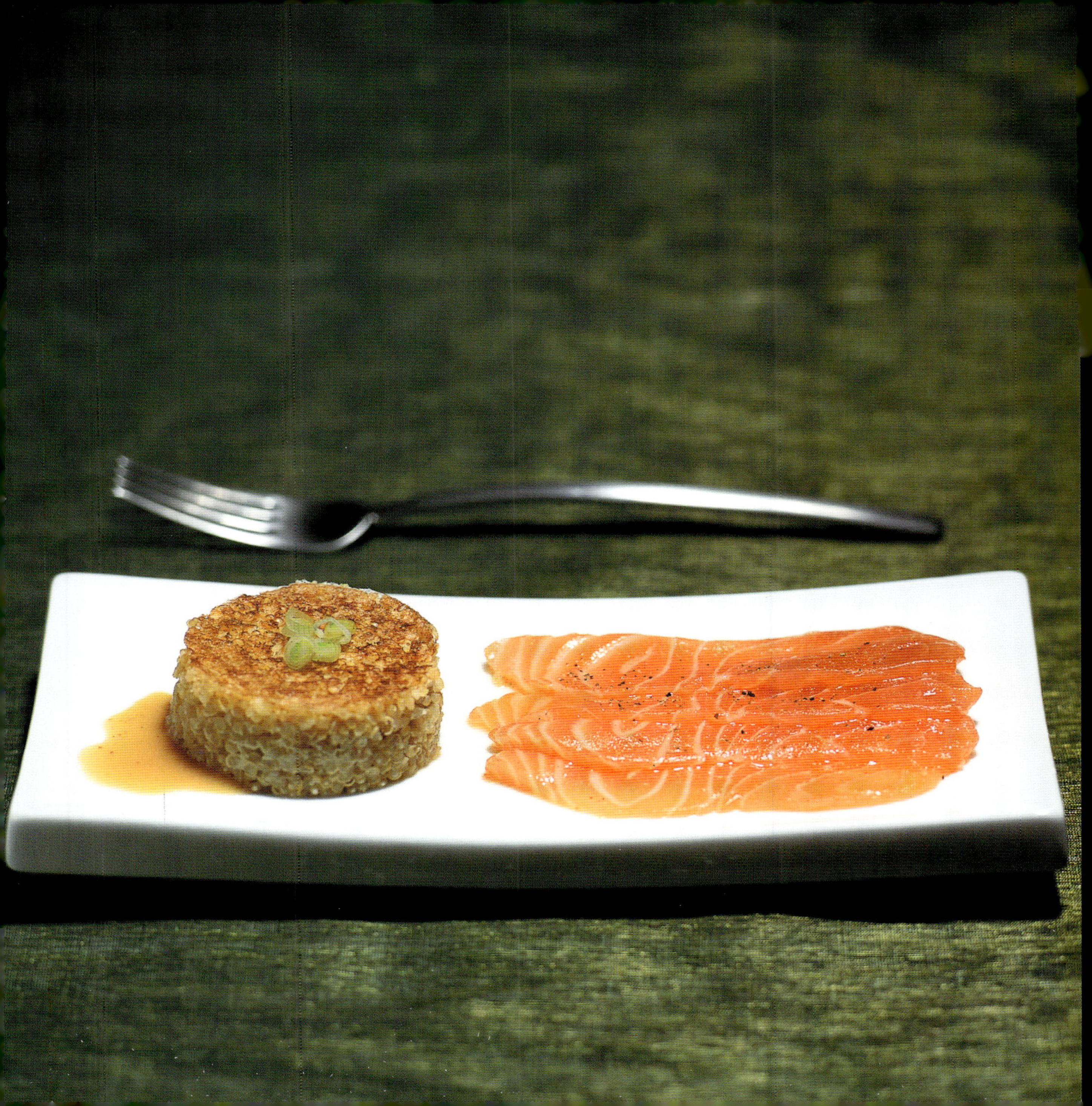

RECETTE DE WILLIAM LEDEUIL • ZE KITCHEN GALERIE • PARIS

PRÉPARATION 1 h   CUISSON 1 h 30   REPOS 20 min   POUR 4 PERSONNES

4 cuisses de canette, 8 tranches de foie gras cru de 30 g chacune, 2 bâtons de citronnelle coupés en deux, 2 cuil. à soupe de moutarde violette, 3 cuil. à café de thé de Chine

POUR LA MARINADE : 4 tomates, 2 gousses d'ail émincées, 2 piments oiseaux épépinés, 3 bâtons de citronnelle émincés, 1 bulbe de gingembre épluché et haché, 80 g de mostardelle (fruits confits dans un sirop de moutarde, en vente dans les épiceries italiennes, ou, à défaut, 50 g de fruits confits et 30 g de moutarde jaune), 20 cl de vinaigre de riz, 2 cuil. à café de poudre de satay, 1 cuil. à soupe d'huile d'olive

POUR LES RAVIOLIS : 1 paquet de pâte à raviolis chinois, 6 oignons fanes émincés, 1 bulbe de gingembre frais haché, 8 shiitake (champignons japonais) coupés en dés, 3 tiges de coriandre fraîche ciselées, 70 g de foie gras cru, une pincée de poivre cubèbe (poivre parfumé d'Indonésie, ou, à défaut, poivre de Jamaïque ou poivre long), 1 cuil. à soupe d'huile d'olive, sel au céleri

POUR LA GARNITURE : 4 panais épluchés, 8 asperges pelées, 1 gousse d'ail épluchée, 2 bâtons de citronnelle coupés en deux, 5 cl de bouillon de volaille

RAVIOLIS DE CANARD ET DE FOIE GRAS, JUS THAÏ MOSTARDELLE ET THÉ DE CHINE

✳ Préparez la marinade : dans une casserole, faites suer 3-4 min à feu moyen dans un filet d'huile d'olive l'ail, les piments, la citronnelle, le gingembre et la poudre de satay. Ajoutez les tomates coupées en morceaux, la mostardelle et le vinaigre de riz. Portez à ébullition, mixez et filtrez au chinois. Réservez ce jus thaï à température ambiante.

✳ Dans une poêle, faites dorer les cuisses de canette côté peau. Mettez-les ensuite dans une cocotte en fonte, ajoutez le jus de la marinade, la citronnelle et faites cuire 1 h 15 au four à 180 °C (th. 6).

✳ Au terme de la cuisson, laissez-les reposer 20 min hors du four. Retirez les cuisses de canette. Filtrez le jus de la cocotte, remettez-le sur le feu, laissez frémir 2 min et ajoutez la moutarde violette. Hors du feu, ajoutez le thé de Chine dans un sachet à thé et laissez infuser 3-4 min. Émincez finement les cuisses de canette avec leur peau.

✳ Dans une poêle contenant un fond d'huile d'olive, faites suer 10 min les oignons fanes, le gingembre et les shiitake. Ajoutez l'émincé de canette et 1 louche de jus au thé. Laissez compoter 5 min, puis ajoutez la coriandre fraîche hors du feu. Assaisonnez de poivre cubèbe et de sel au céleri. Laissez bien refroidir avant d'ajouter le foie gras cru coupé en petits dés. Confectionnez les raviolis en garnissant la pâte de cette farce.

✳ Dans une sauteuse, faites cuire séparément les asperges 3 min et les panais 5-6 min dans le bouillon de volaille additionné d'ail et de citronnelle. Retirez-les lorsqu'ils sont bien brillants et tendres sous la pointe du couteau.

✳ Faites cuire les raviolis 4 min à la vapeur. Pendant ce temps, poêlez les tranches de foie gras cru et égouttez-les sur du papier absorbant. Répartissez dans chaque assiette les raviolis, les tranches de foie gras, les asperges et les panais.

CONSEIL Vous pouvez remplacer les cuisses de canard par des épaules de lapereau.

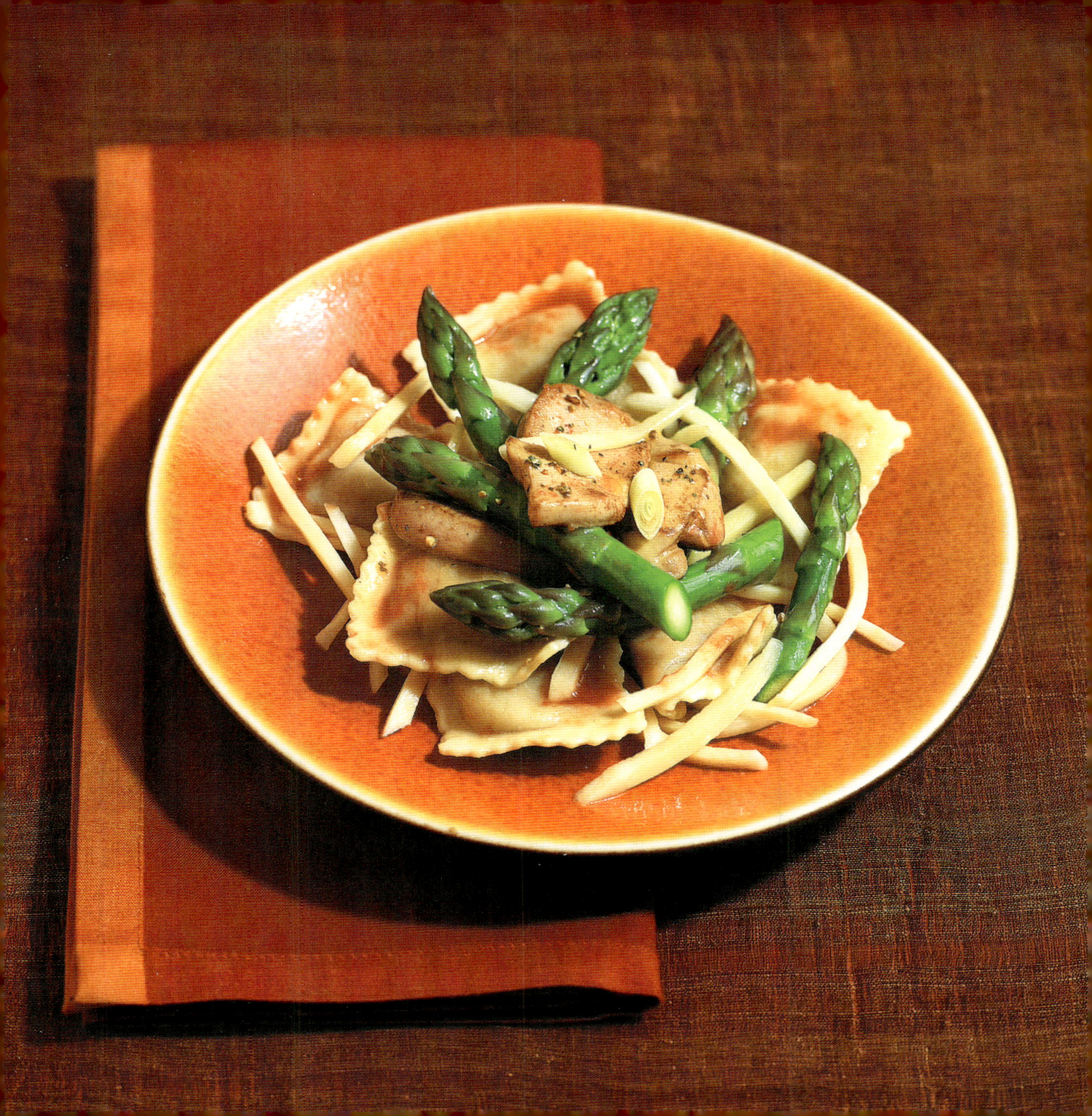

RECETTE DE YANNICK LEFORT • MACARONS GOURMANDS • YERRES

PRÉPARATION 30 min   CUISSON 1 h 50   POUR 4 PERSONNES

4 filets de queue de lotte sans cartilage et sans peau d'environ 170 g chacun, 9 tranches fines de lard fumé, 8 cuil. à café de thé du Yunnan Top Impérial, 20 cl d'eau minérale, 4 bulbes de fenouil, 1 grosse échalote, 20 cl de crème fraîche liquide, 50 g de beurre, 10 cl de riesling, 4 cuil. à soupe d'huile d'olive, 1 cuil. à café de miel, 2 cuil. à café de sauce soja (japonaise de préférence), quelques branches d'aneth frais pour la décoration, 2 pincées de poivre vert, sel, poivre du moulin

QUEUE DE LOTTE AU THÉ DU YUNNAN TOP IMPÉRIAL, FENOUIL CONFIT AU BEURRE ET LARD FUMÉ À LA CROQUE THÉ

❊ À l'aide d'un couteau bien aiguisé, incisez les queues de lotte tous les 5 mm sur 5 mm de profondeur. Dans une poêle bien chaude, faites-les dorer avec l'huile d'olive 1 min sur chaque face. Déposez-les dans un plat, salez et poivrez. Couvrez-les d'un film alimentaire et réservez.

❊ Préchauffez le four 10 min à 140 °C (th. 5). Coupez les bulbes de fenouil en quatre. Plongez-les dans une casserole d'eau bouillante salée et laissez-les blanchir 3 min. Égouttez-les, puis enveloppez chaque quartier dans du film alimentaire résistant à la chaleur, comme un bonbon. Faites un petit nœud afin de rendre l'ensemble hermétique et faites cuire 50 min au four à 140 °C (th. 5).

❊ Faites chauffer l'eau minérale et, quand elle est juste frémissante, jetez-y, hors du feu, le thé du Yunnan. Couvrez et laissez infuser 4 min, puis filtrez en réservant les feuilles de thé.

❊ Faites fondre 30 g de beurre dans une petite casserole et, quand il a pris une jolie couleur noisette, ajoutez-y l'échalote finement ciselée. Faites revenir 1 min puis déglacez avec le vin blanc. Portez à ébullition, salez, poivrez, ajoutez la sauce soja, le miel, l'infusion de thé et le poivre vert. Faites bouillir à nouveau 3 min. Filtrez, puis faites réduire jusqu'à obtention d'un jus sirupeux. Ajoutez alors la crème fraîche liquide, en fouettant jusqu'au premier bouillon. Gardez au chaud.

❊ Sortez les fenouils du four et, à la place, mettez les tranches de lard sur la plaque du four recouverte de papier sulfurisé. Parsemez des feuilles de thé réservées et faites cuire 50 min au four à 140 °C (th. 5). Laissez refroidir et réservez sur du papier absorbant. Augmentez la température du four à 180 °C (th. 6) et faites-y cuire les filets de lotte 12 min.

❊ Dans une poêle, faites revenir rapidement le fenouil dans le reste de beurre jusqu'à légère coloration. Réchauffez la sauce. Disposez dans les assiettes deux quarts de fenouil et un filet de lotte. Nappez de sauce puis décorez avec les tranches de lard et un peu d'aneth.

CONSEIL Vous pouvez préparer les tranches de lard et les fenouils plusieurs heures à l'avance pour n'avoir que les filets de lotte et la sauce à confectionner au dernier moment.

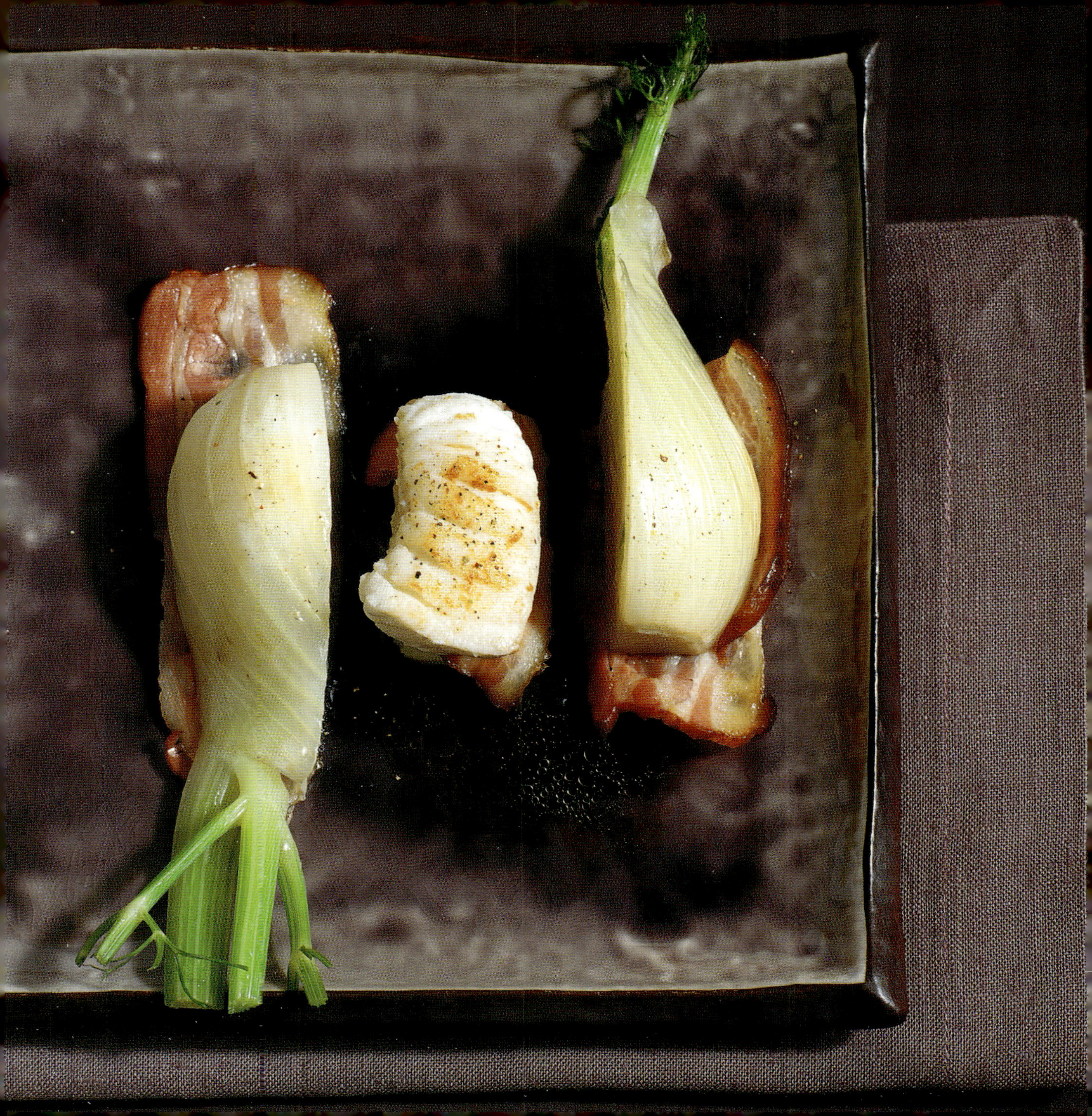

RECETTE DE SÉBASTIEN GAUDARD • DELICABAR/LE BON MARCHÉ • PARIS

PRÉPARATION 30 min CUISSON 10 min POUR 6 PERSONNES

500 g de jeunes pousses d'épinard, 250 g de haricots verts extrafins, 250 g de cocos plats, 250 g de petits pois non écossés, 1/4 de chou romanesco, 1/4 de barquette de shiso vert (ou, à défaut, de lentilles germées, en vente dans les magasins bio)
POUR LA VINAIGRETTE AU THÉ MATCHA : 1/4 de cuil. à café de thé matcha, 2 cuil. à soupe de vinaigre balsamique blanc, 2 cuil. à soupe d'huile de pistaches torréfiées, 2 cuil. à soupe d'huile d'olive de première pression à froid, 2 pincées de fleur de sel, poivre blanc de Sarawak

SALADE TOUTE VERTE AU THÉ MATCHA

✤ Lavez, équeutez les jeunes pousses d'épinard et réservez-les au réfrigérateur, car elles seront consommées crues. Écossez les petits pois. Lavez le chou romanesco puis séparez-le en petits bouquets. Lavez, équeutez les haricots verts et les cocos plats. Portez une grande casserole d'eau salée à ébullition et faites-y cuire les légumes, environ 3 min, variété par variété, en veillant à les garder croquants.

✤ Pendant ce temps, préparez un grand récipient d'eau froide avec des glaçons. Quand tous les légumes sont cuits, jetez-les dans l'eau glacée afin de stopper rapidement leur cuisson. Égouttez-les bien et réservez-les au frais dans un saladier.

✤ Préparez la vinaigrette en mélangeant les ingrédients dans l'ordre : sel, thé, poivre (4 tours de moulin), vinaigre et huiles.

✤ Au moment de servir, ajoutez les pousses d'épinard aux légumes, mélangez, et incorporez délicatement la vinaigrette. Terminez en agrémentant la salade de quelques pousses de shiso vert.

CONSEIL DE SÉBASTIEN GAUDARD Pour personnaliser davantage cette salade, vous pouvez proposer, pour assaisonner, un mélange en quantités égales de fleur de sel et de thé matcha.

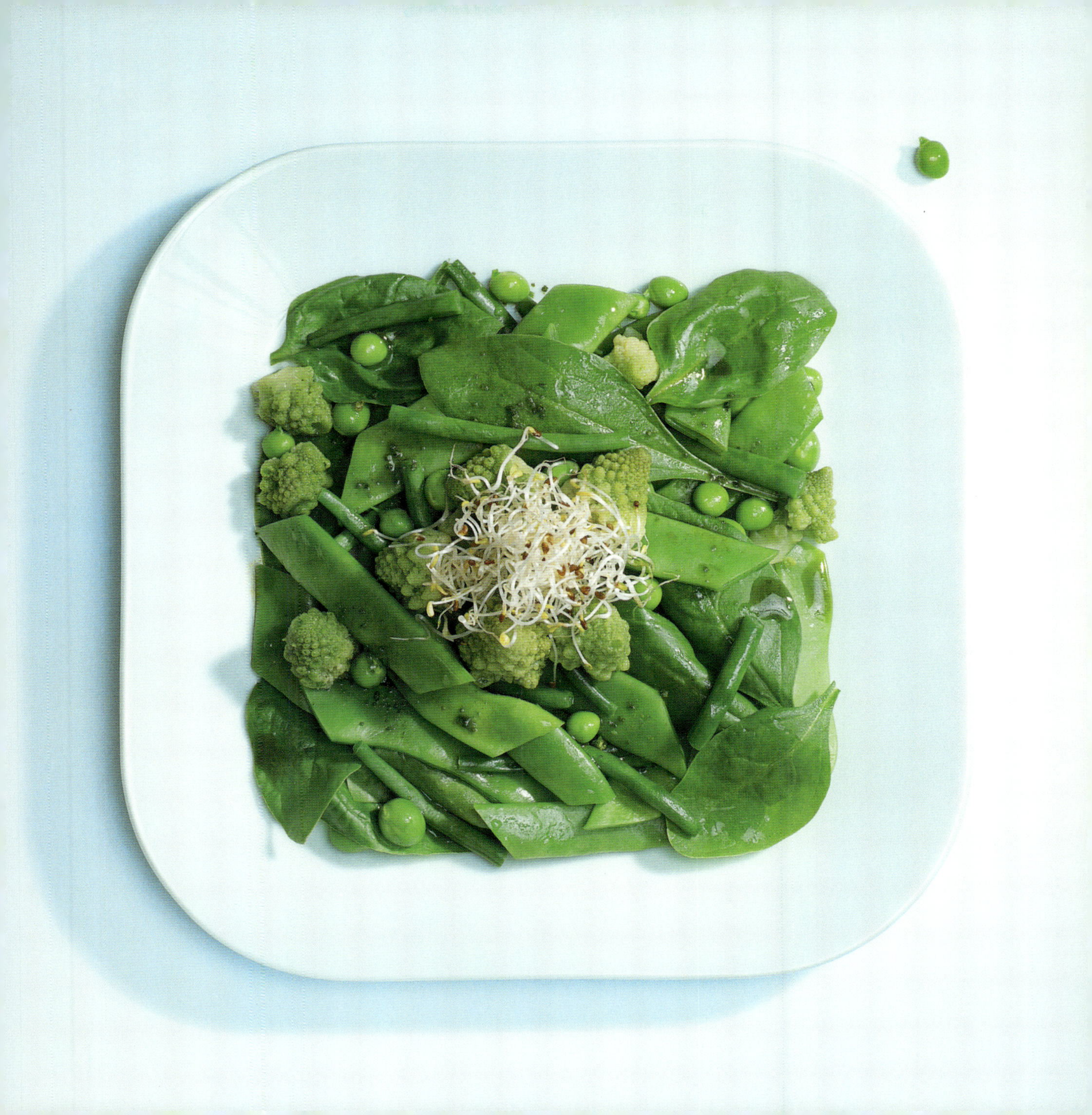

RECETTE DE JEAN-MARIE BAUDIC • AUX PESKED • SAINT-BRIEUC

PRÉPARATION 15 min CUISSON 1 h 10 RÉFRIGÉRATION 2 h POUR 4 PERSONNES

POUR LE TARTARE : 12 langoustines crues, 100 g de petits pois non écossés, 2 cuil. à soupe de vin blanc sec, 3 cuil. à soupe d'huile d'olive, 1/8 de mangue, 10 g de vermicelle, sel, poivre du moulin

POUR LE CONSOMMÉ : 1 petite carotte, 1 petit oignon, 1/2 poireau, 1 tomate, 1/2 branche de céleri, 12,5 cl de vin blanc, 1 cuil. à café bombée de thé vert à la menthe, 2 cuil. à soupe d'huile d'olive, 1/2 bâton de citronnelle, 1 branche de thym citron, 1 branche de laurier

TARTARE DE LANGOUSTINE À LA MANGUE ET AU VERMICELLE GRILLÉ, CONSOMMÉ GLACÉ AU THÉ VERT À LA MENTHE, PREMIERS PETITS POIS DE PRINTEMPS

※ Décortiquez les langoustines en réservant les têtes et faites rôtir celles-ci 30 min au four à 200 °C (th. 7).

※ Dans une sauteuse, faites griller le vermicelle dans 1 cuil. à soupe d'huile d'olive, égouttez-le bien sur du papier absorbant. Taillez la mangue en tout petits cubes, réservez.

※ Épluchez la carotte et l'oignon, détaillez-les en dés ; nettoyez le poireau et le céleri, taillez-les de même. Faites revenir ces petits légumes 3-4 min dans la sauteuse avec les 2 cuil. à soupe d'huile d'olive. Ajoutez-y les têtes de langoustine grillées, la tomate, le thym, le laurier et la citronnelle. Mouillez avec le vin blanc, couvrez d'eau à hauteur et portez à ébullition. Laissez mijoter 40 min puis passez au chinois. Jetez le thé dans le bouillon ainsi obtenu et laissez infuser 5 min à couvert, hors du feu. Filtrez de nouveau. Rectifiez l'assaisonnement, puis réservez 2 h au réfrigérateur.

※ Pendant ce temps, préparez le tartare. Taillez les langoustines en deux dans la longueur puis deux fois dans la largeur de manière à obtenir six morceaux pour chacune d'elles. Ajoutez l'huile d'olive, le vermicelle grillé, le vin blanc sec, la mangue, salez et poivrez.

※ Faites blanchir 1 min à l'eau bouillante les petits pois non écossés. Déposez un peu de tartare de langoustine dans chaque assiette creuse, répartissez-y les petits pois cosse ouverte et versez le consommé glacé juste avant de servir.

CONSEIL L'été est la saison de prédilection de la langoustine : son prix est abordable et sa qualité optimale. C'est également la période où l'on peut agrémenter ce plat d'un peu de melon d'eau coupé en petits dés.

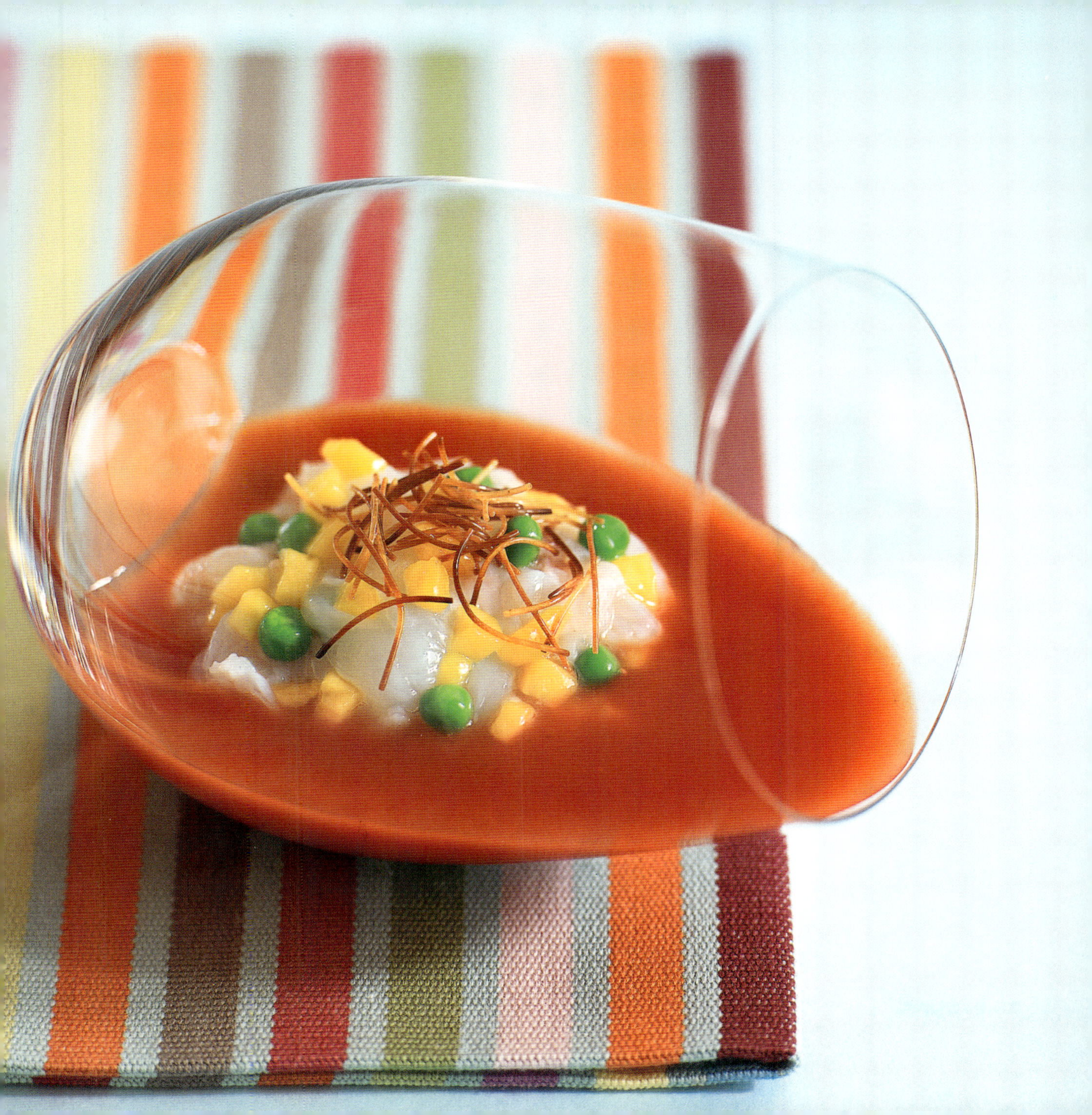

RECETTE DE JEAN CHAUVEL • LES MAGNOLIAS • LE PERREUX-SUR-MARNE

POUR LE THÉ FUMÉ À LA TOMATE VERTE : PRÉPARATION 10 min CUISSON 15 min REPOS 12 h
POUR 6 PERSONNES

6 tomates bien vertes, 10 feuilles de persil plat hachées finement, 1 cuil. à café de liqueur Manzana, 1 cuil. à soupe de thé Lapsang-Souchong, 10 g de sucre semoule

POUR LE THÉ VERT À LA CORIANDRE : PRÉPARATION 5 min CUISSON 15 min POUR 6 PERSONNES

50 cl d'eau minérale, 1 cuil. à soupe de thé vert, 10 feuilles de coriandre hachées très finement, 1 cuil. à café de jus de citron, 1 cuil. à café de miel, 1 pointe de couteau de poudre de réglisse

THÉ FUMÉ À LA TOMATE VERTE ET AU PERSIL PLAT

✳ Lavez bien les tomates, pelez-les, épépinez-les et coupez-les en deux ou trois. Mettez-les dans une casserole, couvrez juste d'eau à hauteur et faites cuire 10 min environ, à feu moyen. Dès que les morceaux de tomate commencent à remonter à la surface, éteignez le feu et laissez reposer à température ambiante 12 heures environ, couvert d'un film alimentaire. Récupérez délicatement l'eau de cuisson des tomates et portez-la à 60 °C (elle ne doit surtout pas bouillir).

✳ Pendant ce temps, mélangez dans un bol le sucre, le persil haché et la liqueur Manzana, ajoutez le thé Lapsang-Souchong, puis versez l'eau des tomates dessus. Passez le tout dans un chinois tapissé de papier absorbant. Transvasez ainsi le liquide obtenu environ 5 ou 6 fois pour bien oxygéner la préparation.

✳ Versez ce thé dans des petites bouteilles que vous aurez préalablement ébouillantées ou remplies d'eau froide puis passées quelques secondes au four à micro-ondes. Agitez bien avant de déguster.

THÉ VERT À LA CORIANDRE, PARFUMÉ À LA RÉGLISSE, AU CITRON ET AU MIEL

✳ Faites chauffer l'eau minérale dans une casserole. Pendant ce temps, mélangez dans un bol les feuilles de coriandre, la poudre de réglisse, le jus de citron, le miel et le thé vert. Versez dessus l'eau à peine frémissante, passez le tout dans un chinois tapissé de papier absorbant et transvasez le liquide obtenu plusieurs fois afin de l'oxygéner.

✳ Versez ce thé dans des petites bouteilles que vous aurez préalablement ébouillantées ou remplies d'eau froide puis passées quelques secondes au four à micro-ondes. Agitez bien avant de déguster.

CONSEIL Pour rendre le plat décoratif, choisissez des petites bouteilles de jus de fruits en verre, dont vous aurez enlevé l'étiquette ou des petits pots pour bébé. Évitez le plastique, peu agréable et qui fausse le goût.

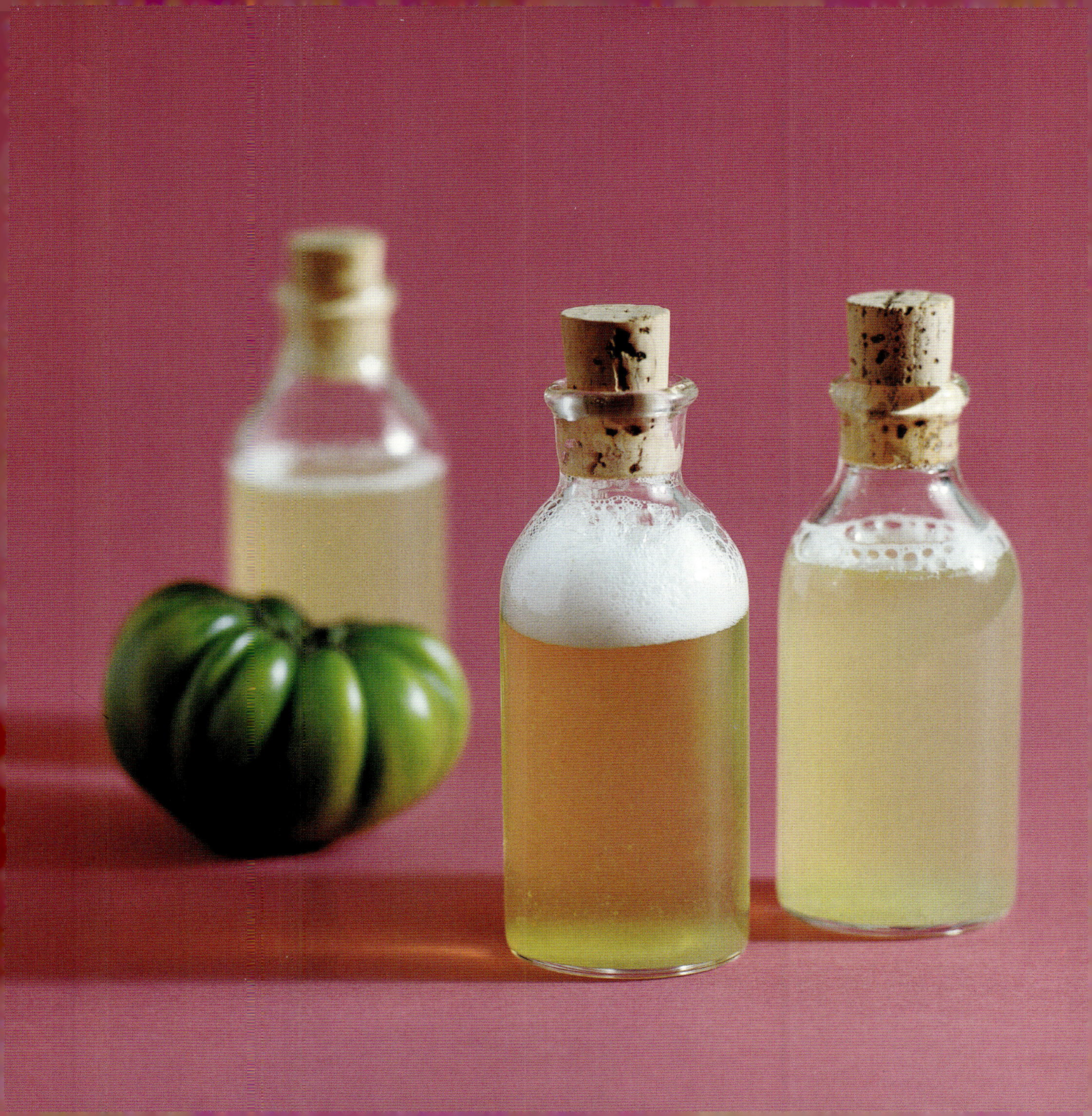

RECETTE D'ANDONI LUIS ADURIZ • RESTAURANTE MUGARITZ • ERRENTERIA • ESPAGNE

PRÉPARATION 40 min MACÉRATION 30 min CUISSON 10 min POUR 4 PERSONNES

4 pavés de thon de 200 g chacun, 800 g de tomates, 20 cuil. à café rases de thé blanc, 2 fleurs de capucine, 1 fleur de souci, 8 fleurs de bourrache, 4 fleurs de pensée, 2 cuil. à soupe d'huile d'olive, 15 g de sucre semoule, 1 cuil. à café de sel, sel de Guérande

DOS DE THON RÔTI, INFUSION DE THÉ BLANC, DE TOMATES ET DE FLEURS

❋ Faites chauffer l'huile d'olive dans une poêle antiadhésive et faites-y dorer les pavés de thon 5 min sur une seule face. Retirez-les et déposez-les dans un plat. Préchauffez 20 min le four à 90 °C (th. 3).

❋ Lavez les tomates et coupez-les en huit. Ajoutez le sucre et le sel et laissez macérer 30 min à température ambiante. Passez au chinois tapissé de papier absorbant : le jus recueilli doit être limpide, sans pulpe. Versez-le dans une casserole et faites-le chauffer à feu moyen. Juste avant l'ébullition, retirez-le du feu, jetez-y le thé blanc et laissez infuser 30 min hors du feu, à couvert. Filtrez.

❋ Pendant ce temps, glissez les pavés de thon au four et laissez-les cuire 5 min.

❋ Rincez les fleurs et disposez-les joliment dans une théière en verre. Réchauffez l'infusion de tomates au thé blanc sans la faire bouillir et versez-la sur les fleurs.

❋ Déposez un pavé de thon dans chaque assiette, ajoutez une pincée de sel de Guérande, et servez accompagné de l'infusion de tomates au thé blanc et des fleurs.

CONSEIL Les fleurs se trouvent assez facilement dans les magasins bio ou sur les marchés. Elles demandent à être bien lavées à l'eau froide. Préférez des tomates pulpeuses et juteuses, comme les tomates rondes ou côtelées plutôt que celles qui sont allongées et qui délivrent moins de jus.

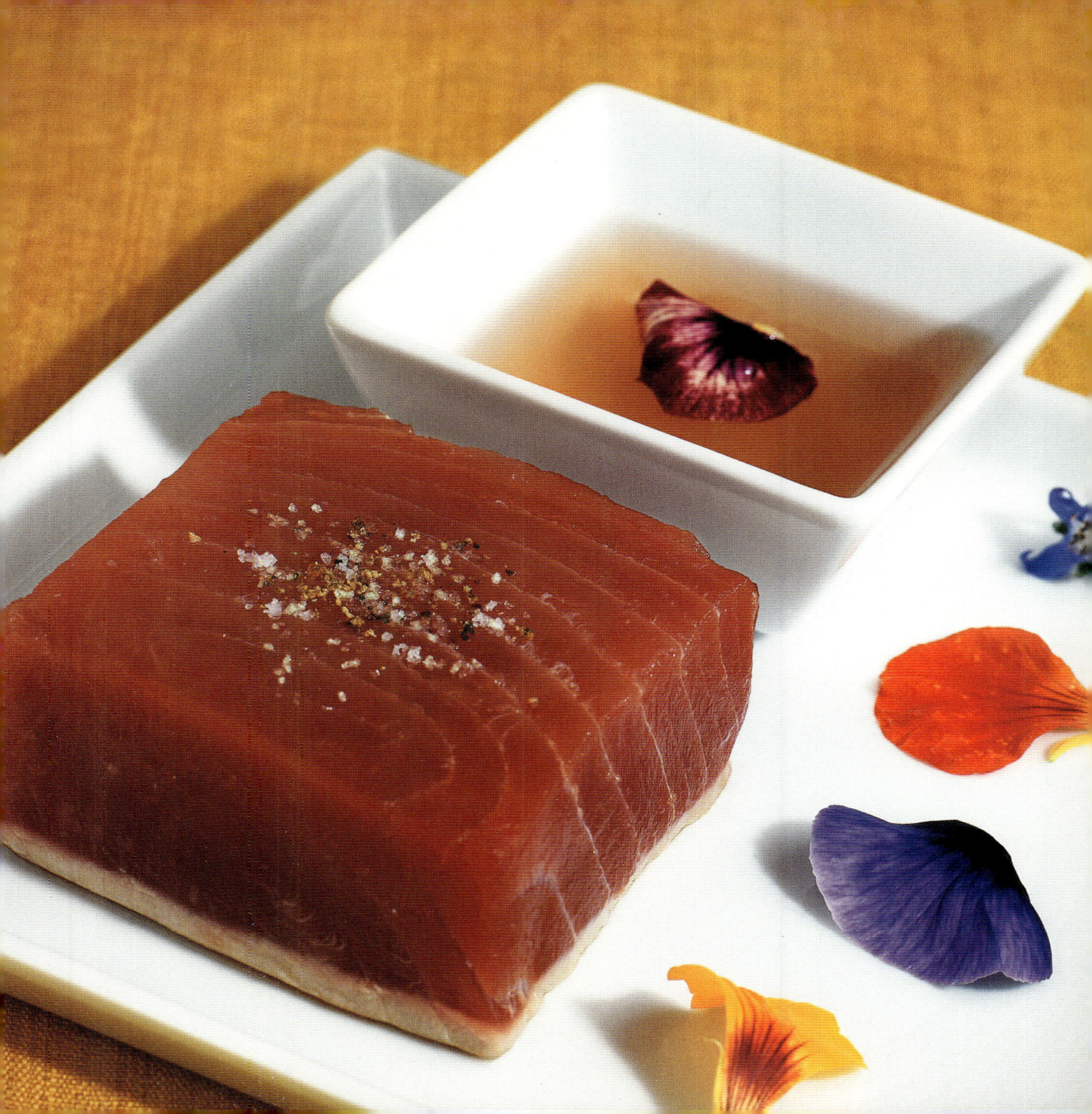

RECETTE DE GILLES CHOUKROUN • ANGL'OPÉRA • PARIS

PRÉPARATION 15 min CUISSON 10 min POUR 4 PERSONNES

12 noix de Saint-Jacques, 16 rattes du Touquet, 15 cuil. à café rases de thé Lapsang-Souchong, 50 g de polenta, 1 cuil. à soupe d'huile de noisette, huile d'olive, fleur de sel

SAINT-JACQUES PANÉES AU THÉ LAPSANG-SOUCHONG, RATTES DU TOUQUET EN SALADE

✢ Lavez les noix de Saint-Jacques et séchez-les dans du papier absorbant. Hachez les feuilles de thé Lapsang-Souchong et mélangez-les à la polenta, puis passez les noix de Saint-Jacques dans ce mélange pour les paner.

✢ Faites cuire les rattes non épluchées 10 min à la vapeur. Coupez-les en deux et enduisez-les d'huile de noisette et de fleur de sel.

✢ Faites chauffer une poêle à feu doux et saisissez-y les noix de Saint-Jacques avec 1 goutte d'huile d'olive environ 1 min de chaque côté. Servez-les aussitôt avec les rattes du Touquet encore tièdes.

CONSEIL Pour parfumer encore davantage ce plat délicat, vous pouvez ajouter 1 cuil. à soupe rase de thé Lapsang-Souchong dans l'eau de cuisson des pommes de terre.

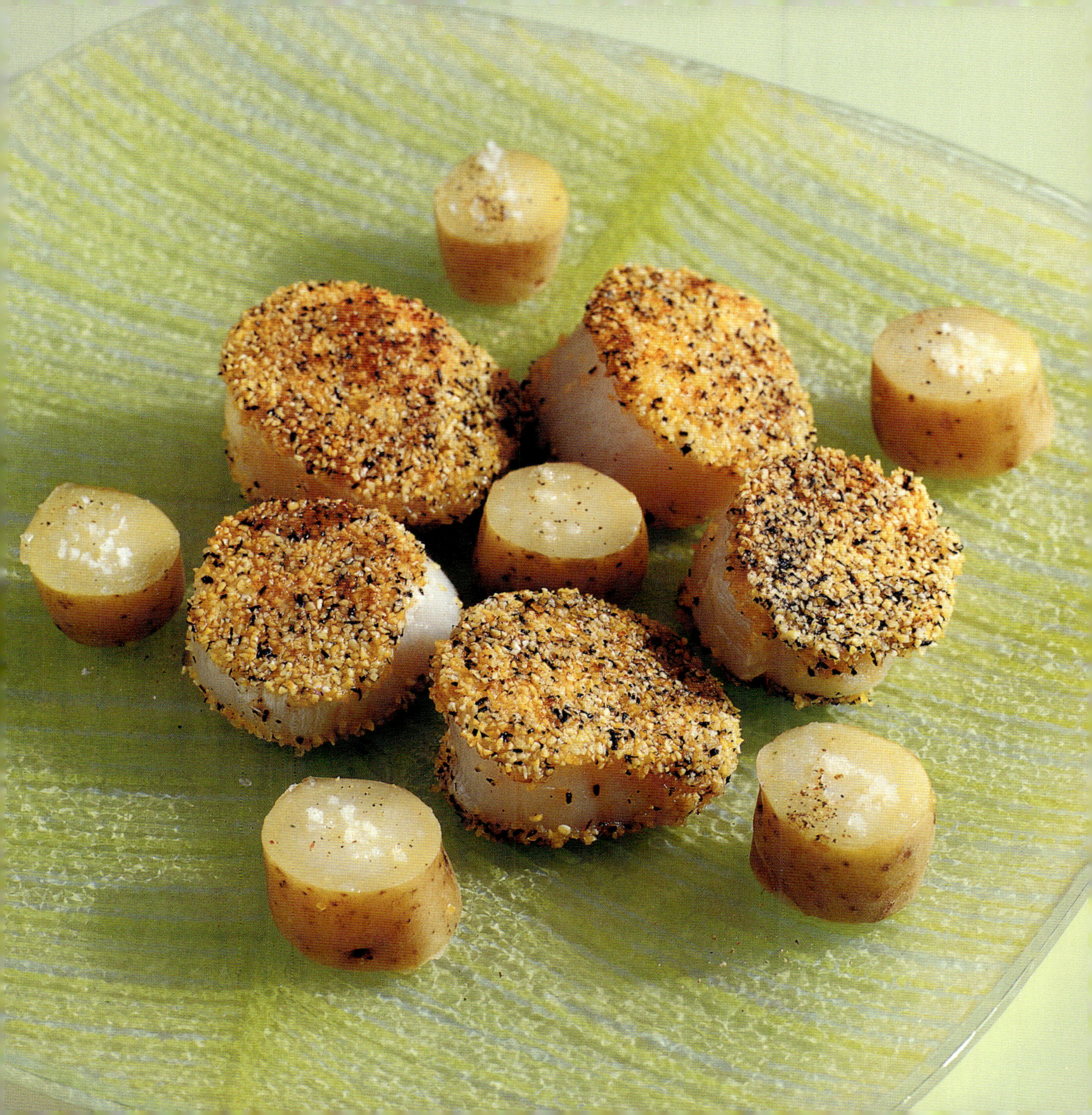

RECETTE DE PASCAL BARBOT • L'ASTRANCE • PARIS

PRÉPARATION 10 min CUISSON 25 min RÉFRIGÉRATION 1 h POUR 4 PERSONNES

1 litre de coques, 5 cl de vin blanc, 2 branches de menthe, 2 lamelles de gingembre, poivre noir
POUR LE BOUILLON : 2 cuil. à soupe de thé Lu An Gua Pian, 10 cm d'algue kombu, 1 cuil. à soupe de menthe finement ciselée, 1 cuil. à soupe de flocons de thon bonito (en vente dans les magasins bio), 1 cuil. à soupe de vinaigre de riz, 2 cuil. à soupe de sauce soja

COQUES AU THÉ LU AN GUA PIAN ET À LA MENTHE

✳ Dans une grande sauteuse, portez le vin blanc et 10 cl d'eau à ébullition. Ajoutez la menthe et le gingembre. Faites cuire 3 min, puis ajoutez les coques et un peu de poivre. Laissez cuire encore 2 min et égouttez. Décoquillez les coques et réservez-les.

✳ Préparez le bouillon : dans une casserole, portez 50 cl d'eau à frémissement, ajoutez le kombu et faites cuire 20 min, à feu moyen. Filtrez. Ajoutez les flocons de thon et le thé, laissez infuser 3 min. Filtrez. Lorsque le bouillon a refroidi, ajoutez la menthe ciselée, la sauce soja et le vinaigre de riz. Filtrez à nouveau et ajoutez les coques. Réservez 1 h au réfrigérateur. Servez très frais.

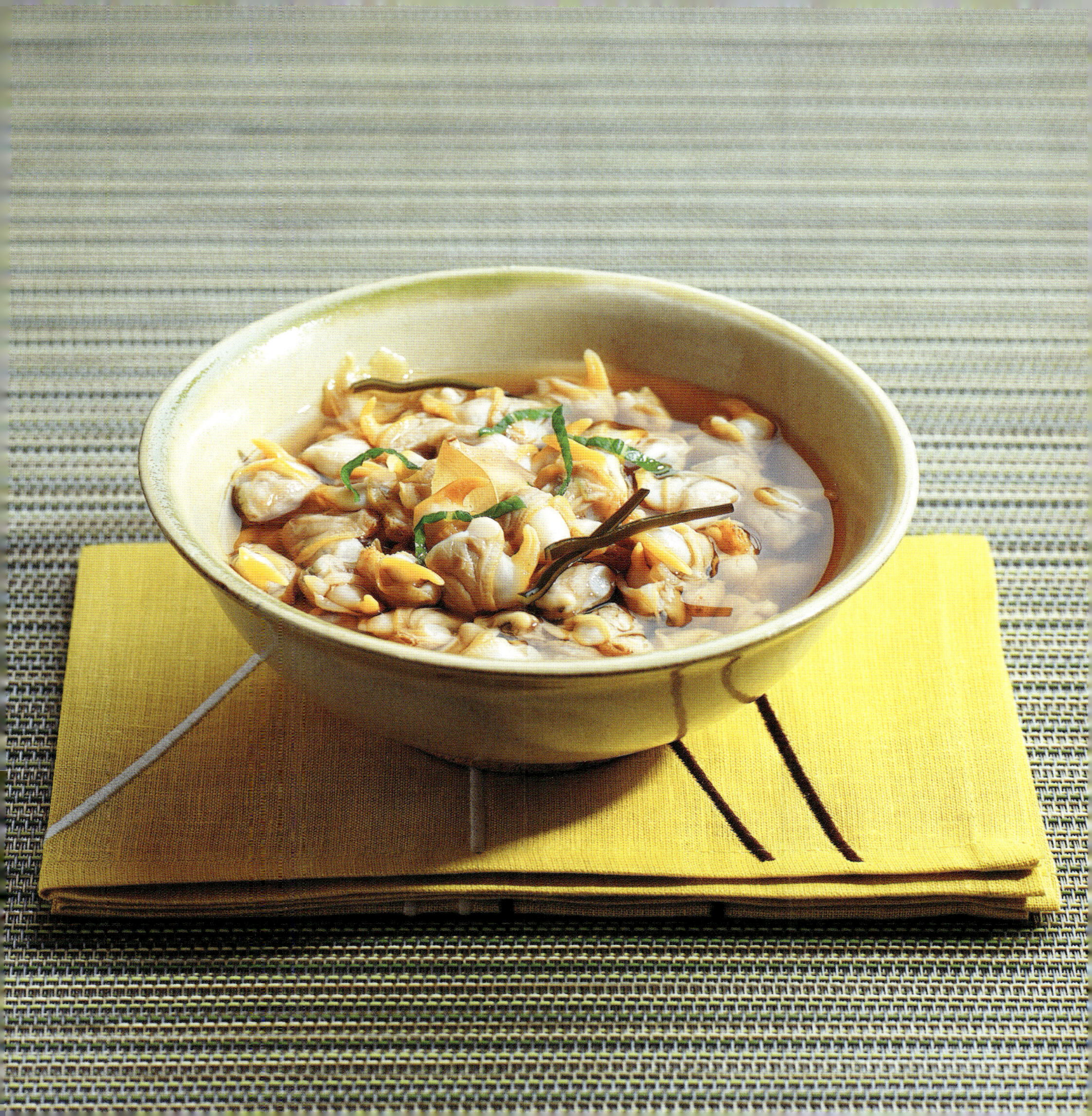

RECETTE D'ANNE-SOPHIE PIC • RESTAURANT PIC • VALENCE

PRÉPARATION 2 h CUISSON 3 h RÉFRIGÉRATION 3 h POUR 4 PERSONNES

2 tourteaux (800 g environ au total) cuits, 1 concombre, 1 tige de rhubarbe, 3 feuilles de menthe, 2 cuil. à soupe de sucre, 20 g de beurre, 3 cl cuil. à soupe d'huile d'olive, un trait de vinaigre balsamique, sel, poivre

POUR LE CONSOMMÉ DE TOURTEAUX 2 carcasses de tourteau concassées, 1/2 oignon, 1/2 fenouil 1 carotte, 1 gousse d'ail dégermée, 1 tomate mûre et cuite, 20 g de concentré de tomates, 1 bouquet garni (thym, laurier, persil), 3 cl cuil. à soupe d'huile d'olive, 80 g de beurre doux, 8 cl cuil. à soupe de Noilly-Prat

POUR LE CRÉMEUX 15 cl de crème liquide, 5 cuil. à café de thé Secret Tibétain de George Cannon, 7 feuilles de gélatine, 250 g de crème de tourteaux (intérieur de 2 tourteaux mixé et chinoisé)

POUR LE GASPACHO DE CONCOMBRE 250 g de poivron vert, 350 g de concombre pelé et épépiné, 3 échalotes épluchées, 1 gousse d'ail pelée, 2 brins d'aneth, 5 cuil. à soupe d'huile d'olive, 10 cl de crème fleurette, 5 cl de vinaigre de vin blanc, 4 gouttes de tabasco

TUILES DENTELLE 10 cl de jus de moules, 5 cuil. à soupe d'huile d'olive, 1 cuil. à soupe de Maïzena

CRÉMEUX DE TOURTEAUX AU THÉ

※ Émincez la rhubarbe, saupoudrez-la de sucre et laissez-la dégorger 3 h. Dans le même temps, préparez le consommé de tourteaux. Taillez les légumes en petits dés et faites-les revenir avec l'ail dans 3 cuillères à soupe d'huile d'olive sans laisser trop colorer, puis ajoutez la tomate et le concentré. Dans une marmite, faites revenir les carcasses de tourteau avec un peu de beurre pour fixer les saveurs. Déglacez avec le Noilly-Prat, laissez réduire 5 min, et ajoutez la garniture aromatique avec 5 cuillères à soupe d'huile d'olive, puis versez 1,5 litre d'eau. Portez à ébullition en écumant régulièrement, ajoutez le bouquet garni et laissez cuire 3 h à petits bouillons. Filtrez délicatement. Laissez bien refroidir et retirez la pellicule de graisse en surface à l'aide d'un papier absorbant. Prélevez 30 cl de ce consommé et réservez-le.

※ Mettez la rhubarbe dans une sauteuse et faites-la compoter au beurre 5 min à feu doux. Réservez au frais. Réunissez les légumes et herbes du gaspacho ainsi que l'huile d'olive et mixez jusqu'à obtention d'une crème lisse. Salez et poivrez, ajoutez la crème fleurette, le vinaigre de vin blanc et le tabasco. Réservez au frais.

※ Pour le crémeux, faites chauffer la crème liquide dans une casserole ; hors du feu, jetez-y le thé et laissez infuser 5 min à couvert. Filtrez et réservez. Mettez les feuilles de gélatine à ramollir dans un peu d'eau froide. Faites chauffer le consommé de tourteaux à feu doux. Ajoutez-y la crème de tourteaux et la gélatine égouttée. Remuez doucement, puis incorporez la crème au thé. Laissez prendre au frais.

※ Pelez et taillez le concombre en tout petits dés, mélangez-le à la compotée de rhubarbe en comptant 4 cuil. à soupe de concombre pour 1 cuil. à soupe de rhubarbe et assaisonnez l'ensemble d'un filet d'huile d'olive et d'un trait de vinaigre balsamique. Remplissez 4 emporte-pièce de cette préparation.

※ Mélangez tous les ingrédients des tuiles, versez cette pâte dans une petite poêle antiadhésive, et faites cuire à feu doux jusqu'à ce que la tuile blondisse. Renouvelez jusqu'à épuisement de la pâte.

※ Complétez les emporte-pièce avec la chair des tourteaux, salez, poivrez, ajoutez la menthe ciselée. Disposez une tuile sur le dessus et surmontez le tout d'une quenelle de crémeux. Versez autour le gaspacho et servez bien frais.

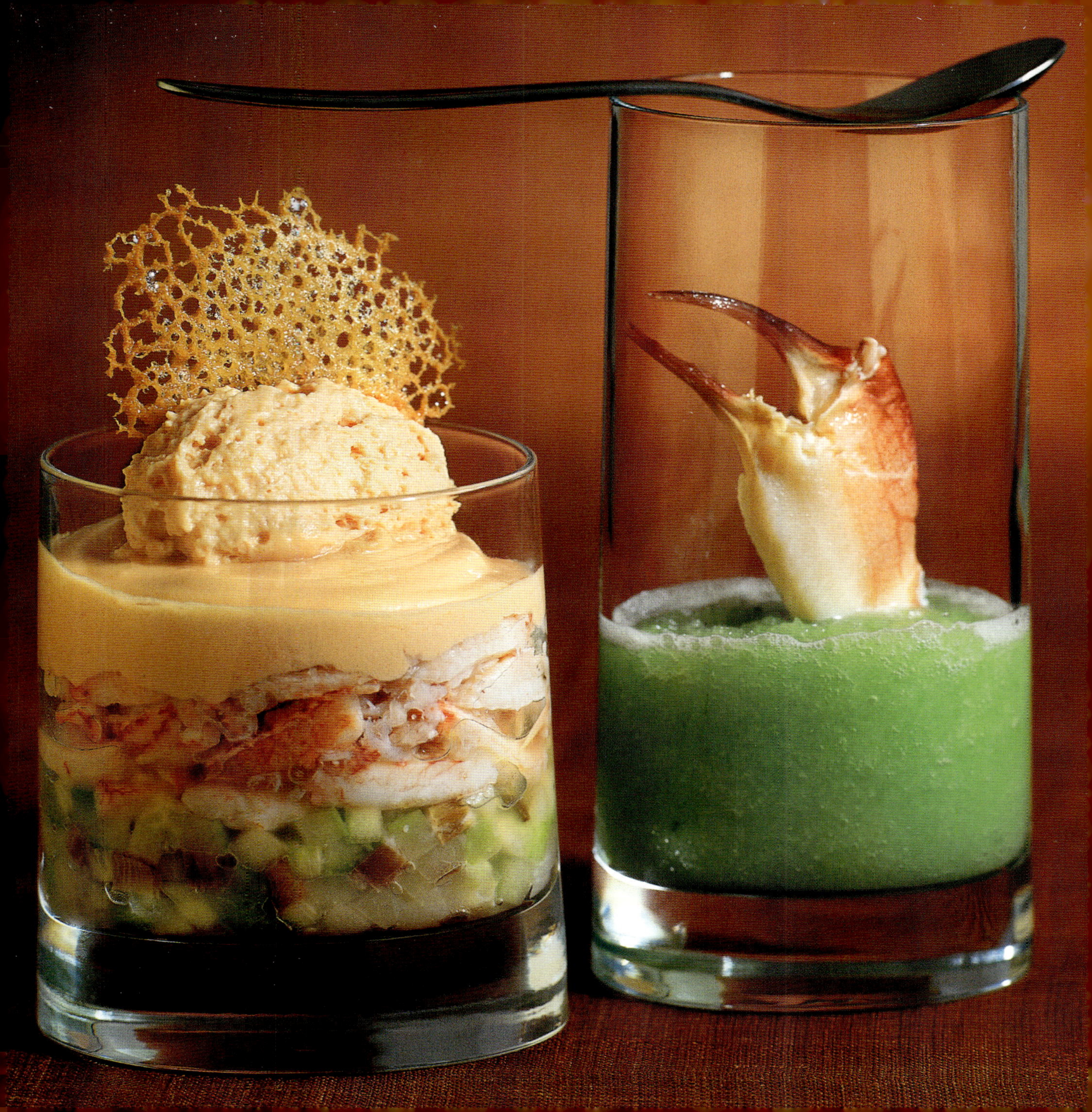

RECETTE DE PIERRE HERMÉ • PARIS

PRÉPARATION ET CUISSON 10 min RÉFRIGÉRATION 2 h POUR 4 PERSONNES

1 litre d'eau minérale, 4 cuil. à café de thé Darjeeling de bonne provenance, 6 fruits de la Passion, 50 g de sucre semoule, 10 cl de jus de pamplemousse, 1 petite pincée de sel

PASSION'THÉ

- Coupez les fruits de la Passion en deux et évidez-les ; remuez la pulpe à l'aide d'une fourchette pour la déliter.
- Dans une casserole, faites chauffer l'eau minérale avec la pincée de sel jusqu'à frémissement. Hors du feu, jetez-y le thé et laissez infuser 4 min à couvert. Filtrez, puis ajoutez le sucre et le jus de pamplemousse. Laissez refroidir 2 h au réfrigérateur. Servez bien frais dans des verres à jus d'orange.

CONSEIL Pour une impression encore plus désaltérante, ajoutez deux cuillères à soupe de glace pilée.

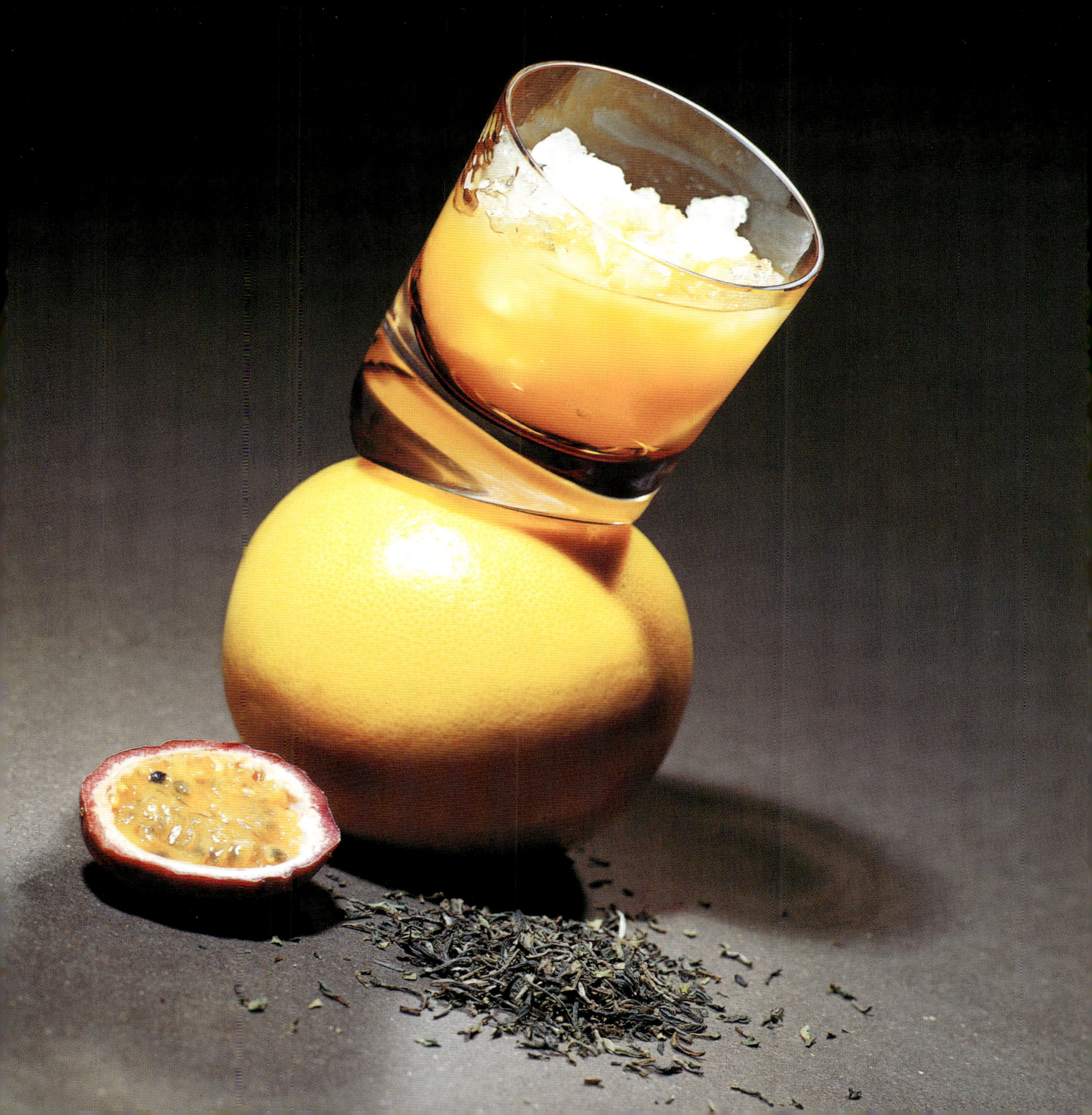

RECETTE DE PATRICK LOUSTALOT BARBÉ • L'ARTISAN DE SAVEURS • PARIS

PRÉPARATION ET CUISSON 20 min   RÉFRIGÉRATION 2 h   POUR 4 PERSONNES

POUR LES POIRES POCHÉES : 2 poires conférence, 90 g de sucre semoule, le jus de 1/2 citron

POUR LA GELÉE DE THÉ SICHUAN : 2 cuil. à café de thé Sichuan Impérial, 1 filet de jus de citron, 1 grosse cuil. à soupe de miel, 2 feuilles de gélatine

POUR LA MOUSSE AU PAIN D'ÉPICES : 2 jaunes d'œufs, 40 g de sucre semoule, 10 cl de lait entier, 1,5 feuille de gélatine, 35 g de pain d'épices, 14 cl de crème liquide froide

POIRES POCHÉES À LA GELÉE DE THÉ SICHUAN, MOUSSE AU PAIN D'ÉPICES

※ Épluchez et évidez les poires puis coupez-les en deux dans la hauteur. Dans une casserole, faites chauffer à feu doux 50 cl d'eau avec le sucre et le jus de citron, jusqu'à obtention d'un sirop. Faites-y pocher les poires 20 min, égouttez-les et détaillez-les en petits cubes. Répartissez les morceaux dans 4 coupes en verre.

※ Préparez ensuite la gelée de thé Sichuan. Mettez les feuilles de gélatine à ramollir dans un peu d'eau glacée. Dans une casserole, faites frémir 25 cl d'eau avec le jus de citron et le miel. Hors du feu, jetez-y le thé et laissez infuser 4-5 min à couvert. Filtrez, puis ajoutez les feuilles de gélatine essorées et fouettez légèrement le tout avec une fourchette. Laissez refroidir et versez sur les poires avant la prise en gelée.

※ Pour la mousse au pain d'épices, faites tremper la gélatine dans un peu d'eau froide. Dans un saladier, mélangez les jaunes d'œufs et le sucre, puis versez dessus le lait chaud, en remuant constamment avec une cuillère en bois jusqu'à ce que la crème prenne une consistance onctueuse. Trempez le fond de la casserole dans de l'eau froide pour stopper la cuisson. Ajoutez le pain d'épices émietté et la gélatine égouttée, puis mixez le tout. Avant la prise en gelée, fouettez la crème liquide et incorporez-la délicatement. Complétez le remplissage des verres en vous assurant que la gelée de thé Sichuan a bien figé, puis laissez reposer 2 h au réfrigérateur.

CONSEIL Avant de servir, décorez de crème fouettée, de baies de cassis, de cubes supplémentaires de pain d'épices et de quelques larmes de coulis de cassis.

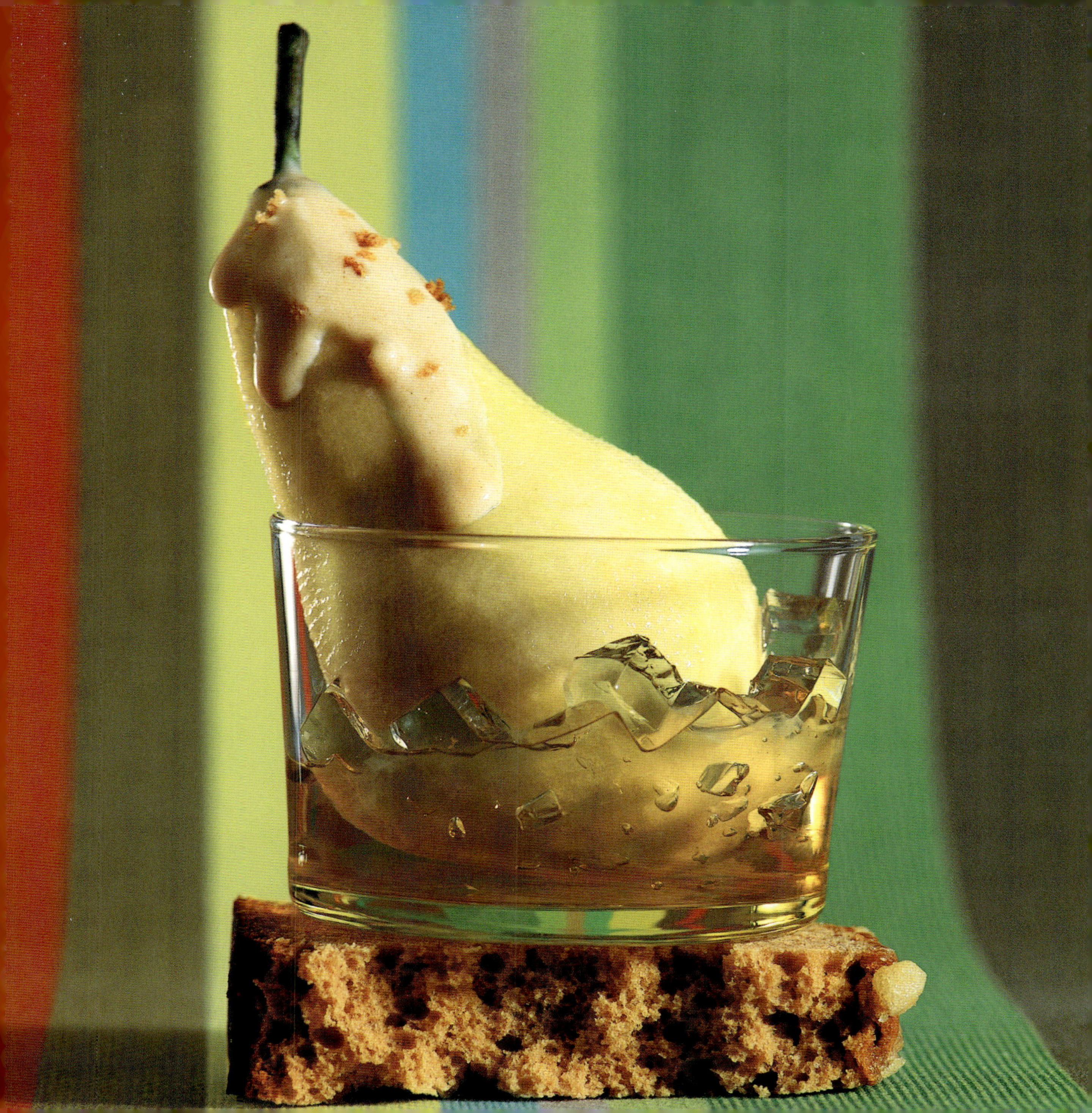

RECETTE DE PASCAL STADEROLI • SORMANI • PARIS

PRÉPARATION 20 min RÉFRIGÉRATION 1 h POUR 6 PERSONNES

5 œufs, 500 g de mascarpone, 75 g de sucre semoule, 12 cuil. à café de thé Earl Grey Grand Parfum, 25 cl d'eau minérale, 9 biscuits à la cuiller ou boudoirs

TIRAMISU D'EARL GREY

▪ Faites chauffer l'eau minérale. Au premier bouillon, jetez-y le thé hors du feu et laissez infuser 15 min à couvert.

▪ Cassez les œufs en séparant les jaunes des blancs. Dans un saladier, fouettez les jaunes et le sucre, ajoutez le mascarpone et fouettez de nouveau. Montez les blancs en neige, puis incorporez-y la préparation au mascarpone. Mélangez bien à l'aide d'une spatule. Trempez les biscuits dans le thé et tapissez-en le fond de six ramequins. Recouvrez avec la crème et laissez reposer 1 h au réfrigérateur.

CONSEIL Pour décorer et corser les saveurs de ces petits tiramisu, saupoudrez-les d'une bonne pincée de matcha (thé vert en poudre).

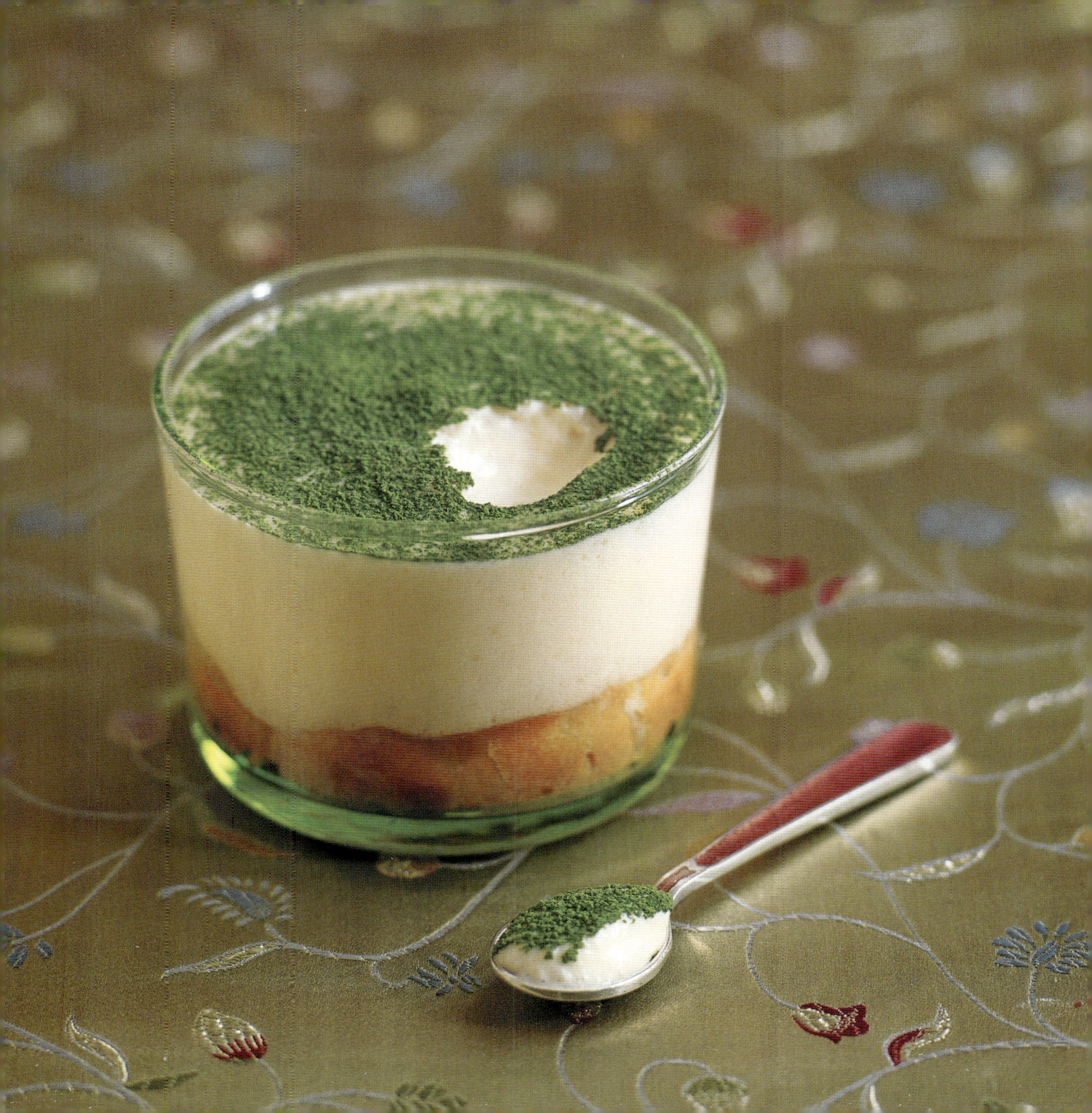

RECETTE DE MARTIN BERASATEGUI • RESTAURANTE MARTIN BERASATEGUI • LASARTE-ORIA • ESPAGNE

PRÉPARATION 30 min   CUISSON 10 min   RÉFRIGÉRATION 4 h   REPOS 24 h   POUR 6 PERSONNES

POUR LE THÉ AU CITRON : 10 cuil. à café rases de thé Earl Grey, 100 g de sucre semoule, 23 cl de jus de citron, 35 cl d'eau minérale, 8 lamelles de gingembre confit

POUR LA GLACE AU GINGEMBRE : 1 litre de lait entier, 60 cl de crème fraîche liquide, 4 jaunes d'œufs, 100 g de lait en poudre à 0 %, 140 g de sirop de glucose, 200 g de gingembre confit

POUR LES TUILES AU CHOCOLAT : 100 g de beurre, 2 blancs d'œufs, 300 g de sucre semoule, 30 g de chocolat

POUR LA SALADE DE MENTHE : 10 g de gingembre confit, 25 g de citron confit, 20 grandes feuilles de menthe

THÉ EARL GREY AU CITRON, CRÈME GLACÉE, CROQUANT DE CHOCOLAT ET SALADE DE MENTHE

※ La veille, préparez la pâte des tuiles au chocolat : faites fondre séparément le beurre et le chocolat ; mélangez ce dernier avec le sucre, puis ajoutez le beurre fondu et les blancs d'œufs. Remuez bien et laissez reposer 24 h au frais.

※ Le jour même, portez 35 cl d'eau minérale à ébullition et faites-y infuser le gingembre confit 10 min. Ajoutez le thé et laissez infuser encore 10 min. Mixez le tout 3 min, ajoutez le sucre et filtrez. Puis versez le jus de citron et réservez au réfrigérateur jusqu'au moment de servir.

※ Pour la glace au gingembre, mélangez vigoureusement dans un saladier les jaunes d'œufs, le lait en poudre, le sirop de glucose ; portez à ébullition le lait entier avec la crème et le gingembre confit et ajoutez-les au mélange précédent. Remuez et reversez dans la casserole. Faites cuire à feu moyen, sans cesser de remuer, jusqu'à obtention d'une texture onctueuse. Passez cette crème au chinois en réservant le gingembre confit. Laissez reposer 4 h avant de verser en sorbetière et de faites turbiner pour obtenir une glace onctueuse.

※ Préchauffez le four à 180 °C (th. 6). Sur une plaque, étalez la pâte des tuiles au chocolat en rectangles de taille moyenne, répartissez dessus le gingembre réservé et coupé en dés, glissez au four et laissez cuire environ 10 min, jusqu'à ce que les tuiles soient croustillantes.

※ Ciselez la menthe en fines lanières puis mélangez-la avec les citrons et le gingembre confits. Répartissez cette petite salade de menthe dans les assiettes creuses, ajoutez une boule de glace au gingembre que vous surmonterez d'une tuile au chocolat, et versez le thé au citron au dernier moment.

CONSEIL Pour gagner du temps, vous pouvez confectionner les tuiles au chocolat quelques jours à l'avance. Elles garderont toute leur fraîcheur dans une boîte en plastique hermétique.

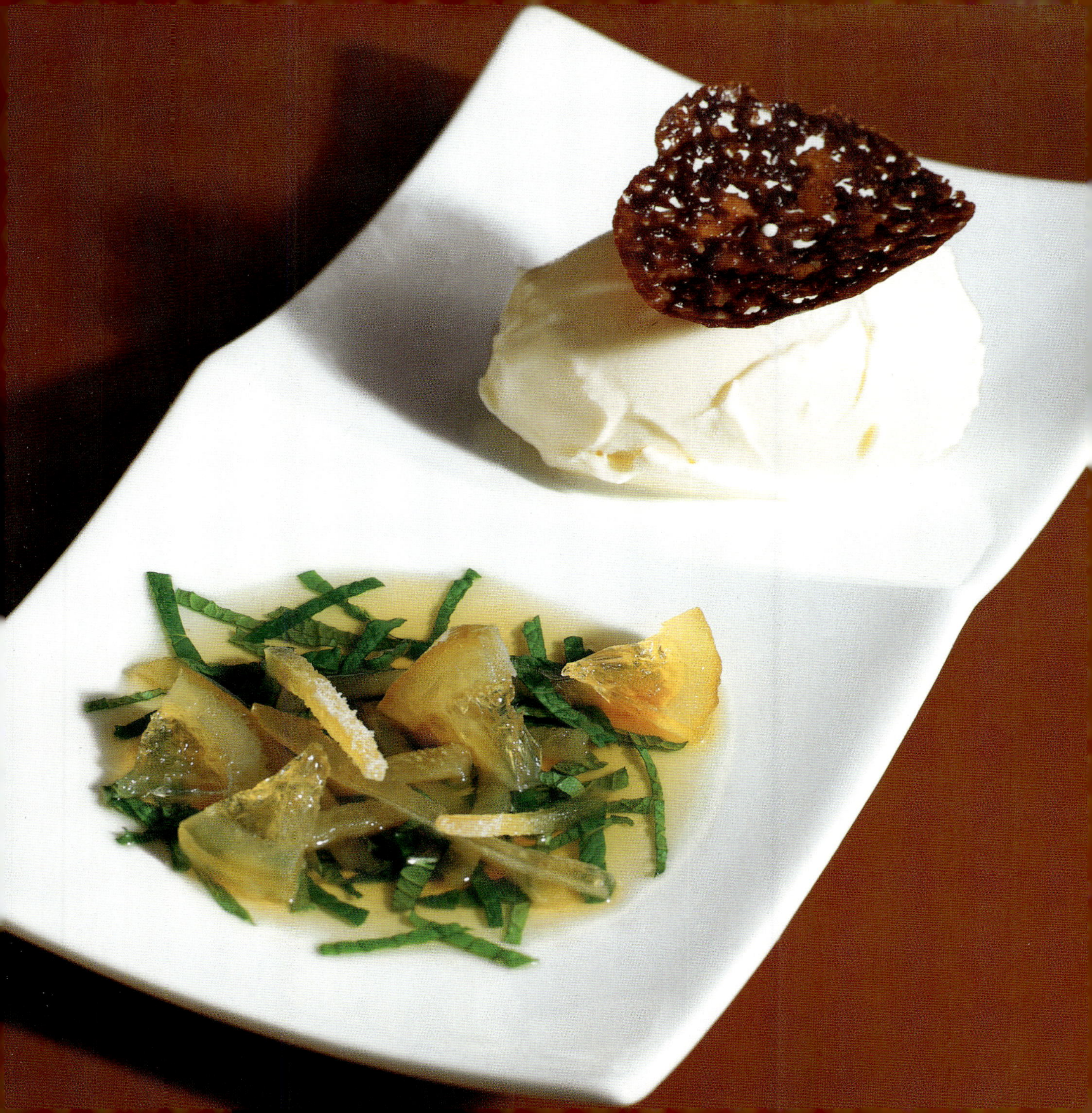

RECETTE DE JACQUES DECORET • VICHY

PRÉPARATION 30 min RÉFRIGÉRATION 1 h POUR 8 VERRES

POUR LA MOUSSE AU THÉ VERT : 140 g de crème fouettée, 2 jaunes d'œufs, 12,5 cl de lait, 3 cuil. à café de poudre de thé vert matcha, 30 g de sucre, 1,5 feuille de gélatine

POUR LA MOUSSE AU CHOCOLAT BLANC : 160 g de crème fouettée, 120 g de chocolat de couverture blanc, 5 cl de lait, 2 jaunes d'œufs, 10 g de sucre, 1/2 feuille de gélatine

POUR LA GELÉE AU THÉ VERT : 4 cuil. à café de poudre de thé matcha, 150 g de sucre, 2,5 feuilles de gélatine

POUR LES FRAMBOISES COMPOTÉES : 100 g de framboises fraîches, 2 g de pectine, 60 g de sucre

MARIAGE DU CHOCOLAT BLANC ET DU THÉ VERT, FRAMBOISES COMPOTÉES

❉ Mettez toutes les feuilles de gélatine à tremper dans de l'eau froide.

❉ Commencez par préparer la mousse au thé vert : portez le lait à ébullition dans une casserole ; pendant ce temps, mélangez bien les jaunes avec le sucre, versez le lait bouillant dessus, remuez et reversez le tout dans la casserole. Faites cuire à feu doux sans cesser de remuer, jusqu'à ce que la crème prenne une consistance onctueuse. Hors du feu, ajoutez la gélatine égouttée et le thé vert et laissez refroidir. Passez au chinois, puis incorporez la crème fouettée. Répartissez aussitôt la préparation dans les verres et réservez au réfrigérateur.

❉ Pour confectionner la mousse au chocolat blanc, portez le lait à ébullition et, parallèlement, faites fondre le chocolat blanc. Versez le lait bouillant sur les jaunes d'œufs préalablement mélangés avec le sucre, reversez dans la casserole et laissez cuire comme une crème anglaise, à feu doux, sans cesser de remuer. Ajoutez le chocolat fondu, puis la gélatine égouttée. Laissez bien refroidir avant d'incorporer la crème fouettée. Déposez délicatement un peu de cette mousse au chocolat dans chaque verre, au-dessus de la mousse au thé. Replacez les verres au réfrigérateur.

❉ Portez à ébullition 30 cl d'eau et 150 g de sucre ; hors du feu, ajoutez-y la gélatine égouttée et le thé vert, versez dans un plat et laissez prendre 30 min au froid.

❉ Pendant ce temps, mélangez les framboises avec la pectine et le sucre et faites cuire à feu doux, jusqu'à l'obtention d'une pâte épaisse. Laissez refroidir et ajoutez un peu de cette compote dans chaque verre. Accompagnez de gelée de thé.

CONSEIL Vous pouvez agrémenter ce dessert fondant de petits biscuits secs et croquants comme des tuiles aux amandes.

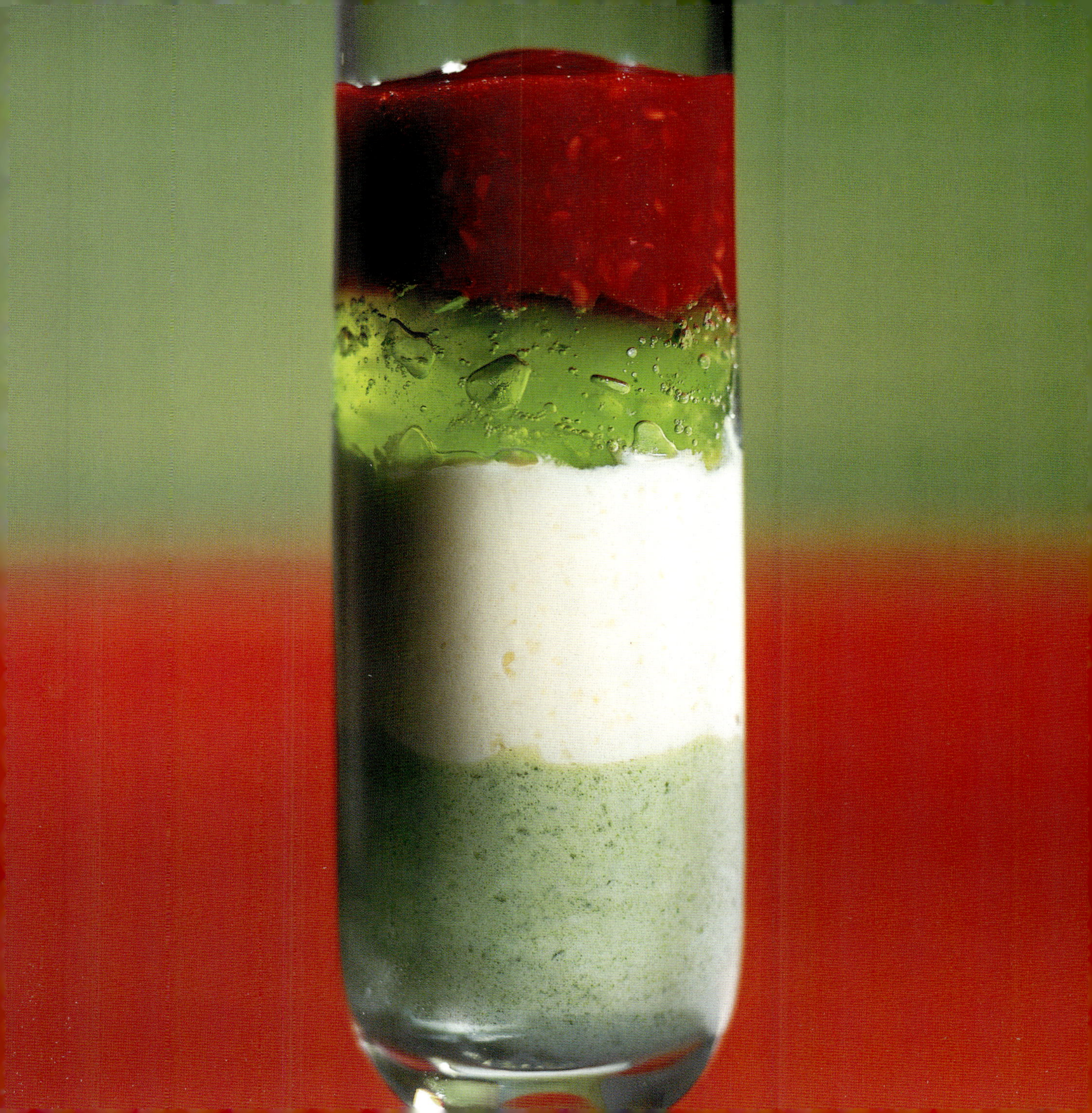

RECETTE DE CLAUDE COLLIOT • PARIS

PRÉPARATION ET CUISSON 10 min   RÉFRIGÉRATION 30 min   POUR 4 PERSONNES

240 g de fraises, 40 g de pistaches mondées, 4 cuil. à café de thé jaune, 4 feuilles de basilic, 4 feuilles de gélatine, 16 cl d'eau minérale, 40 g de sucre semoule

CARPACCIO DE FRAISES, GELÉE DE THÉ ET BASILIC

❊ Mettez les feuilles de gélatine à tremper dans un peu d'eau froide pour les ramollir. Dans une casserole, réunissez l'eau minérale et le sucre et faites chauffer jusqu'au premier bouillon. Retirez du feu, jetez-y le thé et les feuilles de basilic et laissez infuser 1 min à couvert. Ajoutez la gélatine égouttée, mélangez, versez dans un récipient plat et laissez prendre 30 min au frais.

❊ Pendant ce temps, concassez les pistaches et faites-les griller quelques secondes à sec dans une poêle antiadhésive. Lavez brièvement les fraises, équeutez-les et émincez-les. Au moment de servir, disposez les fraises sur la gelée de thé et parsemez de pistaches légèrement grillées.

CONSEIL Pour rehausser encore les saveurs de ce carpaccio, ajoutez au dernier moment une pincée de poivre long d'Indonésie.

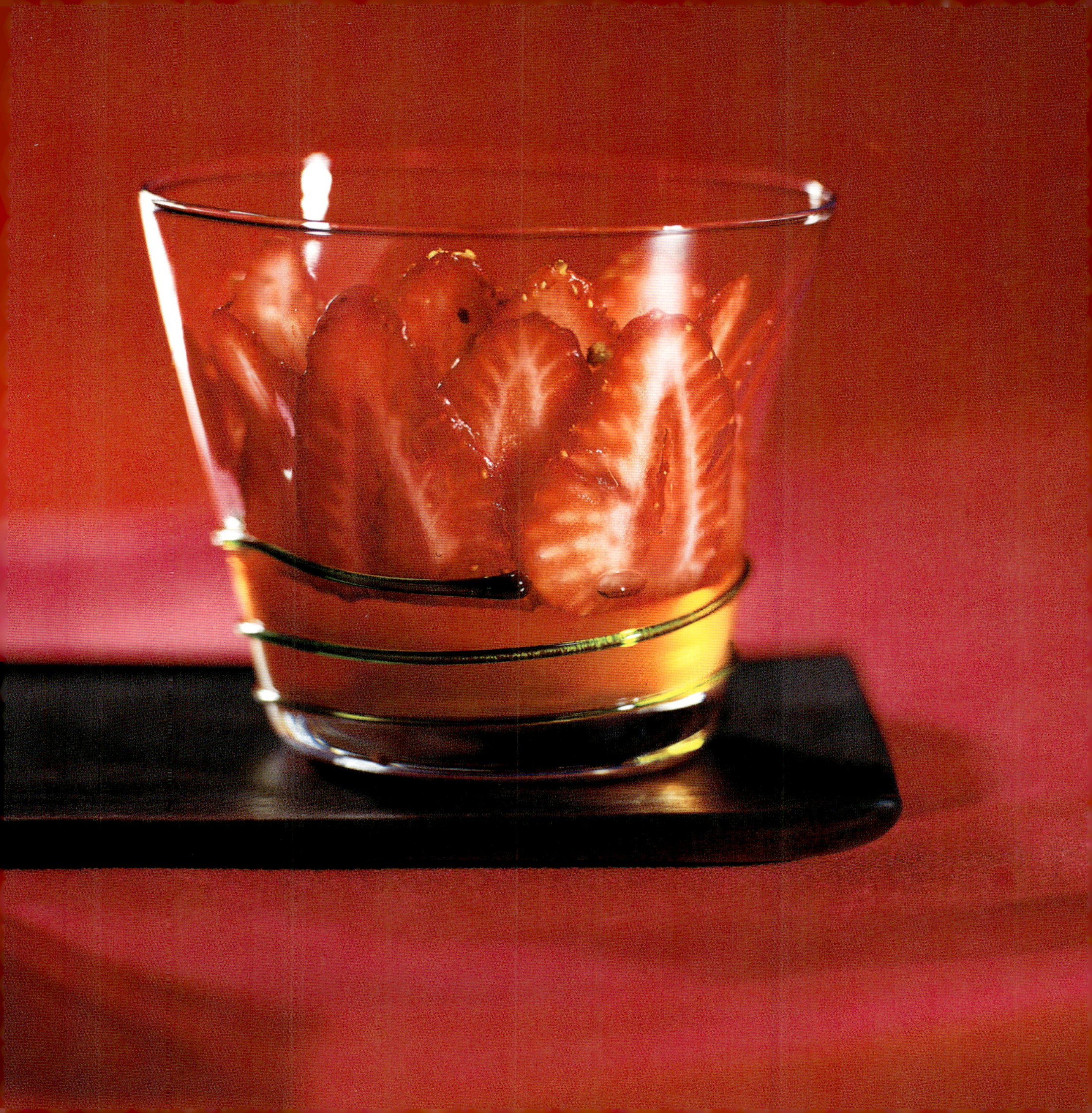

RECETTE DE BENOÎT BORDIER • CHEZ JEAN • PARIS

PRÉPARATION ET CUISSON 20 min POUR 4 PERSONNES

250 g de framboises fraîches, 4 blancs d'œufs, 24 feuilles de raviole chinoise, 3 cuil. à café de thé Earl Grey, 75 cl de jus d'ananas, 8 cl de curaçao, 12 cuil. à café de confiture de framboises, 4 boules de sorbet au citron vert

SACHETS DE THÉ AUX FRAMBOISES, JUS D'ANANAS À LA BERGAMOTE

▸ Faites chauffer le jus d'ananas et le curaçao, jetez-y le thé Earl Grey hors du feu et laissez infuser 10 min à couvert. Filtrez.

▸ Disposez à plat 12 feuilles de raviole et déposez en leur centre 1 cuil. à café de confiture de framboises. À l'aide d'un pinceau trempé dans le blanc d'œuf, badigeonnez-en légèrement les bords, puis recouvrez avec les autres feuilles de raviole en soudant fortement le pourtour du bout des doigts. Ramenez ensuite les coins comme pour former une aumônière et ficelez le tout délicatement en conservant 6 cm de ficelle.

▸ Portez à ébullition le jus d'ananas au thé. Déposez 3 ravioles par bol, recouvrez du jus bouillant et laissez « cuire » ainsi environ 2 min. Retirez la ficelle et dégustez les ravioles avec une boule de sorbet de citron vert et quelques framboises fraîches servies à côté.

CONSEIL La soudure des ravioles doit s'effectuer très rapidement : dès que le blanc d'œuf est passé sur le pourtour d'une feuille, celle du dessus doit être appliquée sans attendre. L'idéal est de procéder pièce par pièce.

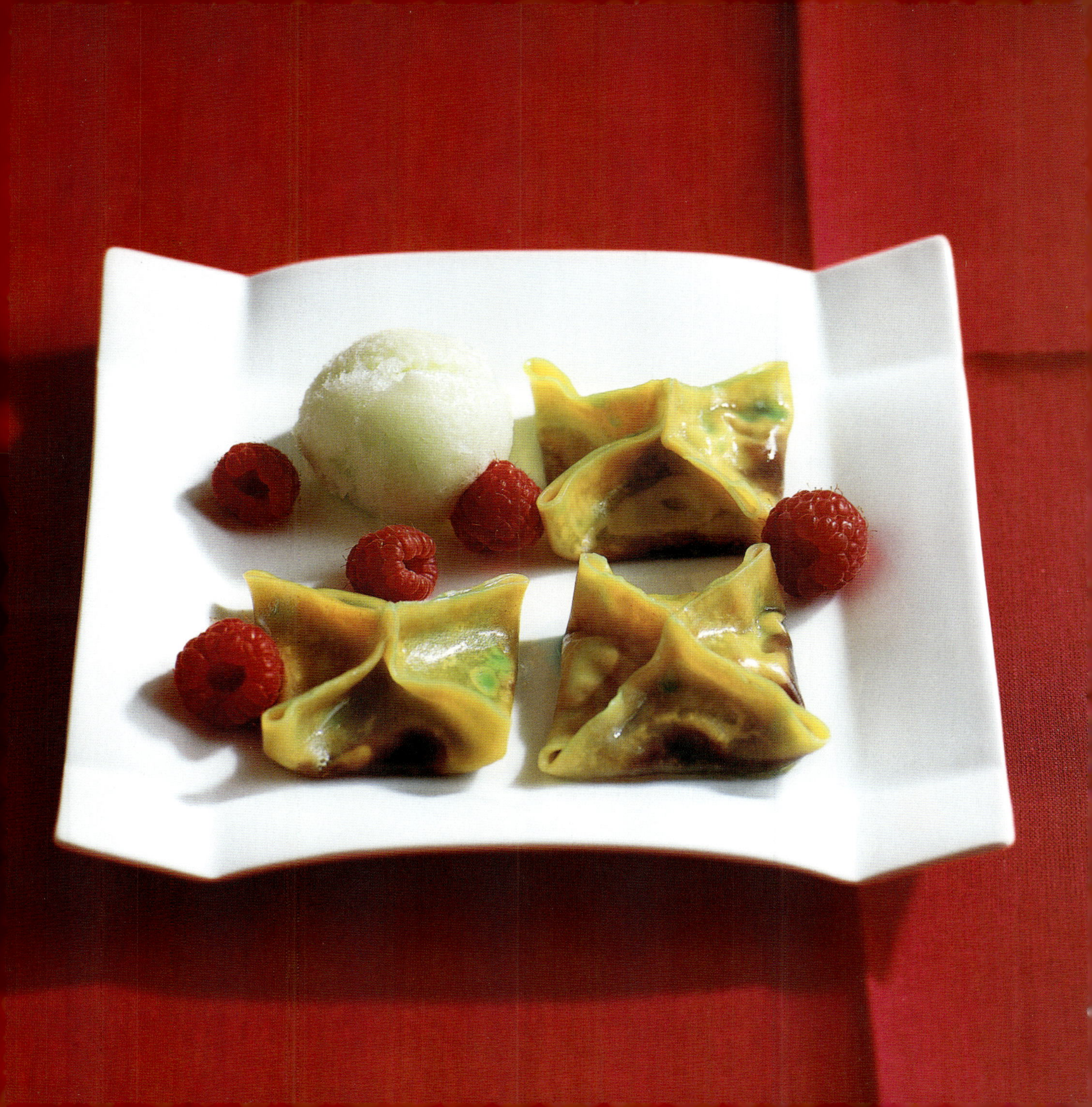

RECETTE DE STÉPHANE MARCOUILLER • COMPLICI-THÉ, BOULANGERIE-PÂTISSERIE ARTISANALE • STRASBOURG

PRÉPARATION 30 min CUISSON 50 min CONGÉLATION 20 min POUR 6 PERSONNES

200 g de pâte brisée sucrée, 10 cl de lait entier, 25 cl de crème liquide, 2 jaunes d'œufs, 60 g de sucre semoule, 5 cuil. à café de thé vert OP sencha, 2,5 feuilles de gélatine, 20 g de cassonade

POUR LA CRÈME PÂTISSIÈRE : 25 cl de lait, 3 jaunes d'œufs, 20 g de Maïzena

POUR LA FRANGIPANE : 100 g de beurre en pommade, 2 œufs, 100 g de sucre glace, 100 g de poudre d'amandes

TARTE DE CRÈME BRÛLÉE AU THÉ SENCHA ET AMANDES

❋ Préparez la frangipane. Confectionnez d'abord une crème pâtissière. Portez à ébullition le lait et, dans le même temps, fouettez les jaunes d'œufs et le sucre dans un saladier jusqu'à ce que le mélange blanchisse. Ajoutez la Maïzena. Versez la moitié du lait chaud sur la préparation, délayez, et reversez le tout dans la casserole. Faites cuire à nouveau 2-3 min à feu doux après le premier bouillon.

❋ Mélangez le beurre en pommade, la poudre d'amandes, le sucre glace, les œufs, en fouettant jusqu'à ce que le mélange blanchisse. Puis incorporez-y 200 g de la crème pâtissière. Réservez.

❋ Préchauffez le four à 110 °C (th. 4). Mettez la gélatine à ramollir dans un peu d'eau froide.

❋ Dans une casserole, portez à ébullition le lait entier avec la crème liquide et le sucre semoule. Hors du feu, jetez-y le thé vert et laissez infuser 6-8 min à couvert. Ajoutez ensuite les jaunes d'œufs un à un, fouettez, puis passez le tout au chinois. Ajoutez la gélatine à cette crème au sencha, mélangez bien.

❋ Versez la préparation dans un cercle à tarte de 20 cm de diamètre, chemisé de film alimentaire résistant à la chaleur, ou dans un moule Flexipan de même diamètre, et faites-la cuire 20 min au four. Laissez-la complètement refroidir avant de la placer 20 min au congélateur pour la faire durcir.

❋ Étalez la pâte sucrée et déposez-la dans un moule à tarte de 22 cm de diamètre. Piquez-la avec une fourchette, puis couvrez le fond de frangipane. Faites cuire environ 30 min au four à chaleur tournante à 180 °C (th. 6) jusqu'à coloration. Laissez refroidir.

❋ Déposez la crème au sencha au centre de la tarte, saupoudrez de cassonade et faites caraméliser à l'aide d'un chalumeau (ou, à défaut, passez la tarte sous le gril quelques minutes jusqu'à caramélisation).

CONSEIL Pour rendre la tarte encore plus appétissante, décorez-la de quelques feuilles sèches de thé vert et d'amandes effilées grillées. Servez accompagné d'une tasse de thé sencha.

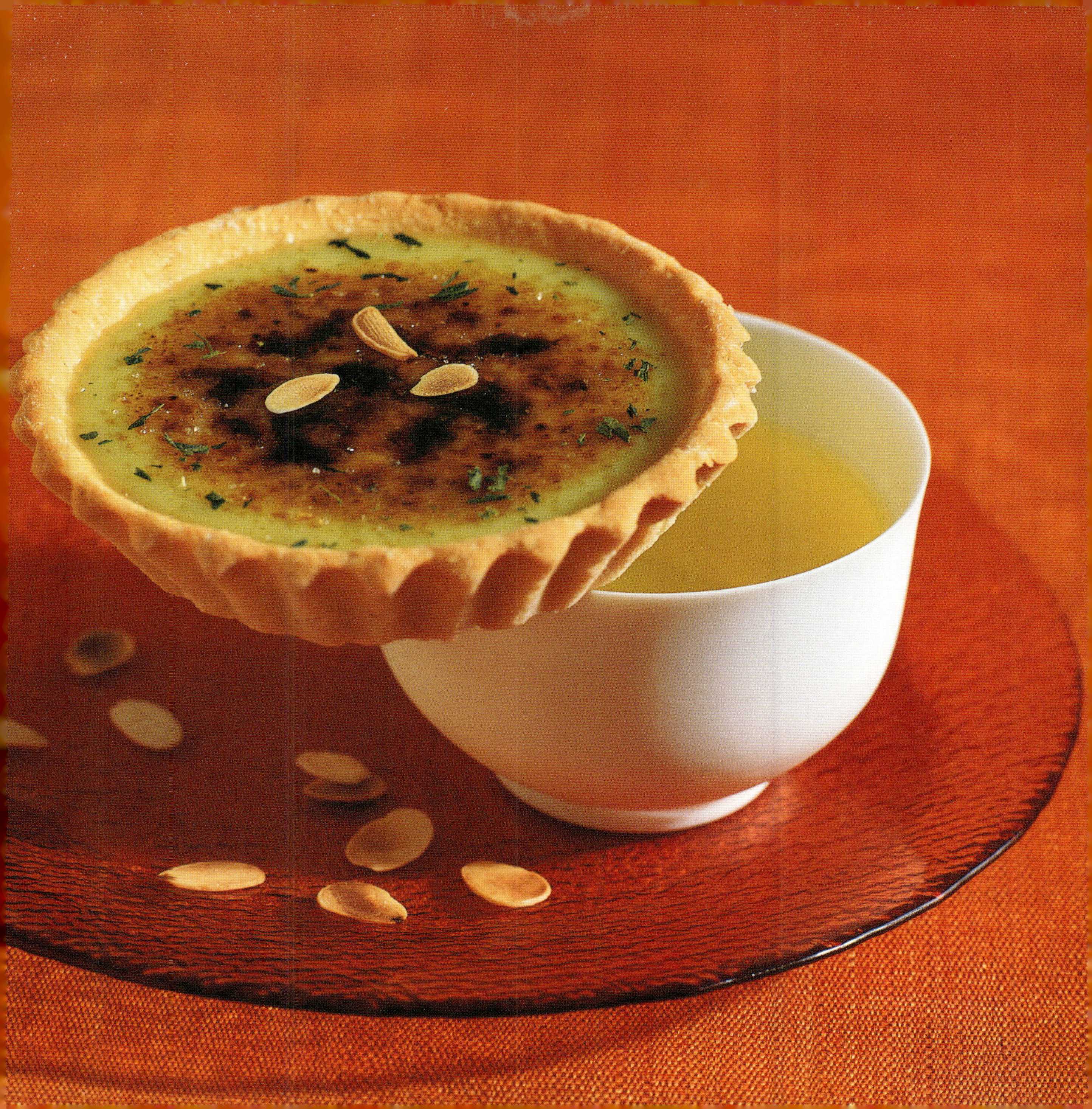

RECETTE DE FABIENNE MATHIEU-CHARMEROY • MAISON DE GOÛTS • SAINT-RÉMY-DE-PROVENCE

PRÉPARATION 20 min   RÉFRIGÉRATION 12 h   POUR 4 PERSONNES

1 litre de crème liquide, 250 g de beurre, 730 g de chocolat noir cassé en petits morceaux, 5 cuil. à café de thé des Treize Desserts de Provence (ou à défaut du thé Secret tibétain), 5 cuil. à soupe de cacao en poudre

TRUFFES AU CHOCOLAT PARFUMÉES AU THÉ DES TREIZE DESSERTS DE PROVENCE

❊ Portez doucement la crème liquide à ébullition dans une casserole. Hors du feu, jetez-y le thé et laissez infuser 5 min à couvert. Filtrez dans un chinois. Versez à nouveau la crème dans la casserole et faites-la chauffer doucement. Juste avant l'ébullition, ajoutez-y le chocolat en morceaux puis le beurre coupé en parcelles. Mélangez bien. Réservez 12 h au réfrigérateur.

❊ Passez la préparation 30 secondes au four à micro-ondes pour la ramollir légèrement, puis à l'aide d'une cuillère façonnez des boules que vous roulerez dans le cacao.

CONSEIL Pour réussir cette préparation simple et délicieusement gourmande, il est important de faire fondre le chocolat très doucement dans la crème, sans cesser de remuer, jusqu'à obtention d'une pâte onctueuse.

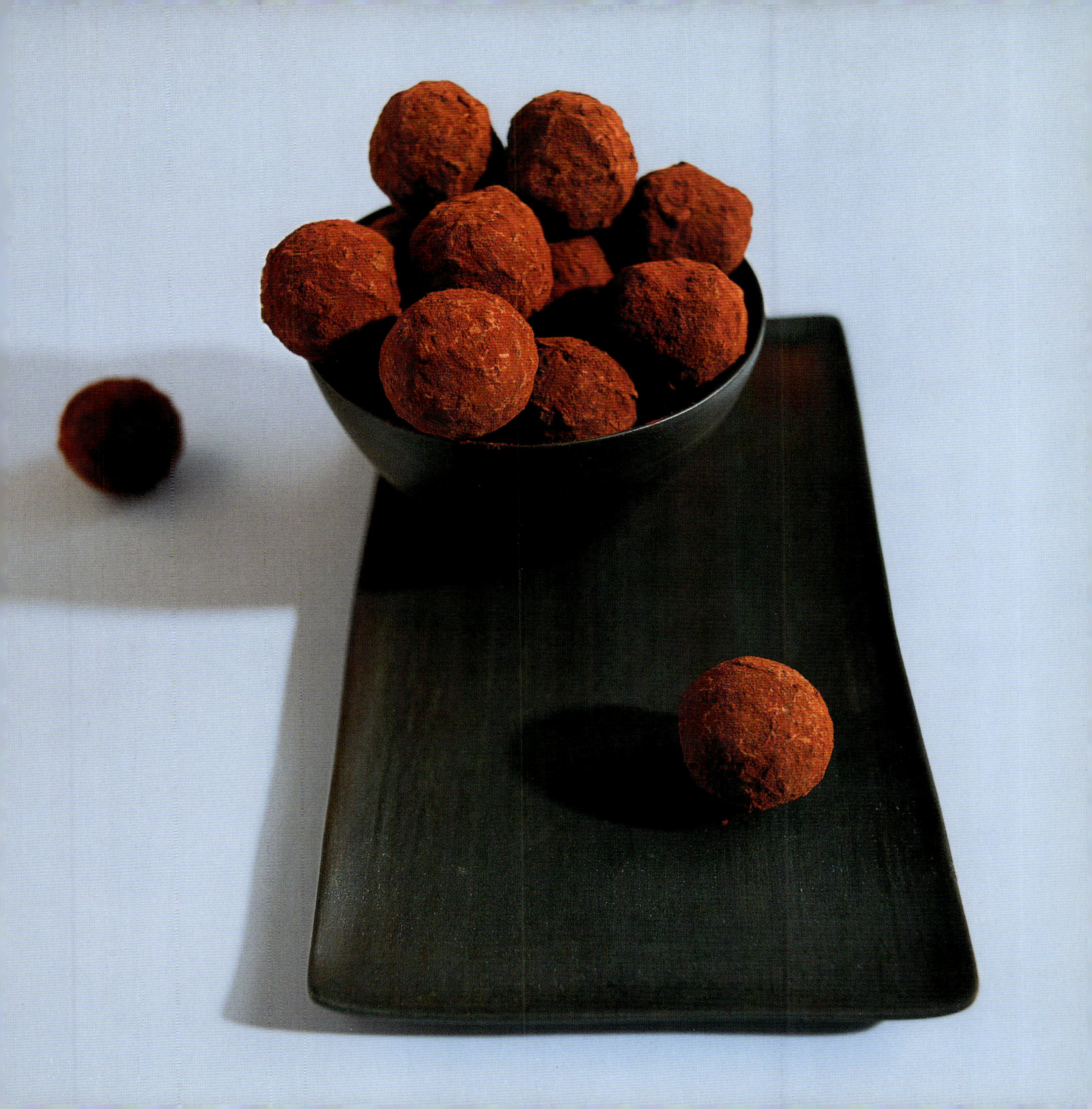

ANNEXES

DES MOTS POUR LE DIRE

S'il est simple de qualifier ce que la vue ou l'ouïe nous transmettent, l'affaire se complique quand il s'agit de préciser le goût ! Le vocabulaire du thé, comme celui du vin, couvre un vaste champ lexical, dont voici les clés les plus utiles pour traduire ce qui, sans mots, ne resterait qu'une vague perception.

Acidité : quand elle est bien dosée, elle contribue à donner un caractère léger au thé. Trop présente, elle devient un défaut.

Aigre : qualifie des saveurs acides en excès, rappelant celle du vinaigre ou du petit-lait.

Amertume : surtout présente dans les thés verts, elle est très désagréable quand elle domine, mais à touches délicates elle leur donne une complexité intéressante.

Ample : se dit d'un thé qui donne l'impression d'occuper pleinement la bouche, d'avoir du volume.

Âpreté : sensation rude, un peu râpeuse, due aux tanins contenus dans le thé. Elle n'est pas un défaut dans certains thés dont elle fait tout le caractère comme les Assam. Elle est synonyme d'astringence.

Brillant : se dit d'une robe limpide qui reflète fortement la lumière.

Charnu : se dit d'un thé donnant en bouche une impression de volume et de rondeur.

Charpenté : se dit d'un thé dont les tanins annoncent une solide constitution.

Complexe : se dit d'un thé déclinant une large palette de saveurs et d'arômes, allant souvent de pair avec l'élégance.

Doux : synonyme de suave, il correspond à un caractère sans aspérité, avec une légère sensation sucrée.

Dur : qualifie un thé manquant totalement d'onctuosité, à cause d'une astringence trop forte ou d'un manque de consistance.

Empyreumatique : qualifie une série d'arômes rappelant le brûlé ou la fumée mais aussi le chocolat, la torréfaction.

Épais : se dit d'une liqueur très dense, où la présence des tanins prédomine sans finesse.

Frais : se dit d'un thé dont l'acidité, la légèreté et les arômes évoquent une boisson désaltérante.

Finesse : se dit d'un thé délicat et élégant.

Fondu : désigne le caractère de saveurs et de sensations qui se mêlent harmonieusement, sans agressivité.

Franc : qualifie une couleur, des arômes ou des goûts sans aucun défaut ; aussi synonyme de net.

Goûteux : riche en saveurs et en arômes.

Grossier : le contraire d'élégant, lourd.

Harmonieux : se dit d'un ensemble de caractères procurant une sensation d'équilibre et de plénitude, voire d'élégance.

Herbacé : s'applique à des arômes rappelant l'herbe coupée ou fraîche, avec une connotation péjorative quand elle marque un manque de maturité.

Léger : se dit d'un thé à la couleur et à la consistance peu corsée, ce qui ne signifie pas sans caractère.

Longueur : désigne la persistance aromatique d'un thé, la durée pendant laquelle on y perçoit des arômes et des saveurs.

Lourd : se dit d'un thé épais, sans vigueur ni élégance.

Métallique : donne l'impression de sucer un bout de métal. C'est toujours un défaut.

Moelleux : se rapproche de charnu et onctueux, en donnant une impression de douceur et de consistance.

Ordinaire : se dit d'un thé sans beaucoup de caractère, ni d'élégance, mais sans défaut : un thé sans honte mais sans gloire !

Puissance : caractère plein, charpenté et aromatique.

Régulière : qualifie l'aspect homogène des feuilles, gage d'une belle cueillette.

Soyeux : désigne l'impression de douceur et de fluidité que l'on peut ressentir en bouche.

Tanin : substance présente dans le thé sous la forme de polyphénols, dont l'action antioxydante a été mise en valeur par les études scientifiques et dont la présence assure la consistance d'un thé, voire son astringence quand ils manquent de maturité. Un thé tanique est un thé corsé.

Terne : une robe et une bouche manquant d'éclat.

Vivacité : caractère d'un thé dont la pointe d'acidité est agréable et lui évite la lourdeur.

ANNEXES

CHEFS ET PÂTISSIERS DE L'OUVRAGE

Voici les adresses où retrouver, par ordre alphabétique, les chefs et les pâtissiers qui ont réalisé les recettes de cet ouvrage.

Andoni Luis Aduriz – *Mugaritz*
Otzazulueta baserria
Aldura aldea 20zk, 20100 Errenteria, Gipuzkoa
Espagne
00 34 943 518 343

Pascal Barbot – *L'Astrance*
4, rue Beethoven, 75016 Paris
01 40 50 84 40

Jean-Marie Baudic – *Aux Pesked*
59, rue du Légué, 22000 Saint-Brieuc
02 96 33 34 65

Martín Berasategui
Loidi Kalea 4, 20160 Lasart-Oria, Gipuzkoa
Espagne
00 34 943 366 471

Benoît Bordier – *Chez Jean*
8, rue Saint-Lazare, 75009 Paris
01 48 78 62 73

Dominique Bucaille – *La Filature*
43, boulevard des Tilleuls, 04100 Manosque
04 92 72 32 28

Jean Chauvel – *Les Magnolias*
48, avenue de Bry, 94170 Le Perreux-sur-Marne
01 48 72 47 43

Gilles Choukroun – *Angl'opéra*
39, avenue de l'Opéra, 75002 Paris
01 42 61 86 25

Claude Colliot
claudecolliot@hotmail.com

Jacques Decoret
7, avenue Gramont, 03200 Vichy
04 70 97 65 06

Sébastien Gaudard
Delicabar/Le Bon Marché
26-38, rue de Sèvres, 75007 Paris
01 42 22 10 12

Pierre Hermé
185, rue de Vaugirard, 75015 Paris
01 47 83 89 96

William Ledeuil – *Ze Kitchen Galerie*
4, rue des Grands-Augustins, 75006 Paris.
01 44 32 00 32

Yannick Lefort – *Macarons gourmands*
169, avenue Général-Leclerc, 91330 Yerres
01 69 49 61 11

Patrick Loustalot Barbé – *L'Artisan de saveurs*
72, rue du Cherche-Midi, 75006 Paris
01 42 22 46 64

Stéphane Marcouiller – *Complici-Thé*
23, rue des Juifs, 67000 Strasbourg
03 88 35 20 44

Guy Martin – *Le Grand Véfour*
17, rue de Beaujolais, 75001 Paris
01 42 96 56 27

Fabienne Mathieu-Charmeroy
Charmeroy maison de goûts
26, boulevard Mirabeau, 13210 Saint-Rémy-de-Provence
04 32 60 01 23

Flora Mikula – *Restaurant Flora*
36, avenue Georges-V, 75008 Paris
01 40 70 10 49

Alain Passard – *L'Arpège*
84, rue de Varennes, 75007 Paris
01 45 51 47 33

Anne-Sophie Pic – *Restaurant Pic*
285, avenue Victor-Hugo, BP 111, 26001 Valence
04 75 44 15 32

Pascal Staderoli – *Sormani*
4, rue du Général-Lanrezac, 75017 Paris
01 43 80 13 91

Gérard Vivès – *Le Lapin Tant Pis*
10, avenue Saint-Promasse, 04300 Forcalquier
04 92 75 38 88

CARNET D'ADRESSES

Voici les meilleures adresses où acheter et déguster du thé, en France (classées par départements) et à travers de monde (par pays).

En France

Allombert, *brûlerie et comptoir de thé*
15, rue Pasteur, 01000 Bourg-en-Bresse
04 74 23 15 87

Terre d'Oc, *distributeur et négociant*
ZA La Tranche, 04180 Villeneuve-en-Provence
04 92 79 40 20

Volupté, *comptoir de thé et salon de thé*
32 et 41, rue Hoche, 06400 Cannes
04 93 38 20 41

Shambhala, *comptoir et salon de thé*
40, rue Trois-Frères-Barthélémy, 13006 Marseille
04 91 47 68 03

Charmeroy, *maison de charme et de thé*
26, bd Mirabeau, 13210 Saint-Rémy-de-Provence
04 32 60 01 23

Campanini, *brûlerie et comptoir de thé*
18, rue Musette, 21000 Dijon
03 80 30 21 12

Durand & Co, *comptoir et produits exotiques*
Bd Duponchel, 22380 Saint-Cast-le-Guildo
02 96 81 03 68

Thé ou café, *maison de thé*
23, rue des Boucheries, 25000 Besançon
03 81 50 87 16

Kerjean, *comptoir et produits exotiques*
79, rue de Siam, 29200 Brest
02 98 44 36 71

Comptoir gourmand, *épicerie fine et thés*
2, rue de la Monnaie, 30000 Nîmes
04 66 67 35 18

Coffee, Tea & Whiskies, *brûlerie et comptoir de thé*
11, cours du Maréchal Gallieni, 33000 Bordeaux
05 56 93 06 04

Si le thé m'était compté, *maison de thé*
12, rue Saint-Firmin, 34000 Montpellier
04 67 02 81 57

Au fil des thés, *maison de thé*
15, rue du Commerce, 37000 Tours
02 47 20 14 10

Au bonheur des thés, *maison de thé*
1, rue de Verdun, 44000 Nantes
02 40 12 03 32

Aux arômes, *bar à thé et comptoir*
19, rue des Clercs, 57000 Metz
03 87 74 34 09

Aux délices, *chocolatier et comptoir de thé*
68, rue de la Mairie, 59500 Douai
03 27 88 69 19

Le Vent des thés, *comptoir et salon de thé*
12, rue Thévenet, 59140 Dunkerque
03 28 66 58 08

La Brûlerie, *brûlerie et comptoir de thé*
C.C. Casino, 63000 Clermont-Ferrand
04 73 91 30 26

Rendez-vous des thés, *maison de thé*
4, rue du Cheval-Blanc, 63000 Clermont-Ferrand
04 73 31 48 57

La Route du thé, *comptoir de thé*
17, rue d'Espagne, 64100 Bayonne
05 59 59 76 80

Complici'Thé, *boulangerie, pâtisserie et thés*
23, rue des Juifs, 67000 Strasbourg
03 88 35 20 44

Thé des muses, *comptoir et salon de thé*
51, rue du Fossé-des-Tanneurs,
67000 Strasbourg
03 88 37 13 77

Long Jing, *comptoir de thé*
50, cours Vitton, 69006 Lyon
04 37 24 04 05

Grains de café, *brûlerie et comptoir de thé*
15, rue Victor-Hugo, 69250 Neuville-sur-Saône
04 78 98 19 16

Brand, *brûlerie et comptoir de thé*
16, rue J.-J.-Rousseau, 74000 Annecy
04 50 45 09 41

Angelina, *salon de thé*
226, rue de Rivoli, 75001 Paris
01 42 60 82 00

Pâtisserie S. Aoki, *pâtisserie*
56, bd du Port-Royal, 75005 Paris
01 45 35 36 80

Artisan de saveurs, *restaurant et salon de thé*
72, rue du Cherche-Midi, 75006 Paris
01 42 22 46 64

Pierre Hermé - *pâtisserie*
72, rue Bonaparte, 75006 Paris
01 43 54 47 77

Délicabar, *pâtisserie et salon de thé*
38, rue de Sèvres, 75007 Paris
01 42 22 08 60

Le Bristol, *hôtel, restaurant et salon de thé*
112, rue du Faubourg-Saint-Honoré, 75008 Paris
01 53 43 43 00

Ladurée, *salon de thé*
75, av. des Champs-Elysées, 75008 Paris
01 40 75 08 75

Les Thés d'Emilie, *maison de thé*
76, bd Haussmann, 75008 Paris
01 43 87 39 84

D'un thé à l'autre, *comptoir de thé*
36, rue Laffitte, 75009 Paris
01 47 70 37 32

Le Parti du thé, *comptoir de thé*
34, rue Faidherbe, 75011 Paris
01 43 72 42 04

Thé Troc, *librairie et salon de thé*
52, rue Jean-Pierre-Timbaud, 75011 Paris
01 43 55 54 80

Brûlerie du Rendez-Vous, *brûlerie et comptoir de thé*
7, rue du Rendez-Vous, 75012 Paris
01 43 43 91 74

Le temple du thé, *maison de thé*
33, rue de la Cour-des-Noues, 75020 Paris
01 43 66 01 98

Ets George Cannon, *négociant en thé*
6, rue Devallois, 78290 Croissy-sur-Seine
www.georgecannon.fr

Canephora, *brûlerie et comptoir de thé*
3, rue de l'Eglise, 78800 Houilles
01 39 68 43 55

Café de Maître Etienne, *brûlerie et comptoir de thé*
C.C. Cap Sud, 84000 Avignon
04 90 87 64 84

Comptoir des îles, *brûlerie et comptoir de thé*
6, rue du Général-de-Gaulle, 85800 Saint-Gilles-Croix-de-Vie
02 51 54 25 45

Cafés d'Ani, *brûlerie et comptoir de thé*
102, av. de la Porte-Jaune, 92210 Saint-Cloud
01 47 71 71 83

Nature et découvertes, *distributeur*
Téléphoner pour informations
01 39 56 01 47

Ailleurs dans le monde

BELGIQUE
Fragrance, *Brûlerie et comptoir de thé*
56, En Neuvice, 4000 Liège
00 32 42 22 41 28

Ets Alain Pilloy, *importateur et distributeur de thé*
85, rue Bas-Jaunes, 1490 Court-Saint-Etienne
00 32 10 61 34 12

CANADA
ThésCG, *comptoir de thé*
3767, Thimens Ville Saint-Laurent, Montréal
001 514 334 0063

CHILI
Le Flaubert, *restaurant et salon de thé*
Orrego Luco, 125, SANTIAGO
00 56 2 2319424

ESPAGNE
Tea Pot, *maison de thé*
12, place Hernan-Cortes, 12001 Castellon
00 34 964 260112

ITALIE
Harambe, *maison de thé*
Via Tadino, 3, 20124 Milan
00 39 022 941 9183

Te e Teiere di Yara, *maison de thé*
Via Del Pellegrino, 85, 00186 Rome
00 39 06 68 68 824

JAPON
Alcyon, *comptoir de thé et distribution*
3-9-17, Imazukita, 538 0041, Osaka
00 81 66 167 39 91

Hori, *négociant en thé*
9-3, Shouji 1, chome, Ikunoku, Osaka
00 81 6 6751 0631

Tanaka, *maison de thé*
2-11-2, Kamiidanishi machi, kita ku, Nagoya
00 81 529126664

MEXIQUE
CARAVANSERAIL, *maison française de thé*
Orizaba 101a Colonia Roma, 06700 Mexico
00 52 55 55 11 28

PORTUGAL
Spazio, *boutique de thé*
Casa a da Guia, En 247 Guia, 2760 Cascais
00 351 939 791 668

SUISSE
Comptoir des délices, *restaurant, salon de thé*
10, rue Saint-Victor, CH 1227 Carouge
00 41 22 300 0335

INDEX DES RECETTES

Cappuccino de pommes de terre monalisa, émulsion au thé du Yunnan Top Impérial 146
Carpaccio de fraises, gelée de thé et basilic 178
Coques au thé Lu An Gua Pian et à la menthe 164
Crémeux de tourteaux au thé 166

Dos de thon rôti, infusion de thé blanc, de tomates et de fleurs 160

Homard dans un bouillon thaï, chantilly au thé vert 142

Mariage du chocolat blanc et du thé vert, framboises compotées 176

Passion'Thé 168
Petits flans de tomate et nori, lait de soja émulsionné au thé matcha 144
Poires pochées à la gelée de thé Sichuan, mousse au pain d'épices 170

Queue de lotte au thé du Yunnan Top Impérial, fenouil confit au beurre
et lard fumé à la croque thé 152

Raviolis de canard et de foie gras, jus thaï mostardelle et thé de Chine 150

Sachets de thé aux framboises, jus d'ananas à la bergamote 180
Saint-Jacques panées au thé Lapsang-Souchong, rattes du Touquet en salade 162
Salade toute verte au thé matcha 154
Saumon mariné, galette de quinoa et sauce au Genmaïcha 148

Tartare de langoustine à la mangue et au vermicelle grillé,
consommé glacé au thé vert à la menthe,
premiers petits pois de printemps 156
Tarte de crème brûlée au thé sencha et amandes 182
Thé Earl Grey au citron, crème glacée, croquant de chocolat et salade de menthe 174
Thé fumé à la tomate verte et au persil plat 158
Thé vert à la coriandre, parfumé à la réglisse, au citron et au miel 158
Tiramisu d'Earl Grey 172
Truffes au chocolat parfumées au thé de Noël en Provence 184

Velouté de panais et crème fouettée au thé wu-long Dung Ding 140

TABLE DES MATIÈRES

Préface 6

UNE AVENTURE MILLÉNAIRE 8
Du thé bouilli au thé infusé 10
La conquête de l'Europe 12
La suprématie anglaise 14
De nouveaux territoires 16

DE JARDIN EN JARDIN LA PRODUCTION DE THÉ DANS LE MONDE 20
Du théier sauvage au théier de culture 21
Les très grandes origines de thé 24
- L'Inde 24
- La Chine 26
- Formose (Taiwan) 28
- Ceylan (Sri Lanka) 28
- Le Japon 29
- Le Kenya 30

Les autres origines 30
- L'Asie 30
- L'Afrique 32
- L'Afrique du Sud 32
- L'Amérique du Sud 33
- L'Océanie 33
- Le Caucase 33

DE LA FEUILLE À LA TASSE 34
Les divers types de cueillette 35
La transformation du thé 37
La vente 42
Les grades du thé 44
- Les thés noirs 44
- Les thés verts 45
- Les autres thés 45

LA PRÉPARATION DU THÉ 48
La règle de trois 49
Les ustensiles du thé 51
À chaque thé sa préparation 54
L'art de la dégustation 57
Les conditions d'une bonne dégustation 58

LE TEMPS DU THÉ 60
La Chine : l'origine 61
Le Japon : la voie du thé 62
Le Tibet : une offrande aux dieux 66
L'Inde : le chai masala 66
La Russie : autour du samovar 66
Les pays arabes 67
La Grande-Bretagne : God save the tea 68
L'Allemagne : bons et bio 69
Les Pays-Bas : un pays pionnier 69
Les Etats-Unis 69
La France 70

FICHES DE DÉGUSTATION 72
Les thés floraux 74
- Grand Sichuan FOP 75
- Cœur de Pekoe 76
- Dong Ding (bio) 77
- Fen Huang Dan Cong 78
- Top Taiping Hou Kui de Sanhe (bio) 79
- Tie Guan Yin 80

Les thés fruités 81
- Gopaldhara 82
- Sungma SFTGFOP1 83
- Fancy Grand Dragon Noir Baï Hao 84
- Margaret's Hope FTGFOP1 85
- Rohini FTGFOP1 86
- Lung Jing Shi Feng 87
- Temi FTGFOP1 88
- Guransee FTGFOP1 89
- Chunmee du Pavillon sous la Lune 90

Les thés épicés 91
- Golden Doomni FTGFOP1 92
- Jutlibari SFTGFOP1 93
- Highlands BOP 94
- Kenilworth OP 95
- Marinyn GFBOP 96

Les thés boisés 97
- Coonor OP 98
- Wu-long Komen 99

Les thés végétaux 100
- Baï Mu Dan 101
- Ya'an 102
- Gyokuru Asahi 103
- Matcha 104
- Bi Lo Chun 105
- Sanjang 106

Les thés empyreumatiques 107
- Panyong BTOP « Golden Neddle » 108
- Qimen (Keemun) Mao Feng 109
- Yunnan Shen Xian de la colline d'Or 110
- Wu Yi Grand Lapsang-Souchong 111

Les thés animaux 112
- Pu'er (anciennement Pu Erh) Lanxang Imperial 113
- Pu'er (anciennement Pu Erh) Jingmei 22 ans d'âge 114

Les thés minéraux 115
- Pao Chung Pouchong 116
- Huang Shan Mao Feng 117
- Lu An Gua Pian (bio) 118

Les thés gourmands 119
- Yin Zhen Junshan 120
- New Vithanakande Pointes dorées FOP 121

Les thés parfumés 122
- Earl Grey Roi de Sicile 123
- Earl Grey Rive gauche 124
- Casanova 125
- Secret Tibétain 126
- Toit du Monde 127
- Baïkal, à la russe 128
- Rêverie d'un soir sur la Neva 129
- Rouge Baiser 130
- Matin Calme 131
- La Moukère de Sidi Kaouki 132
- Symphonie Pastorale 133
- Chai aux épices 134
- Shéhérazade 135
- Genmaïcha 136
- Perle des Mandarins 137

RECETTES 138
Velouté de panais et crème fouettée au thé wu-long Dung Ding 140
Homard dans un bouillon thaï, chantilly au thé vert 142
Petits flans de tomate et nori, lait de soja émulsionné au thé matcha 144
Cappuccino de pommes de terre monalisa, émulsion au thé du Yunnan Top Impérial 146
Saumon mariné, galette de quinoa et sauce au Genmaïcha 148
Raviolis de canard et de foie gras, jus thaï mostardelle et thé de Chine 150
Queue de lotte au thé du Yunnan Top Impérial, fenouil confit au beurre et lard fumé à la croque thé 152
Salade toute verte au thé matcha 154
Tartare de langoustine à la mangue et au vermicelle grillé, consommé glacé au thé vert à la menthe, premiers petits pois de printemps 156
Thé fumé à la tomate verte et au persil plat 158
Thé vert à la coriandre, parfumé à la réglisse, au citron et au miel 158
Dos de thon rôti, infusion de thé blanc, de tomates et de fleurs 160
Saint-Jacques panées au thé Lapsang-Souchong, rattes du Touquet en salade 162
Coques au thé Lu An Gua Pian et à la menthe 164
Crémeux de tourteaux au thé 166
Passion'Thé 168
Poires pochées à la gelée de thé Sichuan, mousse au pain d'épices 170
Tiramisu d'Earl Grey 172
Thé Earl Grey au citron, crème glacée, croquant de chocolat et salade de menthe 174
Mariage du chocolat blanc et du thé vert, framboises compotées 176
Carpaccio de fraises, gelée de thé et basilic 178
Sachets de thé aux framboises, jus d'ananas à la bergamote 180
Tarte de crème brûlée au thé sencha et amandes 182
Truffes au chocolat parfumées au thé des Treize Desserts de Provence 184

ANNEXES 186
Les mots pour le dire 187
Carnet d'adresses 188
Index des recettes 189
Bibliographie 191
Crédits photographiques 191
Remerciements 191

BIBLIOGRAPHIE

John Blofeld, *Thé et Tao*, Albin Michel, 1997 ✼ **Paul Butel**, *Histoire du thé*, éd. Desjonquères, 2001 ✼ **Wei Chen**, *Le Thé, joyau de l'empire du Milieu*, Quimetao, 2000 ✼ **CFT** (Comité français du thé), *Le Thé, partout, depuis toujours*, Impro, 2003 ✼ **Marcel Dignonnet**, *Le Thé en Indochine*, Desableaux, 1933 ✼ **Maït Foulkes**, *Les Saveurs du thé*, éd. Philippe Picquier, 1998 ✼ **Maït Foulkes et Jacques Boulay**, *Délices du thé*, Plume, 2001 ✼ **Lim Hock Lam, Camellia Siow, Fei Chuan et Hooi Yoke Lien**, *Les Saveurs du thé*, Purple Cane Group, 1999 ✼ **ITC** (International Tee Committee), *Bulletin annuel de statistiques*, ITC, 2003 ✼ **Okakura Kakuzo**, *Le Livre du thé*, traduction Gabriel Mourey, éd. Paul Derzain, 1954 ✼ **James Norwood Pratt**, *New Tea Lover's Treasury*, PTA/USA, 1999 ✼ **Annie Perrier-Robert**, *Le Thé*, éd. du Chêne, 1999 ✼ **Jane Pettigrew**, *Le Thé*, éd. Soline, 1997 ✼ **Marie-Christine Renault**, *L'Univers du thé*, éd. Le Sang de la terre, 2001 ✼ **Jean Runner**, *Le Thé en Indochine*, Hermieu, 1934 ✼ **Raymond Scala et CFT**, *Pour une bonne connaissance et un bon usage du thé*, Cedal, 1976 ✼ **Élisabeth Vian**, *La Grande-Bretagne, histoire d'une civilisation occidentale du thé*, rapport de séminaire, sous la direction de monsieur F.C. Mougel, 1994 ✼ **Lu Yu**, *Le Classique du thé (chajin)*, traduction de sœur Jean-Marie Vianney, éd. F. Morel, 1977

REMERCIEMENTS

Olivier Scala adresse un grand merci à Anne-Sophie Philouze et à l'ensemble du personnel des Établissements George Cannon. Ainsi qu'à : Madame Raymond Scala ; Isabelle, Corinne, André et Jean Scala ; Jean-Claude Joliet ; Jean-Pierre Teissier ; Isabelle du Roscoät, Mathilde et Tanguy du Mesnil, Bruno et Augustin Scala ; La famille Ory-Lavollée ; Sylvie Rey ; Nathalie Curiallet ; Michelle Lienne ; Annie Mailliard ; Cécile Dauphin ; Katrin Rougeventre ; Sabine Yi ; Brigitte Laurin, Catherine Desvignes ; Mesdames Tyzaz et Polynésie ; Olav Ellerbrock ; Samir Changoiwala ; Anil Jha ; Katyal Krishnan ; Nirmal Kumar Saha ; Ajay Kichlu ; Antriksh Kumbat ; Rukman Nanayakkara ; Dilhan Fernando ; Kotaro Tanimoto ; Fabienne Bouchet ; Jackson Huang ; George Shu ; Harry Ifergan ; Jiang Ren Hua ; Steven He ; Weiming Huang ; Zou Jia Ju ; Wenfei Huo et Yi ; Professeur Shajun Luo ; Barbara Dufrene ; Annie Xiaobao ; Professeur Chaogi Li ; Mr Liu ; au Comité européen du thé (CET), au Comité français du thé (CFT) et au Syndicat du thé et des plantes à infusion (STEPI).

Merci également à toutes les personnes qui ont accepté de donner leurs recettes.

Patrick Aufauvre remercie tous les chefs qui ont exprimé leur goût pour le thé en offrant leurs recettes et leur temps.

Un grand merci pour leur aide précieuse à : Philippe Boé ; Katrin Rougeventre et Clément Ledermann de www.chinart.fr ; Albane de Carmoy du service culturel de l'ambassade de Chine ; Antoine Lebel 8, rue de Beaune 75007 Paris, pour ses porcelaines des Compagnies des Indes ; Zéro One One 2, rue de Marengo 75001 Paris, pour leur choix et leur sourire ; Ikat 36, rue François-Miron 75004 Paris, pour ses merveilles du Japon ; Etna 14 bis, rue Baillet-Reviron 78000 Versailles ; Elitis 35, rue de Bellechasse 75007 Paris, pour ses papiers peints.
Un merci amical à toute l'équipe des thés George Cannon pour leur participation et leur gentillesse, et spécialement à Anne-Sophie Philouze pour sa patience inépuisable.
Un merci reconnaissant à Suyapa Granda-Bonilla pour avoir cru à notre projet et l'avoir mené à son aboutissement malgré les tempêtes.
Un merci particulier à Harry Ifergan qui m'a fait connaître le thé et Olivier Scala.
Et puis toute mon affection à Chantal et Wei-Jen qui ont été mon soutien quotidien pendant cette aventure.

Wei-Jen Liu remercie les boutiques : Zéro One One 2, rue de Marengo 75001 Paris ; CMO 5, rue Chabanais 75002 Paris ; Compagnie Française de l'Orient et de la Chine 167, boulevard Saint-Germain 75006 Paris ; Quartz 12, rue des Quatre-Vents 75006 Paris ; Sabre 4, rue des Quatre-Vents 75006 Paris ; Sentou 26, boulevard Raspail 75007 Paris ; Jean-Louis Coquet 11, rue Royale 75008 Paris ; Legrand Filles et Fils 1, rue de la Banque 75002 Paris ; Mise en Table, www.mise-en-table.fr ; Jeannine Cros 11, rue d'Assas 75006 Paris ; pour avoir mis à sa disposition les accessoires indispensables à la réalisation des photographies des recettes.

CRÉDITS PHOTOGRAPHIQUES

P 1 : AKG-images/VISIOARS ; P 2-3 : AKG-images/VISIOARS ; P 4 de gauche à droite : Olivier Scala, Romain Cintract/Hémisphères Images, Brian A. Vikander/Corbis, Patrick Aufauvre ; P 5 gauche : Phil Schermeister/Corbis, à droite : Patrick Aufauvre ; P 8 : Olivier Scala ; P 9 : Patrick Aufauvre ; P 10 : AKG-images ; P 11 : Sorting Tea, Chinese School (xixᵉ siècle)/Private Collection, The Stapleton Collection/Bridgeman Art Library ; P 13 : Patrick Aufauvre ; P 14 : Moffett/Corbis ; P 15 : Patrick Aufauvre ; P 17 : Tea Plantations in the Green Tea district of China, tiré de « A Journey to the Tea Countries of China », publié en 1852, par Robert Fortune (1812-1880), French School, (xixᵉ siècle)/Bibliothèque des Arts décoratifs, Paris, France, Archives Charmet/Bridgeman Art Library ; P 19 : AKG-images/VISIOARS ; P 20 : Romain Cintract/Hémisphères Images ; P 21 : Patrick Aufauvre ; P 22 bas : Bruno Augustin Scala ; P 22 haut : Mathilde Scala ; P 23 : Bertrand Gardel/Hémisphères Images ; P 25 : Rich LaSalle/Getty Images ; P 27 : Keren Su/Corbis ; P 29 : Stéphane Frances/Hémisphères Images ; P 31 : Travel Pix/Taxi/Getty Images ; P 33 : Romain Cintract/Hémisphères Images ; P 34 : Brian A. Vikander/Corbis ; P 35 : Patrick Aufauvre ; P 37 : Tea and China Tea, tiré de « Herbarium Blackwellianum » publié en 1757 à Nuremberg, Allemagne, Blackwell, Elizabeth (1757-82)/Bibliothèque des Arts décoratifs, Paris, France, Archives Charmet/Bridgeman Art Library ; P 38 : Patrick Aufauvre ; P 39 : Patrick Aufauvre ; P 41 : Patrick Aufauvre ; P 43 : G. Dagli Orti, Paris ; P 44 : Anne-Sophie Philouze ; P 45 : AKG-images ; P 46 : Raymond Scala ; P 47 : AKG-images/VISIOARS ; P 48 : Patrick Aufauvre ; P 49 : Patrick Aufauvre ; P 51 : Akira Kaede/Getty Images ; P 53 : Patrick Aufauvre ; P 55 : Patrick Aufauvre ; P 57 : Christie's Images/Corbis ; P 59 : Patrick Aufauvre ; P 60 : Phil Schermeister/Corbis ; P 61 : Patrick Aufauvre ; P 63 : Tiziana et Giani Baldizzone/Corbis ; P 64-65 : Horace Bristol/Corbis ; P 67 : Earl et Nazima Kowall/Corbis ; P 69 : Bertrand Rieger/Hémisphères Images ; P 71 : Femmes prenant le thé, Alberto Lynch/G. Dagli Orti, Paris ; P 72 à 106 haut : Patrick Aufauvre ; P 106 bas : Plush Studios/Getty Images ; P 107 à 131 : Patrick Aufauvre ; P 132 : Algérienne, la préparation du thé, tableau de Jean Dutey/photo RMN/Philippe Bernard ; P 133 : Patrick Aufauvre ; P 134 : Jane Sweeney/Getty Images ; P 135 à 192 : Patrick Aufauvre.

Si vous souhaitez recevoir notre catalogue
et être tenu au courant de nos publications, envoyez-nous
vos nom et adresse en citant ce livre et en précisant
les domaines qui vous intéressent.
SOLAR - 12, avenue d'Italie, 75013 Paris
Site Internet : www.solar.fr

Direction : Jean-Louis Hocq

Direction littéraire : Suyapa Granda Bonilla

Conception graphique et réalisation : Guylaine Moi

Édition : Sylvie Gauthier

Secrétaire d'édition : Aurélie Baudrier-Rasson

Iconographie : Bernadette Allain

Fabrication : Laurence Ledru

Photogravure : Chromostyle

place des éditeurs

© Paris, 2005, 2008, Éditions SOLAR, Paris, un département de
Tous droits de traduction, d'adaptation et de reproduction
par tous procédés, réservés pour tous pays.

ISBN : 978-2-263-04748-0
Code éditeur : S04748
2ᵉ édition

Dépôt légal : octobre 2008
Imprimé en Chine par Léo Paper